媒介记忆视域下陈嘉庚精神的海外传播

张　骊　著

ZHEJIANG UNIVERSITY PRESS
浙江大学出版社
·杭州·

图书在版编目（CIP）数据

媒介记忆视域下陈嘉庚精神的海外传播 / 张骊著．

杭州：浙江大学出版社，2025.5. -- ISBN 978-7-308

-26187-6

Ⅰ．K828.8

中国国家版本馆 CIP 数据核字第 20259GM182 号

媒介记忆视域下陈嘉庚精神的海外传播

张 骊 著

责任编辑	傅百荣	
责任校对	徐素君	
封面设计	周 灵	
出版发行	浙江大学出版社	
	（杭州市天目山路 148 号 邮政编码 310007）	
	（网址：http://www.zjupress.com）	
排 版	杭州隆盛图文制作有限公司	
印 刷	杭州钱江彩色印务有限公司	
开 本	710mm×1000mm 1/16	
印 张	12.75	
字 数	215 千	
版 印 次	2025 年 5 月第 1 版 2025 年 5 月第 1 次印刷	
书 号	ISBN 978-7-308-26187-6	
定 价	68.00 元	

前　言

　　媒介记忆是媒介所塑造和传承的社会记忆，广义来说是以符号传播的记忆，其内含的符号建构性具有历史文化意识和身份认同的塑造功能。基于记忆的传承性，人们得以承认自身所处的文化传统中的因果联系，并在生活和实践中保持对记忆所蕴含的文化认同，一个族群的文化认同纽带才能形成。文化传承是一种集体记忆的建构过程，包含了文化意识和媒介记忆。文化传承存在着各种历史局限和现实困境。社会如果失去固有的记忆，意味着社会已经发生了结构性的失忆。记忆的重新唤起，需要国家意志和民间力量的双相配合与建构，以及政治、社会、文化等各种因素的合力。

　　海外华人集体记忆，是一个族群的记忆传承和社会文化建构，需要庞大和完整的公共机构和政治权力的支持。基于海外陈嘉庚记忆建构和变迁个案研究，本书旨在探寻在移民社会中，海外华人群体如何通过媒介记忆的建构来主宰族群认同和文化认同，并调适政治认同。鉴于地缘政治等因素，新马地区先贤记忆缺失了有效的官方传播通道，华人社会长期以来靠民间力量维系及传送历史和文化记忆。本书意在分析这种传播机制的特性，以及在当代跨文化和现代性的冲击下所呈现的变迁趋势。本书还力图把华人的历史记忆的传承过程置于其与"国家"的关系中，分析两者之间的互动和纠葛，以及在不同历史时期，国民意识和文化认同之间的张力。媒介记忆在不同的媒介形态和媒介立场中的变化，是回溯文化意识和文化认同的具体展现。

　　在新加坡和马来西亚，华校、媒体和社团是支持华人历史和文化记忆的三大渠道和载体。先贤是社群中主导记忆和认同取向的精英力量,他们是最有能力诠释群体利益的人,也是最具倡导族群文化精神、唤醒族群记忆的群体。先贤精神和先贤事迹是重要的媒介记忆素材及族群精神的精髓。新加坡和马来西亚在本地政治的影响下,先贤记忆被选择性建构和传播。陈嘉庚作为效忠中国的精英人物,他的形象和事迹被隐匿在官方叙事中。尤其是在20世纪六七十年代,族群认同让位于国家认同的叙事,媒介中陈嘉庚议题随之被淡化。20世纪80年代起,当新加坡国家意识建构完成,华人的国家认同完成转换,华社①开始显现自我文化与历史的建构意图,关于陈嘉庚的媒介记忆开始活跃。

海外的嘉庚精神传播的推动力都缘起于新马商界人士和华人社团,渐次扩展到教育文化团体,尔后官方参与纪念活动,使嘉庚精神得到了广泛的认同。伴随国际政治环境和新马社会环境的变迁,海外华人在陈嘉庚记忆上转向文化认同,是华族②精神气质的遗产。海外纪念是陈嘉庚记忆中不可或缺的一部分,源于陈嘉庚生前在南洋拼搏60年,在南洋经营事业、领导华社、兴办教育,他的丰功伟绩离不开新马地区这一个空间场域。在当下的新马地区,可以寻到与陈嘉庚相关的历史踪迹,关于陈嘉庚的媒介记忆颇具丰富生动。空间场域方面,纪念地多有保留,例如他曾经领导和工作过的社团,如怡和轩俱乐部、先贤馆、中华总商会、福建会馆、宗乡联合会馆;他倡办的华侨中学;有相关纪念叙事和展演的华裔馆、晚晴园和国家博物馆等;最特殊的是以其命名的地铁站。这些记忆空间保留下来,并仍然在使用中,通过雕塑等象征符号置入,并结合展览的方式,呈现陈嘉庚生前的事迹和工作轨迹,脉络清晰,层次分明。

关于陈嘉庚的纪念活动丰富多彩,除了常展和特展设定之外,还有青少年参与的"陈嘉庚语录"书法比赛、回祖籍地探访的"寻根之旅"、"嘉庚学堂"的讲座,以及纪念南侨机工的"重走机工路"等活动,而这些活动,都与媒体报道和媒体展示技术巧妙结合,例如网络展馆、纪念刊物、新闻报道和影视纪录片等。在当下新媒体环境中,社交媒体的运用是必不可少的,且传播效果更广泛直接,例如马来西亚陈嘉庚基金会的脸书主页,结合了新媒体技术向世人展示嘉庚精神。

---

① 华社是"华人社团"或"华人社群"的简称。
② 新加坡和马来西亚将族群分为:华族、马来族、印度族和其他族群。

　　新加坡《海峡时报》和《联合早报》等国家媒体有关陈嘉庚的报道中运用了丰富的纪念话语。国家向华社"借用"历史资源来建构国民精神,以陈嘉庚为代表的先贤记忆被逐渐纳入国家记忆和认同叙事中。陈嘉庚精神成为抵御"西风"的传统精神资源之一,被阐释为"饮水思源"的回馈精神,通过追逐"往昔"来作为重整社会秩序的借鉴,召唤传统的伦理道德。

　　进入 21 世纪,随着中国的国际合作和"一带一路"倡议的日益深入,中国与东南亚的国际关系日益交好,陈嘉庚记忆的传播迎来了跨国时代的契机。中新马三国在陈嘉庚精神的传播上积极合作,陈嘉庚记忆成为华人共同的精神象征,有助于提升海外华人的文化认同。随着网络等新媒介的发展,先贤记忆传播获得了更便捷的输送历史和文化资源的跨文化渠道,扩大了记忆传输的空间。

　　爱国精神是陈嘉庚海外记忆的重要内涵。嘉庚精神在国家认同框架之中成为一种观念记忆和文化遗产。在复杂的认同结构中,媒介记忆有着多层次的传播路径和叙事方式。记忆传播通过话语实践,内嵌认同导向,完成爱国精神和奉献社会的话语转换,使得爱国精神传播社会化和普遍化。

目　录

绪　论

一、研究背景

(一)记忆研究的热潮

人类记忆是无形的文化遗产。记忆研究源于早期的心理学和精神分析研究。20 世纪 80 年代,受社会政治变迁、后现代思潮影响,特别是在民族国家转向过去寻找合法性的历史背景下,西方社会迸发出了对"记忆"超乎寻常的热情和兴趣。[①] 集体记忆作为人文科学新的研究视角,迅速成为人类学、社会学、历史学探讨的新兴课题。

西方各种专题性或综合性的记忆研究文丛纷至沓来,如"刻录记忆""历史、记忆与遗产""历史与记忆之间""记忆/历史""历史与战士的记忆""重要战役与各民族记忆"以及"记忆史"等系列丛书。研究主题涉及记忆史的各个重要研究领域:殖民和非殖民化历史、两次世界大战、拿破仑遗产、维希政府和犹太人的命运等。2013 年 11 月巴黎军事博物馆主办的"从记忆到历史"国际研讨会,探讨了 20 世纪的创伤性话题。[②]

中国的"记忆研究潮"则是在 2000 年之后才逐渐出现。由于中国社会转型的影响,中国学界也开始更为严肃地思考过去对于未来的意义,思考记忆对于社会、政治和文化的影响。[③]

[①]　Jeffrey K. Olick, Joyce Robbins. Social Memory Studies: From "Collective Memory" to the Historical Sociology of Mnemonic Practices, Annual Review of Sociology, 1998, 24:105-140.

[②]　洪庆明:《〈记忆的场所〉与法国记忆史研究》,《光明日报》,2016 年 3 月 17 日,第 13 版。

[③]　钱力成、张翮翔:《社会记忆研究:西方脉络、中国图景与方法实践》,《社会学研究》,2015 年第 2 期,第 215-230 页。

当代世界的一个新的趋势,是回归和欣赏它的过去。在这个过程中,记忆、身份和媒体之间新的联系诞生。记忆与媒体之间的联系变得越来越近,媒介作为记忆象征的传播载体,是记忆制度最重要的元素之一。媒介与记忆之间的联结使得媒介记忆的研究领域逐渐清晰和凸显。

(二)海内外陈嘉庚纪念的兴起

陈嘉庚是著名华侨领袖,新中国第一届政协副主席和归国华侨联合会主席。作为民族主义和爱国主义代表人物,他在抗日战争等历史的关键时期都为祖国和居住地新加坡作出过巨大的贡献。毛泽东曾为他题词"华侨旗帜 民族光辉"。

陈嘉庚在政治、经济、社会活动、文化教育等方面的高贵品质和崇高精神,构成了被誉为"国粹"的伟大精神——"嘉庚精神"。这种精神集中表现在对祖国民族的无比热爱、对教育事业的高度重视、无私奉献巨大财富,以及嫉恶如仇、坚持真理的大无畏精神。在丰富多元的嘉庚精神内涵中,爱国主义是最鲜明的本质特征。

改革开放之后,陈嘉庚纪念活动开始系统性展开。陈嘉庚创办的厦门大学和集美学校开展"校主纪念"和校史教育。厦门市将每年10月定为"嘉庚精神纪念月",以丰富的文艺形式和主题活动来纪念先贤。集美建成了"陈嘉庚纪念胜地",形成地标式的空间纪念群,作为"爱国主义教育基地"。中华人民共和国成立60周年之际,陈嘉庚入选"100位为新中国成立作出突出贡献的英雄模范人物"。2015年,陈嘉庚后人应邀参加反法西斯战争胜利70周年纪念活动,接受国家主席习近平颁发的纪念奖章。在陈嘉庚先生诞辰140周年时,习近平给厦门市集美校友总会回信,希望广大华侨华人弘扬"嘉庚精神",深怀爱国之情,坚守报国之志,同祖国人民一道不懈奋斗,共圆民族复兴之梦。[①]

弘扬嘉庚精神不仅在中国上升到国家层面,同时也进入全球华人视野。海外华人,特别是新马华人,对陈嘉庚的纪念有着悠久的历史。海外陈嘉庚纪念以华校、华文媒体和华人社团为主体,成立陈嘉庚基金会和纪念馆,设立奖教金,开办主题展览、公益演讲及文艺活动。作为陈嘉庚侨居地的新马地区,保留了陈嘉庚的历史记忆,除了民间纪念之外,官方纪念也愈加丰富,对陈嘉庚精神的阐释立足于本地的政治环境和历史发展。海外记忆与中国记忆交融,成为"一带一路"倡议背景下的文化桥梁。

---

① 程龙:《弘扬"嘉庚精神"坚守报国之志》,《人民日报》,2024年10月20日第6版。

（三）离散族裔的记忆与认同危机

公众对社会凝聚力的主观感知体现了主流意识形态的向心力。[①] 海外陈嘉庚精神的传播，体现了对先贤记忆的重视，也反映了官方和民间对"遗忘"的担忧。离散族裔脱离文化母体时间较长，与祖籍国[②]的历史保持了一定的距离，属于本族群的历史在居住国的政治氛围下渐行渐远。当离散族裔的记忆符号被隐匿消解之后，年轻一代对本族历史和文化的热情会降低。如果国家可供年轻人与历史沟通对话的记忆符号太少，认同就无法建构及坚实。一个民族对自己的历史强烈的自豪感，促使他们保留记载自己历史足迹的符号，欣赏并向他人展示这些符号。这些符号反过来又进一步增强了他们的民族与历史自豪感。[③] 离散族裔基于社会和文化心理已发生翻天覆地变化的情境下，试图拯救本族记忆，重构民族—国家的认同感和归属感。

认同作为社会凝聚力的动力机制和实践目标，与媒介着力建构的主流意识形态的向心力则有着积极的正向的预测关系。[④] 海外陈嘉庚官方纪念与认同紧密相关。先贤记忆的时代变迁体现了国家意识和政治时局的变化。有关政治共同体的想象、建构和维持，应建立在社会整合和凝聚的现实感知之上。当社会分化导致的矛盾、冲突、疏离感受到一定的程度，国家认同就会变成无源之水和无本之木。对于多种族国家来说，先贤记忆具有建构国家认同、保护族群认同和发扬文化认同的社会功能。

二、研究目的

首先是梳理海外陈嘉庚记忆的历史发展脉络。陈嘉庚是在海内外都拥有极高声望的著名侨领，海内外对其的纪念活动都很丰富。本研究试图通过挖掘 20 世纪以来的海外媒介纪念文本和报道内容，以及新马地区各类社团、机构等纪念活动，梳理完整的海外记忆图式，同时，结合中国和新马地区的历史

---

① 陆晔：《媒介使用、社会凝聚力和国家认同——理论关系的经验检视》，《新闻大学》，2010 年第 2 期，第 15-25 页。

② "祖籍国"是华人对中国的称呼。

③ 李达梁：《符号、集体记忆与民族认同》，《读书》，2011 年第 5 期，第 7-8 页。

④ 陆晔：《媒介使用、社会凝聚力和国家认同——理论关系的经验检视》，《新闻大学》，2010 年第 2 期，第 15-25 页。

背景,考察海外陈嘉庚记忆在不同时期的变迁和发展脉络。

其次是厘清媒介记忆的认同功能。作为对过去的再现,媒介记忆展演并落实了特定群体的身份、当下的处境和对未来的愿景。媒介记忆通过传送社会意识,来达到社会共同体化的目标。身份认同、文化和价值是强化社会共同纽带的紧密程度的正向力量,能够增加社会和群体的凝聚力。认同的形塑和巩固,需要媒介开发和形成一套完整的记忆机制。当媒介记忆机制发生作用的时候,就会建构并传播认同价值。本研究试图挖掘海外陈嘉庚记忆如何在复杂的认同结构和历史变迁中,通过各种记忆文本、纪念活动和纪念话语,将记忆符号进行编码和再编码;最终通过媒介传播机制,完成媒介记忆到认同的演进路径。

再次是探寻模范英雄人物的记忆传播范式。典范人物的事迹和形象及其精神内涵,通过节日、仪式的形式,渗透到人们的日常生活中,并形成社会记忆。公众通过对其学习和模仿,将其价值观内化为行为规范。模范人物或者英雄人物的历史常常以"传奇"的叙事模式出现。描绘英雄事迹和信奉者群体产生的发展过程,是在参与者中形成团结力量的方式①,也是推动英雄人物和典范人物的集体记忆的形成与传播,进而形塑认同的一种有效的方式。

研究陈嘉庚的纪念方式,梳理媒介对陈嘉庚事迹的呈现方式和"嘉庚精神"的具象化和符号化过程和模式,是媒介记忆研究的个案研究,但是个案研究有其框架意义。从个案中析出典型人物或英雄模范的记忆传播范式,不同层面的传播主体采用何种途径,使用哪些类别的传播内容(叙事、话语和形象),达到某种传播目的(建构和传播何种集体记忆及其内涵,形成何种类型的认同)。本书意在挖掘典范人物的事迹和形象及其精神内涵的传播范式,探寻声望记忆如何在传播过程中沉淀为观念记忆的路径。

三、研究意义

(一)记忆研究的传播学范式

集体记忆具有明显的过程性,它的形成是不断展开、变动与转变的过程;并且集体记忆具有时间性,其中隐含着从过去、现在到未来的虚实线索。记忆还具有实体性,栖身在日常生活的公共表达之中。这些特征具有强烈的传播

---

① 保罗·康纳顿:《社会如何记忆》,上海:上海人民出版社,2000年,第153页。

特性。传播学的取向,尤其是对高度互动、互为传受者的互联网环境下集体记忆的生产、传播和消费的过程、影响的关注,为集体记忆研究提供了更广阔的发展空间。① 从传播学视域展开对集体记忆的研究崭露头角,主要关注集体记忆的生成机制及其效果,以及媒介与符号在其中扮演的角色。集体记忆的研究所关心的重心与历史研究并不相同,并非侧重于考察"过去"在事实层面或者道德层面评判,而是主要考察记忆实践。特别是三个层面的问题:一是记忆的主体,"谁在记忆",即记忆的信息传播者和受传者,尤其是社会团体和机构,以及不同的记忆群体的差别与联系;二是如何记忆,即记忆渠道和机制,也就是传播学中的信息渠道和传播机制;三是记忆的效果,当记忆通过媒介进行传播和再构之后,其传播效果也就类同于媒介效果,但其效果反作用于记忆信息的传播者之时,也就可视为在信息传播链中的"反馈"。传播学与集体记忆研究的学科融合一方面使集体记忆研究更加重视以媒介为桥梁下的动态过程,另一方面也推动传播学在过去、现在和未来不同时间维度和国家与地方、本土与全球之间不同层次之间建立联结。

(二)民族认同的凝聚力和祖国统一的海内外联结

集体记忆是国家政治团结的重要基础。国家要实现政治团结,要求公民对国家建立所依赖的政治价值高度认同,对提升中国文化软实力、唤醒海内外华人的集体记忆和民族认同具有现实意义和影响,尤其对祖国统一有极为重要的现实意义。作为新形势下民族主义代表的"嘉庚精神",能广泛团结联系海外侨胞和归侨侨眷,共同致力于中华民族伟大复兴。同时推进国际传播能力建设,讲好中国故事,展现真实、立体、全面的中国,提高国家文化软实力。民族英雄的故事,正是一个民族的历史记忆,更是联结海内外华人共同的精神家园。陈嘉庚的故事,具有深刻的海外影响力,对传播民族精神和民族文化起到了跨区域的桥梁作用。

(三)文献综述

1. 概念阐述

(1)媒介记忆

集体记忆研究的奠基者哈布瓦赫在涂尔干所提出的"集体意识"概念的基

---

①　周海燕:《媒介与集体记忆研究的检讨与反思》,《新闻与传播研究》,2014年第9期,第39-50页。

础上,首次创立了"集体记忆"这一概念并进行系统性研究①,并强调其建构性。在这基础之上,保罗·康纳顿提出了"社会记忆"的概念,即"有关过去的意象和有关过去的记忆知识"。韦尔策将社会记忆加以限定,包括口头流传的实践、常规历史文献、绘制或摄制图片、集体纪念礼仪仪式以及地理和社会空间。在这些记忆的术语和定义当中,都强调了社会经验和实践以及互动性和流动性。记忆传播需要符号的承载,媒介为记忆的塑造和传播提供了中介。媒介与记忆是一体性的融通与关联。

"媒介记忆"这一概念可以看成是从媒介学或者新闻传播学科领域视角来命名集体记忆或者社会记忆。从狭义的角度理解,媒介记忆可被定义为人们对媒体文本、媒体经验、特定媒体中操作的记忆。② 为了缩小媒介记忆领域的边界,有学者主张媒介记忆领域应当以新闻媒体为核心,将新闻生产视作记忆实践。③ 媒介记忆研究应当系统考察"由媒介所叙述的集体过去,借助于媒体来叙述的集体的过去,以及叙述有关媒体的集体过去"。④ 媒介记忆涵盖的两个层面:一个层面是媒体对重大事件的报道,特别是无法亲历的事件,构成了重要乃至唯一的信息来源和记忆基础;另一个层面是历史人物和事件如何以各种面貌进入新闻报道中。新闻如何选择重要的历史人物并阐发其重要意义。这个概念实际等同于或者偏向于"新闻记忆"或者"媒介机构实践记忆"。

本书倾向于将媒介记忆的边界扩展,不局限于新闻记忆或媒介机构实践记忆,而是以符号作为载体的记忆。符号的意义较新闻生产本身更为宽泛。符号是灵活的、组合开放性的系统。符号既可以是由媒介机构和新闻实践所生产的,也可以是以博物馆等地理空间和纪念碑等承载意义的实物存在以及节庆活动、纪念仪式本身。因此承载纪念意义的符号系统都将被纳入考察对象,从而研究以符号为载体的记忆,即媒介记忆的系统性建构及其对认同的形塑。

(2)认同

认同是关涉个人与群体(或组织)隶属关系的一个概念。认同首先是个体对某种意义上的身份的一种心理肯定,认同赋予个人以"所在感"和归属感。

---

① 周海燕:《记忆的政治》,北京:中国发展出版社,2013年,第15页。

② 邵鹏:《媒介记忆理论:人类一切记忆研究的核心纽带》,杭州:浙江大学出版社,2016年,第35页。

③ 李红涛、黄顺铭:《一个线上公祭空间的生成——南京大屠杀纪念与数字记忆的个案考察》,《新闻与传播研究》,2017年第1期,第5-26页。

④ Motti Neiger, Oren Meyers, Eyal Zandberg. On media memory: Collective memory in a new media age, Houndmills, Basingstoke, Hampshire. New York: Palgrave Macmillan, 2011:17.

社会学家 Woodward 认为,认同是通过象征资源和社会区分来建构的,人们经由话语选择来感知认同的内涵,并且在差异性的社会关系中将其具体化,同时还需要心理层面的参与。① 霍尔认为,所谓认同并非静止的存在,而是行动者通过使用历史、语言和文化等象征资源逐渐成为某个特定主体的过程,并且,行动者和其实践行为相互涉入、相互勾连,因此这个过程不仅是动态的和互动的,而且具有一定的政治效能。②

认同本意指的是自身独特的、与他人不同的特征。③认同表达的是身份的确立和归属的形成,既指客观存在的相同性与相似性,也指思想认识的一致性和由此形成的社会关系。认同可以是国家认同、社会认同、文化认同,也可以是组织认同、社会认同和自我认同。在国家和社会生活层面,认同体现为一种集体观念,社会成员具有共同的理想、信仰和价值观。在政治领域,认同是指人们对政治组织和政治生态的认可、接受和支持。

本研究的观察角度主要是国家认同、族群认同和文化认同三个层次,其中国家认同是最核心的方面。安德森指出国家认同是基于各种策略形成的"想象的共同体",这些策略包括运用故事、图像、景观、剧本(场景)、历史事件、国家象征物和仪式去代表、表征那些给予这个国家意义的共有的经历、悲伤、辉煌和灾难。④ 国家认同的基本要素包含三层含义:一是这个政治共同体的同一性和延续性;二是个体对自己归属于哪一个政治共同体的辨识和选择;三是个体对自己归属的政治共同体的期待,这是与前一点对政治共同体的辨识和选择相呼应的关涉赞同、支持哪一个国家的心理期许。⑤ 国家认同是公民对国家的忠诚和归属感,是社会凝聚力的最高表现形式,是推动国家发展和社会进步的最持久、最深沉的力量。⑥ 国家认同作为社会凝聚力的动力机制和实践目标,是政治认同和文化认同的有机统一体。爱国情感是国家认同中的重要情感表达,爱国主义是国家认同中的核心表达范畴。

---

① 陆晔:《媒介使用、社会凝聚力和国家认同——理论关系的经验检视》,《新闻大学》,2010 年第 2 期,第 14-23 页。

② 斯图尔特·霍尔编,徐亮、陆兴华译:《表征:文化表征与意指实践》,北京:商务印书馆,2013 年,第 57 页。

③ 李达梁:《符号、集体记忆与民族认同》,《读书》,2011 年第 5 期,第 7-8 页。

④ 李彦辉、朱竑:《地方传奇、集体记忆与国家认同——以黄埔军校旧址及其参观者为中心的研究》,《人文地理》,2013 年第 6 期,第 17-21 页。

⑤ 江宜桦:《自由主义、民族主义与国家认同》,台北:扬智文化,1998 年,第 67-72 页。

⑥ 孙江:《新史学·第八卷·历史与记忆》,北京:中华书局,2014 年,第 218 页。

2. 文献回顾

（1）媒介记忆研究的溯源

媒介记忆研究是记忆研究和媒介研究的共同产物，也是跨学科的研究。记忆研究最初与媒介研究分别独立在不同范畴，只在微观层面，分析把"媒介"拆解为具体的文字、语言等文本，讨论媒介作为集体记忆载体的功能，倾向于功能主义视角。由于理论框架和研究方法的局限，学界过多地把注意力放在特定的以编年、地理、媒介情境下为背景的具体呈现，忽视了受众的反应。而"受众"正是媒介领域的研究对象。

学者还注意到可按照媒介类型对记忆进行分类。雅克·勒高夫将记忆分为五个阶段："前历史时期"，即口语传播时期的记忆；"古典时期"，书写时代的记忆；"中世纪时期"，仪式化的记忆；"印刷时期"，以现代印刷技术时代的来临为标志；电子媒介时代及当下的信息化时代，记忆的方式和内容再次重构。[①]

随着扬·阿斯曼将记忆研究转向文化研究的视角，学者认识到媒介作为国家或群体形成统一文化的历史过程的重要维度。扬·阿斯曼认为记忆研究受到重视的首要因素就是媒介技术革命，学习媒介记忆的意义是对媒体所叙述的、通过媒体叙述的，以及关于媒体的"过去"的系统性探索。[②]

法国历史学家诺拉主编的《记忆之场》，拓展了媒介的范畴，民族历史得以体现的各种物事——包括纪念碑、博物馆、历史文本、人物、城市等实在的、象征性的或功能性的场所，都可以成为承载记忆的媒介，使得媒介记忆研究的对象更丰富，视野更开阔。[③]

（2）媒介记忆研究的议题与方法

媒介记忆研究主要关注的议题围绕着以下几个方面：媒介记忆的生产机制、记忆与遗忘的辩证关系、新闻对公众记忆的影响、媒介记忆的全球流动、媒介记忆与公共生活、媒介记忆与民族认同、媒介怀旧与日常生活，集体记忆与新闻业，大众文化与集体记忆的文化权威，以及新媒体与集体记忆等。[④]

媒介记忆的传播技术是当下流行的议题。Karen Worlman 和 Joanne

[①] Le Goff, Jacques. History and Memory. New York：Columbia University Press，1992：32.

[②] Motti Neiger, Oren Meyers, Eyal Zandberg. On media memory：Collective memory in a new media age, Houndmills, Basingstoke, Hampshire. New York：Palgrave Macmillan，2011：5.

[③] 皮埃尔·诺拉：《记忆之场》，南京：南京大学出版社，2017 年，第 10 页。

[④] 李红涛：《昨天的历史，今天的新闻——媒介记忆、集体认同与文化权威》，《新闻与传播研究》，2013 年第 5 期，第 18-25 页。

Garder Hansen 在《社会记忆技术：理论、实践与行动》中，考察记忆的移动性、联结性和全球性，以及作为文化文本、故事、形象和电子记录时刻的传输。在对美国新闻博客和中国互联网的研究中，学者发现互联网和社交媒体生产出有别于官方或机构化记忆的民间记忆、另类记忆乃至反记忆。①

记忆研究主要采用的是文本分析，通过对文本的梳理，挖掘文本本身所蕴含的语义特质（包括编码和指涉）及其与社会历史环境的关系。大部分社会记忆的研究都是基于不同历史时期文本（如报纸、出版物、个人传记、电影电视以及新媒体文本等）的分析来解释记忆的发生和延续机制。

其次是口述史的研究方法。口述记忆是一种口语传播方式，也是纪录片和新闻报道中常用的资料。口述史从事件的亲历者中抢救史料，是对官方书写史的补充，具有情感的记忆叙述。例如黄顺铭等在考察南京大屠杀记忆研究时主要采用了非正式访谈、深度访谈、焦点小组的方法。②

个案研究也是常用方法。记忆研究有着明确的对象指向，理论的提炼都是基于对现实个案的考察。无论是针对某个历史事件、历史人物，还是纪念地、纪念象征，都是具体的存在。媒介文本有着具体的纪念对象。阿莱德·阿斯曼考察了莎士比亚历史剧中的回忆之争；诺拉编撰的《记忆之场》考察了法兰西民族史叙事框架内的贞德的形象；扬·阿斯曼则把视线转到埃及的书写文化和神庙、以色列的宗教文本《申命记》和古希腊的荷马史诗。

内容分析则是记忆研究使用的主要定量方法，如对文本中某些词语或术语出现的频数、频率统计。例如，周海燕在研究大生产记忆的三次重构时，对不同时期《人民日报》相关报道的话语语词分布进行频数分析，以挖掘话语主题和阐述模式。梅耶斯等在考察以色列的拉宾记忆的媒介记忆的议程设置时，使用了回归分析的方式，证明了媒介记忆议程与公众记忆议程高度相关，以及两者的关系会在纪念日的时候更紧密。

（3）媒介记忆研究的认同视角

哈布瓦赫讲记忆区分为自传性记忆、历史记忆和集体记忆。他认为集体记忆是"积极的过去"，能够形成我们的身份认同："我们可以庆祝没有经历的事件，保持活生生的过去。"他认为共享记忆可以作为社会分化的有效标志。

---

① 任爽：《中美新闻博客比较分析》，东北师范大学硕士论文，2009 年。

② 黄顺铭：《以数字标识记忆之所——对南京大屠杀纪念馆的个案研究》，《新闻与传播研究》，2017 年第 8 期，第 15-37 页。

施瓦茨则反对将历史记忆和集体记忆进行对立,他认为记忆不是历史的替代者或者历史本身,但是由历史重塑,也是由纪念象征符和仪式塑造,"用这种方式构想能让我们面对现实,并鼓励我们认识到我们可以做很多事情来解释现实"①。选择历史记忆的考量是为了当下社会需求,再生产当下的所需的身份认同。媒介记忆在现代国家认同的形成、公共政治记忆的发展上起着根本作用,叙述过去不再是学术和政治精英的保留权利。重大历史事件获得公共意义不仅通过学术和政府的解释,也通过电视电影和新闻机构的叙述。②

建构认同作为记忆研究的功能性研究,有以下几个研究路径。

a. 声望记忆与政治认同

声望记忆考察的是典型人物和英雄人物的历史形象和声望、声誉的建构和变迁。美国历史学者施瓦茨把记忆研究纳入了文化系统进行考察,他系统地考察了美国开国总统华盛顿的社会记忆,以及另一位总统林肯的记忆形象的变迁。他发现美国媒体把华盛顿逐渐建构成了民主社会理念的首倡者。而林肯的形象在不同时代产生了剧烈变化,最终成为"种族平等"的象征。中国台湾学者在研究战争纪念性意义差异性时,对比了美国的华盛顿纪念碑和林肯纪念堂的意义差别,即"华盛顿特区的华盛顿纪念碑与杰弗逊纪念堂代表美国历史的开宗卷;林肯纪念堂也许就是中间的章节"。③

法国学者米歇尔·维可诺剖析了贞德作为时代的象征,在经历了遗忘和忽视之后,有关她的记忆是如何在19—20世纪重新活跃起来。政治家和各党派出于法国人的团结的目的使贞德有了"天主教信徒、爱国者和民族主义者"三类形象。④

国内的许多学者关注到了对民族认同和政治认同有着巨大推进塑造和作用的历史人物,如许多学者同时关注到了孙中山记忆。作为空间纪念场域的中山陵,被营造成一个公共的仪式空间。通过持续的谒陵和纪念行为,背负着多重意义的陵墓建筑将"孙中山"这一符号及与之相连的意义体系不断传输给

---

① Jeffrey K. Olick, Joyce Robbins. Social memory studies: From "Collective Memory" to the Historical Sociology of Mnemonic Practices, Annual Review of Sociology, 1998, 24:105-140.

② Motti Neiger, Oren Meyers, Eyal Zandberg. On media memory: Collective memory in a new media age, Houndmills, Basingstoke, Hampshire, New York: Palgrave Macmillan, 2011:4.

③ 林蕙玟、傅朝卿:《战争纪念性意义之差异性研究——以金门与美国匹兹堡之役纪念物之设置意涵讨论》,《台湾建筑学会建筑学报》,2007年第12期,第23-38页。

④ 孙江:《新史学·第八卷·历史与记忆》,北京:中华书局,2014年,第78页。

国人,在变迁的激流中凝聚和增强着中国人的民族国家认同。①

　　袁光锋则关注了社会主义道德榜样——雷锋的公众记忆,考察"雷锋精神"和"学习雷锋"活动的多元传播模式、传播形态和渠道,探寻雷锋作为几代中国人的道德榜样如何影响和塑造了中国人的集体记忆以及政治人格。② 研究发现媒体的宣传和权威的题词塑造了雷锋精神,即"忠诚、效忠、奉献、艰苦朴素"的品质,成为道德体系和国家政治伦理的一部分。通过自上而下的层级传播,"学习雷锋"这一独特话语成为中国人日常政治认同的重要表达途径。

　　典型人物与英雄人物在历史的进程中有着巨大的社会政治意义,人物生平的言论和榜样力量,在社会运动和政治变迁中有关键的号召力。不同时代、不同主体对精英人物的纪念和形象的塑造,也有着不同的意义考量。

b. 历史事件与政治认同

　　这类议题考察的是媒介对突出的历史事件如何影响人们对这些事件的认知,以及长期出现在媒介议题中的历史事件如何来塑造认同。周海燕在《记忆的政治》中采用社会记忆和话语分析为基本框架,考察了有关大生产运动的社会记忆和"南泥湾精神"的形成以及在这场历史运动中的模范塑造,探究了话语与权力的关系。研究发现这段记忆被反复构建,以作为国家执政党的政治合法性资源。③

　　大众传媒图式下的灾难记忆和创伤记忆,具有强烈的认同导向。战争记忆是历史事件记忆研究中的高频议题。战争记忆强烈地形塑和再构政治认同、民族认同。林蕙玟和傅朝卿在研究华盛顿特区越战纪念园区的纪念物和纪念空间时,注意到了越战纪念对美国人的战争认同产生了显著变化。④ 欧洲学者讨论了在地方的层面上认同与记忆的主导话语。耶尔恩·吕森讨论了纳粹大屠杀的记忆和认同。⑤ 以色列学者考察了作为集体记忆的代理机构,

　　① 李恭忠:《圣俗之间:中山陵集体谒陵与民国时期的政治日常化》,《福建论坛》,2018 年第 7 期。

　　② 袁光锋:《作为政治神话的"榜样"与社会主义新人的塑造:"雷锋"符号的生产、运作机制与公众记忆》,《言与思》(台湾 THC core 期刊),2018 年第 48 卷第 4 期,第 23-84 页。

　　③ 周海燕:《记忆的政治》,北京:中国发展出版社,2013 年,第 3-7 页。

　　④ 林蕙玟、傅朝卿:《战争纪念性意义之差异性研究——以金门与美国匹兹堡之役纪念物之设置意涵讨论》,《台湾建筑学会建筑学报》,2007 年第 12 期,第 23-38 页。

　　⑤ 孟虹主编:《遗忘与记忆:多国视野下的历史反思与德国记忆文化建构》,北京:中国人民大学出版社,2022 年,第 18-20 页。

以色列的印刷和网络媒体在大屠杀纪念日如何全面展现记忆和进行动员。[①]他们追踪不同时期跨媒介的大屠杀媒介记忆的发展历程，发现所有媒体在每个纪念日都谈论相同的历史创伤事件，这体现了过去在日常媒介信息流中的存在。

世界反法西斯战争的记忆与中国反法西斯战争的记忆是世界人民的共享记忆。学者运用了口述史的研究方法来抢救历史记忆，对在世的二战幸存者进行口述采访，记录下宝贵的历史资料。两岸共享"抗战记忆"，是增强两岸民族认同的重要途径，这是"共享历史""共享情感"的方式。例如学者从"记忆之场"的观察角度考察了南京大屠杀的纪念场馆数字标识和它们所置身的空间的隐喻机制，发现围绕数字标识的记忆工作成为凸显侵华日军南京大屠杀遇难同胞纪念馆的地方认同的一个重要组成部分。[②]

c. 族群记忆与族群认同

这类研究有一个特殊的主题就是海外移民的身份认同。基于华人移民的历史、数量和范围，海外华人的身份认同成了一个被关注的话题。2003 年新加坡召开的第三届全球亚洲学者集会对此展开了集中探讨。皮尔斯·恩和安德鲁·戴维德森在《海外游子心中的家：记忆、认同与归属》文集中探寻了海外华人移民的记忆和认同，文集中收录了澳大利亚华人、新西兰华人、日韩华人、德国华人和南非华人的记忆与身份认同及其归属感，还有香港电影中音乐对归属感的塑造和传播。

（4）媒介记忆研究的局限和趋势

西方学者多专注于官方记忆的考察强调考察权力掌控者是怎样通过大事件的书写、媒介的传播、教育制度、文化艺术的展示空间、制定法定节日来操控公众的记忆。梅耶思、赞德伯格和奈格认为集体记忆本质上是功利主义的，通过叙事结构，来强调这些过去"拥有教训和道德"的故事来指导当下的社会团体。[③]

研究范畴多延续了哈布瓦赫的路径，强调记忆的建构性和工具性，当下的现实需要对"过往"的事件和人物形象的选择和重构，以及背后的权力操纵。研究的过程注重探究"过往"与经过改造的记忆之间的区别与对立。

---

① Motti Neiger, Oren Meyers, and Eyal Zandberg. On media memory：Collective memory in a new media age, Houndmills, Basingstoke, Hampshire, New York：Palgrave Macmillan，2011：13.

② 黄顺铭：《以数字标识记忆之所——对南京大屠杀纪念馆的个案研究》，《新闻与传播研究》，2017 年第 8 期，第 5-26 页。

③ Motti Neiger, Oren Meyers, and Eyal Zandberg. On media memory：Collective memory in a new media age, Houndmills, Basingstoke, Hampshire. New York：Palgrave Macmillan，2011：36.

许多研究对事件不断地被再利用或误用的兴趣甚于对实际发生事件的兴趣,对传统构建和消失方式的兴趣甚于对传统的兴趣,其目的在于反抗线性的历史叙事,解构民族—国家的宏大话语,反映多样的声音。但过多的解构会导致认同的消解,记忆研究会陷入"碎片化"。

声誉记忆研究关注的是个人(特别是重要的历史人物)或其他声誉承载者(如组织或作品等)在不同社会历史背景下的声誉塑造和变迁。西方对声誉记忆的研究大致可分为三个视角:领袖人物的形象特质和个人魅力;声誉塑造过程的能动性;声誉塑造的社会历史背景。此论题在中国记忆研究中还比较少见,历史学对人物形象变迁虽多有研究,但这些研究大多重在描述,与西方声誉理论的对话仍有待加强。[①] 典型人物或历史伟人的形象在国内媒介塑造中的统一性和持久性,使得学者没有动力去做细致考察。

在全球化信息流动的背景下,记忆是世界的,也是本土的,为了抵消现代性和后现代性带来的强力的解构化,本土记忆有必要与世界记忆去互动和勾连,以多元的记忆来源塑造更多层次丰富的认同。这样的实践通过互联网背景下的新媒介场域来实现更为立体和便捷。不限定于原有民族国家的单一叙事,多层次的媒介记忆研究与认同研究可以丰富媒介记忆的叙事。同时,中国记忆丰富而生动,可挖掘的故事和研究对象还很多,是记忆研究绝佳的"田野",借助记忆场域的拓宽和更丰富的研究理论和方法,使得中国记忆研究走向世界的前沿。

四、研究内容和问题

(一)研究内容

1. 嘉庚精神的海外传播主体

海外陈嘉庚纪念的主体与国内有着明显的区别,新马华社是"嘉庚精神"的核心传播者。陈嘉庚记忆的海外传播主体在权力上区分,有政府、华社团体和华校;在媒介机构上分为传统大众媒介和网络新媒体,其中大众媒体主要分

---

① 钱力成、张翮翱:《社会记忆研究:西方脉络、中国图景与方法实践》,《社会学研究》,2015 年第 2 期,第 215-232 页。

为英文报、华文报和华文期刊;从地缘上分为新加坡和马来西亚。不同的传播主体,其传播的动机和目的,以及传播的方式和针对的受众都有所不同。本书着重于探讨不同传播主体在不同历史时期对陈嘉庚记忆传播的主导性。

2. 嘉庚精神的海外传播内容和途径

本书主要考察媒介对纪念文本的展现手段不同的媒介的呈现方式有何区别和关联,不同媒介和空间场域的媒介记忆如何形塑。海外陈嘉庚记忆的建构和叙事方式,包括纪念空间、纪念活动和媒介影像等。本研究考察媒介如何呈现陈嘉庚形象,尤其是作为海外侨领和华社"头家"的陈嘉庚形象。陈嘉庚故事作为"新闻聚像",如何被海外媒介叙述和传播。本书梳理了新马社会五十余年来开展的与陈嘉庚相关的纪念活动的具体形式,这些纪念活动的媒介宣传和传播方式。作为日常记忆的空间符码,如地铁站名等,亦作为陈嘉庚记忆的日常渗透方式进入考察的视野。

3. 嘉庚精神的海外传播话语

考察在陈嘉庚记忆传播过程中的海外华人的身份认同的变迁和陈嘉庚故事中的认同话语。华人对陈嘉庚思想和精神的认同与对族群身份的认同是互相作用的。在陈嘉庚记忆的传播中,认同话语是核心表述,透视出国家、族群不同传播主体的认同建构指向。

(二)研究问题

研究问题的核心是讨论"嘉庚精神"在海外是如何通过媒介机制系统地形成媒介记忆并产生认同效果,新马地区如何将陈嘉庚故事塑造成文化遗产,以及传播陈嘉庚记忆过程中如何嵌入复杂的认同问题。探寻媒介记忆作为社会和政治变化的指示灯,如何形成了相应的认同效果。

基于海外陈嘉庚记忆建构和变迁个案研究,本书意在探寻在移民社会中,海外华人群体如何通过媒介记忆的建构来引导族群认同和文化认同,并配合国家意志引导国家认同和本族文化认同之间的和谐。当缺失有效的官方传播通道时,在面对官方意识形态的压力之下,海外华人社会长期以来靠民间自身力量是如何维系及传送历史和文化记忆的,并呈现怎样的性质和趋势。

五、研究方法及创新点

（一）研究方法

1. 田野调查

田野调查借鉴的是民族志的方法，包括实地观察、深度访谈和焦点小组，通过亲身体验收集和记录一手资料。田野调查包括线上和线下两部分，网络田野也是重要的媒介考察对象。

本研究实地考察了陈嘉庚的侨居地新加坡、马来西亚，包括他创办的学校——新加坡华侨中学，还有其领导过的新加坡华人社团会馆，如福建会馆、怡和轩，这些地方也成为陈嘉庚纪念的主要阵地和空间场所。此外还有新加坡国家博物馆等官方记忆空间。华裔馆、晚晴园等华人华侨历史发展脉络的展示空间，同样也是刻写了陈嘉庚的"过往"和其为中国和新马作出的卓越贡献，同时也承载了使华侨华人了解和传承"嘉庚精神"的功能以及示范后人的作用。

运用访谈法对被访者（时间亲身经历者或体验者）的感受进行直接询问，并记录他们的叙述，最重要的是情感的表征。为寻访四位被访者的陈嘉庚记忆，询问其参与或组织纪念活动的初衷等。访谈对象包括新加坡怡和轩主席现任及前任主席、马来西亚陈嘉庚基金会执行长、新加坡国立大学东亚所王赓武教授，通过深度访谈，进一步了解海外陈嘉庚纪念的历史背景和形式、目的。

2. 文本分析

文本分析是通过对文本内容进行系统、客观的分析，提取其中隐藏规律和信息的研究方法，深入挖掘文本的结构、语境、语义和意图等深层含义。具体包括主题分析、语义分析、情感分析等。本研究使用新加坡国家图书馆电子数据库，搜索和整理《南洋商报》（新加坡）（1923—1983）、《南洋商报》（马来西亚）（1983—2018）、《联合早报》（1983—2018）、《海峡时报》（*The Time Strait*）（1904—2018）。另外整理怡和轩所出版的华社期刊《怡和世纪》（2008—2018）。网络资源包括官方纪念网站和各网络媒体的纪念报道，以及陈嘉庚在新马教育和会馆的史料、马来西亚陈嘉庚基金会的 Facebook 的粉丝专页内容。通过话语分析的方式来探索陈嘉庚的言论、海外领袖人物以及华社对陈嘉庚的评价,尤其是"嘉庚精神"的各方表述和提炼;还包括不同时期的纪念报道文本中对陈嘉庚的功绩评判身份定位。

3. 符号分析

符号分析可以用来研究象征意义,尤其非语言符号,如图像、绘画、建筑等视觉符号分析。对视觉记忆符号的分析,是媒介记忆研究的重要方法。本研究所涉纪念图像包括展示空间的符号象征,纪念空间中的雕像、浮雕和绘画,影视纪录片、宣传片中的陈嘉庚形象,纪念馆和博物馆中的陈嘉庚形象,以及华侨华人历史的视觉再现场景等,运用符号分析的方式阐释其象征意义。

(二)创新点

1. 海外声望记忆研究

陈嘉庚作为蜚声海内外的著名侨领,对其事迹的研究多关注于国内历史功绩的描述,但对其在海外的声誉和威望如何被传播和纪念,尚缺乏相关研究。中国历史名人在海外声望记忆研究,也相对缺乏。通过历史名人的海外记忆研究,对照时代背景,可以更深层次挖掘记忆与认同之间的关系。

2. 声望记忆到观念记忆的转化和嵌入的考察

通过对陈嘉庚记忆与爱国主义精神传播的话语实践探究,考察名人形象记忆如何通过话语和记忆实践转化成爱国主义精神的观念记忆,特别是话语间的借用和转译。

3. 多场域多层次的记忆和认同研究

以往的研究多关注某一层面的记忆和认同研究,或者是某一项媒介渠道中的记忆研究。在互联网环境下,多媒介渠道的综合考察,是整合一个人物形象及其记忆的趋势。认同研究也分多层次进行考量,综合挖掘出典范人物记忆的立体性。陈嘉庚作为一位联结海内外和国家、社会、族群多层次认同的典范人物,其记忆和认同作用的多场域多层次的探究和发掘体现了研究的整体性。

第一章

陈嘉庚的海外贡献与地位

　　陈嘉庚的人生大部分的时间是在南洋度过的。1890 年他跟随父亲陈玘柏初次到新加坡，成为"新客华人"。[①] 到 1951 年，陈嘉庚结束在新加坡的生活，回到中国，共在新加坡生活了 60 年。

　　除了在故乡兴学，抗战时期考察延安和重庆，以及 1951 年归国后担任侨联主席等，陈嘉庚人生故事主要在南洋展开，他作为南洋大企业家（新加坡人叫作"大头家"），以及新加坡华社精神领袖的传奇经历最为特别。南洋不仅仅是他人生的大舞台，同时也是与他命运交织的时空场域。陈嘉庚个人史是南洋大历史的一部分，他的精神遗产给东南亚社会留下了宝贵的精神财富。"慈善家、企业家、教育家、爱国主义者、民族主义者"，这些称谓总结了陈嘉庚在各个领域的贡献和地位，所有这些的总和，涵盖了他丰富多彩的一生。

第一节　下南洋——陈嘉庚的南洋 60 年

　　"下南洋"是中国东南沿海移民为了生计漂洋过海来到东南亚谋生的民间说法。在闽南方言里，也叫"过番"。早在 14 世纪，华人就开始落户爪哇和旧港。之后随着清政府的几度海禁和开放，华人陆陆续续来到南洋。华人移民海外的高峰期是 19 世纪中叶，彼时中国遭遇鸦片战争和太平天国起义，沿海各省农民流离失所，生活艰辛。当时荷英殖民政府积极在印尼和马来亚发展

---

　　① "新客"是指 19 世纪从中国移民到东南亚的华人群体，他们通常保留了较多的中国文化传统和语言习惯。

种植业和采矿业,需要大量劳工。因此,许多贫困的福建和广东沿海地区农民,漂洋过海寻找生计。于是东南亚,尤其是新马一带,形成了华人聚集地,华人社会逐渐形成。

陈嘉庚"下南洋"经商,是为了摆脱家庭经济困境,帮助父亲还债。"替父还债"不仅让他在南洋商界赢得了诚信的名声,也成为流传甚广的"传奇故事",这也是陈嘉庚毕生传奇之开始。陈嘉庚在顺安学习商务,掌握商业知识与实践。且通过商业实践,有机会与商界人物接触,这些人不少后来成为他的朋友和社会事业的伙伴,如林义顺、林推迁、林文庆等。

基于陈嘉庚的经商天资与勤奋努力,到 1925 年,他的净资产已经超过1200 万元,所雇员工达 1 万人以上,他成为早期东南亚社会的工商业先驱。在鼎盛时期,他拥有 500 万亩橡胶园,30 多座工厂,32000 余名员工。陈嘉庚是南洋的"树胶大王",公司的树胶产品远销欧美,他还创立了"钟牌"这一知名品牌。海峡殖民地总督金文泰多次视察陈嘉庚的公司以示重视。他的商业帝国在南洋地区声名远播,他被海外媒体称为"马来亚的亨利·福特",[①]不仅因为他的商业成就为新马地区的经济发展作出了彪炳史册的贡献,也因为他在发展商业时秉承了福特的经商理念和创新精神。

1923 年,陈嘉庚创办了《南洋商报》,通过遍布南洋的分公司和销售处售卖这份报纸,这是新加坡第一份华文商业报。《南洋商报》的诞生标志着华文报进入了全面为商业服务并推动教育事业发展的新时期,希望通过实业和教育促进侨民利益。[②]《南洋商报》每日刊载南洋商业、船运信息,也刊载中国新闻,给南洋华人带来家乡消息,在南洋一带有广泛的影响。后在主编胡愈之等的主持下,《南洋商报》成为抗日救亡运动的海外宣传阵地,对中国时局一直保持高度关注。该报一直延续到 1983 年,最终与《星洲日报》重组改革,成为《联合早报》和《联合晚报》。也可以说,当今海外华文报业最有影响力的《联合早报》的前身之一就是《南洋商报》(另一前身为《星洲日报》),《联合早报》的周年一直以《南洋商报》为其起源纪念。

---

① The record of TKK Co. , *The Straits Times* , 1934.2.21.

② 林任君:《〈联合早报〉的前世今生》,《联合早报》,2008 年 9 月 6 日。

第二节　华侨领袖——兴办基础教育、改革会馆

（一）倾家兴学,创办华校

新加坡人眼中的陈嘉庚是著名的教育家,是新马教育的奠基人,特别是南洋华文教育事业。对于一位拥有大量财富的人或者社团来说,所拥有的财富规模并不是社会对其进行道德考量的因素,其对社会的贡献才是社会认可的道德基础。反哺社会,是某个群体的领袖和精英团体所必需的行动。慈善行为有助于巩固一个人或群体的社会道德框架。

创办华文学校、华文报刊,改革和领导华人会馆,是陈嘉庚在海外的主要的社会和文化贡献。陈嘉庚的办学成就得益于殖民政府时期的华社自治性的社会结构。20 世纪 20 年代以前,英国殖民政府无视华人移民的各种社会福利和需求,因为这个群体不属于"英国公民"。只要不威胁殖民当局的政治秩序和经济利益,华社可以有一定程度的空间来发展自己的文化、社会和教育领域。华社建立了内在自足的文化体系,使得华人文化记忆在海外土地上得以维系和传承。华校、华文报馆和社团组织是华社文化传承的三大支柱,是支持华社集体记忆和文化记忆的平台。陈嘉庚在这三大平台上都有着开创性、革命性的领导力。

学校是语言和文化最重要的传承机构。当时殖民政府只重视英校和马来学校的管理,华校不受政策约束,有了自我发展的空间。英国剑桥大学的维多巴素(Victor Purcell)博士在《马来亚华人》一书中所说:"当马来亚政府全神贯注于英文或马来文教育时,华校被搁置于一旁有好一段时期,他们依循自己的意思、趣向办学。"[①]

陈嘉庚是华社贤达中倡办兴学的带头人。他在奋斗创业的同时,一直心怀办教育的宏愿。有感于中国当时的积贫积弱,陈嘉庚形成了教育救国的思想。他曾经对女婿李光前说:"我赚钱就是为了办教育。"不仅仅是为了故乡的学子能通过教育摆脱贫困与无知,同时也为了在南洋的华人子弟能够通过知

---

① Purcell，Victor. The Chinese in Malaya. London. Oxford Univ Press，1948；75.

识获得工作的机会。他不仅自己慷慨捐款,同时大力号召其他华社领袖和企业家捐资兴学。

陈嘉庚在南洋的兴学,始于1907年联合闽帮侨领创办道南学校。道南学校是新加坡第一所以华文取代方言教学的学校,也是不同于萃英书院这类旧式私塾的"现代意义"的学校。1910年,陈嘉庚成为新加坡中华总商会协理以及道南学校总理,向闽侨募集了5万叻币(当时的新加坡货币)建筑校舍。道南学校的建成反映了20世纪初华人兴学的风气,是为响应当时孙中山等革命党人南下宣传华人办教育的号召。之后,陈嘉庚又领导华社创办1912年的爱同学校、1915年的崇福女校、1918年的南洋女校,以及最为著名的新加坡第一所华文中学——南洋华侨中学,还有水产航海学校和南侨师范这两所中等专科学校以及南侨女中。

有鉴于南洋华社缺乏中等学府,华侨自读修毕小学即失去升学机会,陈嘉庚挺身而出,发起创办中学。几经辛苦奔波,终于赢得新马15家小学董事会的支持,联合创办这家专供南洋600万华侨子弟升学的华侨中学。依据1918年6月15日征信录登载,陈嘉庚首先慨捐322万叻币,作为倡导。其他各侨领踊跃捐款,又筹得494000余叻币。华中坐落在武吉知马的校区,也是陈嘉庚于1920年初倡议买下的。陈嘉庚是华中的创校功臣,筹办华侨中学让陈嘉庚在新加坡华社的名声迅速提升。

1919年,华侨中学正式开学。早期的学生,除了来自新加坡本土,还有来自马来西亚、泰国、印尼等东南亚各国的华人子弟。华侨中学的创办,标志着南洋的华文教育从初等阶段跨进中等阶段,对提高东南亚各国华人文化教育水准起着先导的作用。

1935年,道南学校增设英文课,新马华校一面灌输东方文化的价值观,一面加强英文学习,奠定了双语并重的基础。同年,新加坡华校全部改为华语教学,是华文教育新的里程碑。为了解决新马各地华校师资奇缺的困难,1948年华中试办了简易师范。华中毕业生遍布东南亚和世界各地,对推动东南亚各国发展作出了巨大的人才贡献。[①] 陈嘉庚还捐助过中华女校、南洋女中和南洋大学。他还在自己的公司园区内设立幼儿园、托儿所,解决职工子女托管问题。他还资助过英华学校,并且试图在新加坡创办一所大学,但未能成功。

---

① 林金枝:《陈嘉庚倾资办学的光辉业绩及其国际影响》,《华人华侨历史研究》,1994年第4期,第1-12页。

连同在中国创办的厦门大学,陈嘉庚建立起了一个完整体系的华文教育系统。像他这样长时间、大规模倾资兴办海外华人教育事业的行为,在海外华人社会中是罕见的。他因此得到华社领袖黄亦欢崇高的赞誉:"在全部华人教育史上,嘉庚先生是前无古人的。"①在新加坡人民的心目中,陈嘉庚的教育事业不仅仅是为了他的故乡,也是为了新加坡的华人子弟。他们认为陈嘉庚为新加坡建立现代小学、南洋第一所中学和倡导实践技能的师范学校和航海学校,培养了具有现代文化、科学素养的年轻人,提高了华人的整体教育水平和素质;他们认为陈嘉庚以华文替代方言作为教学语言的改革,是打破帮派隔阂、融合与团结华族的基石,也为齐心协力支援祖国抗战和争取侨居地公民权、建设本地社会打下基础;陈嘉庚资助英校,他倡办的华文学校开设英文课,为新加坡人民所赞誉,认为他不仅仅心系华文教育,也关照英文教育,是开明绅士,眼光长远。这样的观点是为陈嘉庚正名,否认他是"华人沙文主义者",也是使他的历史贡献能在强调以"种族平等、各族和谐"作为立国之本的新加坡社会中传承下来,使有关他的记忆得以保存在主流叙事中。

(二)改革福建会馆

在商业经营上获得巨大成功之后,转型成为社会贤达人士是典型的中国传统士大夫文化的发展路径。当财富成为坚实社会的地位象征时,个人的能力、地位、才学等是一个华人在所属社会中身份地位的重要指征。随着社会的发展,华社领导人的职责不仅是照顾乡亲,他们的贡献须惠及全社会,方可得到其他族群领袖的支持与殖民政府的重视。

20世纪20年代,是华族迁徙到南洋最鼎盛的时期。仅在1927年,就有华人移民36万人南下至新加坡。② 海外华族侨居海外,因缺乏祖国的保护,犹如"海外孤儿"。英国殖民政府对非英籍的华族没有提供支持和保护。因此,由于环境所需,各类华社团体、地方会馆成立,以团结南洋侨胞,保护华族利益,为生存而奋斗。

1929年,陈嘉庚当选为福建会馆总理,他集中全力改组福建会馆,扩大组

---

① 厦门大学党委宣传部:《陈嘉庚与厦门大学的筹建》,《厦门大学报》1401期,2022年10月27日第1版。

② 郭振羽:《从身份解构到身份建构——新加坡华人尚待完成的旅程》,《联合早报》,2011年1月22日。

织,将会馆组织由董事制改成委员制,全面照顾闽人福利,特别是在教育方面。二战后,会馆为了鼓励子女接受教育,于1947年复办前南侨师范为南侨女中附设小学部。

(三)领导怡和轩

1923年2月11日林推迁逝世后,陈嘉庚当选为怡和轩总理,开始一系列的改革,推动怡和轩成为一个组织完备、成熟的社团,也为之后的转型奠定基础。1925年陈嘉庚修改章程,规定总理不得连任3年,并废除帮派,吸收各籍贯人士入会。潮州帮的林义顺在1927年、1931年至1932年担任总理,李俊承则在1934年担任总理。其他的年代(除日据时期)都由陈嘉庚担任总理,至1947年才卸任。1925年修改的章程,也是目前为止所发现的最早的怡和轩俱乐部章程,确立俱乐部"为公余憩息之地,专以改良风俗,交换智识,联络感情为宗旨"。

陈嘉庚为怡和轩树立起新的风范。包括:禁止抽鸦片;星期六晚上举行的宴会准时8时入席,在会所内举行宴会或便饭,一律用公匙公筷,以示卫生;并设立图书馆,培养阅读风气。

陈嘉庚在领导怡和轩期间,通过实施新章程完善俱乐部的组织构建,为各帮领袖的聚集与交流提供了平台,更使怡和轩成为他处理社会公益事务的场所。这种以关心中国事务、热心华社建设为基础的交流,亦为之后民族主义运动兴起时怡和轩实现更加全面的跨帮联盟做了铺垫。[①] 自陈嘉庚领导华人民族主义运动之后,怡和轩成为华社民族主义的大本营。新马社会有两股力量围绕着陈嘉庚,首先是便是怡和轩的会员,特别是几位商业大亨,如李光前、陈六使、黄奕欢等,还有一些文化教育界人士,如张楚坤、胡愈之等。陈嘉庚的左膀右臂和忠心追随者,主要是以怡和轩和福建会馆的领导群体为主。

---

① 吕双:《社会政治空间下怡和轩俱乐部的功能与转型》,新加坡:怡和轩俱乐部出版,2015年,第33页。

第三节　精神领袖
——领导东南亚华人的民族主义与爱国政治运动

（一）济南筹赈

1914 年，因为英殖民政府干涉，国民党不能在东南亚活动。20 世纪 20 年代中期，国民党在新加坡的活动才开始影响华人社会。英国殖民立法议会 1924 年通过《社团法令》，取缔来自中国的政党。1926 年，当局关闭 12 家华校，驱逐若干教员和学生。[①] 1927 年 3 月 4 日，国民党员在新加坡发起纪念孙中山逝世周年纪念会，结果演变为警察与示威者冲突的"牛车水事件"。[②] 国民党在新加坡逐渐失去了领导华人民族主义的地位。参与民族主义运动的华人革命者开始追随陈嘉庚，参与陈嘉庚领导的社会运动。陈嘉庚从此成为新马与东南亚华人的民族主义运动和爱国运动的领袖。英国殖民政府能够接受陈嘉庚领导下的华人爱国运动，主要原因是陈嘉庚在华人社会有很高的声望，在 1918 年他被政府委任为太平绅士，1923 年被选为华人参事局绅士。他没有任何党派身份，他发起的运动是爱国筹赈运动，而非党派政治运动。[③]

1928 年，济南五三惨案发生，在新加坡华社称之为"山东惨祸"。陈嘉庚迅速召集山东惨案筹赈会，以怡和轩为办事处，号召华人为祖国捐款。这次筹款活动在 9 个月内共筹集 171 万叻币。这是陈嘉庚第一次为抗战筹款。在这之前，陈嘉庚参与的基本都是自然灾害筹赈，如天津水灾、广东风灾等。济南筹赈会的成功也为陈嘉庚在华社的号召力奠定了基础，特别是为"七七事变"爆发后领导华社组织南侨总会，带领南洋华人掀起声势浩大的全民抗日总动员做了重要的铺垫。而且山东筹赈会的领导来自各帮各界，打破了华族历来

---

①　《二十年代的新加坡》，《南洋商报》，1979 年 8 月 11 日。

②　牛车水事件：1927 年 3 月 24 日在新加坡发生的一桩示威流血事件。华人在当天举行规模盛大的孙中山逝世两周年纪念大会。会上大会主持人发表激进演说，导致左派群众游行示威。2000 余人游行至牛车水，拒绝警方劝说，警方开枪击毙 7 人。事后海峡殖民政府的调查结果是认定中国的政党在新加坡势力滋长，于是关闭若干夜校，禁止一些中国的教科书进口。金文泰上任总督之后，禁止国民党在新加坡的活动，禁止华人筹款给国民党，严格限制华人入境，并检查华文报章，撤销华校辅助金。

③　《战前活跃的社团怡和轩俱乐部》，《联合早报》，1985 年 1 月 12 日。

帮派的界限与观念,提升了国家民族意识,对团结华社进行民族救亡运动起到了重要作用。

(二)组织星华筹赈会、南侨总会与星洲华侨动员总会

1937 年 8 月 15 日,来自星洲 180 个社团的 700 多名代表出席在中华总商会召开的侨民大会,决议成立"星华筹赈会",两天后在怡和轩召开首次大会,推举陈嘉庚为主席。比起山东筹赈会,星华筹赈会更加深入全面地调动各帮力量,组织更加完整和体系化。数十个筹赈分部和数百个支部在全岛各处建立,协助筹赈会深入民间筹集大量义款,筹集的方式更加多样化。截至1938 年 12 月,共筹款 320 万叻币。

1938 年 10 月,在星华筹赈会的基础上,来自马来亚半岛、泰国、菲律宾、北婆罗门洲、沙捞越、缅甸和越南等东南亚地区 180 多名代表,在华侨中学成立"南洋华侨筹赈祖国总会",简称南侨总会,总部设在怡和轩,陈嘉庚任主席。南侨总会成立时,陈嘉庚发表《南侨代表大会宣言》,揭露日本侵华的暴行,号召全南洋华侨坚抱抗战最后胜利的信念,各尽所能,实现每月近 400 万法币的常月捐;要求全体侨胞积极向祖国投资,增强祖国的经济实力。1937—1941年,华侨捐款和侨汇达到了 50 多亿法币,捐寒衣三千万件,以及大量的药品、医疗器械等。[1] 同时,南洋华侨争取本地政府同情中国抗战,予以支持。南侨总会的成立,标志着南洋华侨冲破传统的帮派地域观念,实现了建立在抗日救国基础上的民族大团结,从而使南洋华侨的抗日爱国救亡运动走上了新的道路。总会成立大会后,南洋各地 80 多个筹赈会,1000 多个分会在南侨总会的领导下,为祖国抗战筹赈捐款,派遣侨胞回国参战,组织华侨慰劳团,有力地支援了国内的抗战。筹赈会各分会组织义卖、义演、义捐等活动,从富商精英到平民百姓,老弱妇孺,工商学农,皆为抗战尽自身所能。陈嘉庚还接待了从祖国来的武汉合唱团等抗日宣传队伍,在新加坡公演《放下你的鞭子》等剧目,为新马华人的抗日救亡思想打下了深深的烙印。

1937—1942 年,陈嘉庚领导星华筹赈会和南侨总会,为受到日本侵略的祖国灾民募得款项达 55 亿法币。南侨总会第一次团结了各党派、地域、阶层和职业的千万华侨,形成了同仇敌忾的最广泛的爱国抗日统一战线。国民党

---

[1] 徐樵云、蔡史君编:《新马华人抗日史料》,新加坡:文史出版私人有限公司,1984 年,第 178 页。

党员以个人身份积极参与陈嘉庚所领导的星华筹赈会、南侨总会以及星洲华侨动员总会,在人力、物力和财力方面都有积极贡献。如果说教育事业上的贡献是陈嘉庚最为人熟知的事迹,那么领导南侨总会支援祖国抗战,则是陈嘉庚人生的高光时刻。这个时期的陈嘉庚,在新马社会,乃至整个南洋社会具有极高的威望,是一呼百应的全华社最高精神领袖。

除了支援国内抗战之外,陈嘉庚还接受殖民政府委托,组织新加坡华侨动员总会,以本土华人的力量抗击日军入侵,保卫新加坡。1941 年 12 月 8 日,日军登陆新加坡,击败英军。总督汤姆斯要求陈嘉庚号召新加坡各团体成立星洲华侨抗敌动员总会,统辖劳工服务团、保卫团和民众武装部,以协助政府维持秩序、供给劳工、武装民众、保卫新加坡。星华义勇军属于民众武装部,部长是共产党党员林江石,副部长则是国民党党员。星华义勇军维持了 13 天,在新加坡沦陷后被解散。但这支部队成员转为森林游击队,继续抗日。新加坡抗日烈士林谋盛就是这支队伍中的成员。

(三)组织南侨机工

南侨机工指的是在抗战时期,陈嘉庚号召并组织前往云南滇缅公路协助中国军队运送军需物资的南洋华侨志愿司机和技工。当时国民政府向陈嘉庚请求,要求组织海外机工补充运输力的不足。陈嘉庚立刻登报号召,华人青年踊跃报名,总共 3200 名机工分 8 批从三条路径前往云南昆明,为滇缅公路的运输服务。滇缅公路被截断后,南侨机工被解散,有千余人牺牲,千余人回到南洋,剩下的留在了祖国。无论是回到南洋还是留在祖国的机工,都没有获得公平对待。陈嘉庚曾经为复员机工争取遣散费,但没有结果。南侨机工的悲壮历史,曾经淹没在祖国抗战大历史叙事之中,也在南洋被遮蔽了很长时间。

如今在马来西亚新山和云南西山,都矗立着南侨机工纪念碑。在云南的纪念碑前,还有一尊陈嘉庚塑像,感念他当时响应国内号召动员南洋爱国机工共赴国难。

(四)创办《南侨日报》

《南侨日报》是中国民盟与陈嘉庚合作的报刊,一贯坚持宣扬拥护共产党,反对国民党的政治立场。如果说陈嘉庚创办《南洋商报》的初始动机是为了企业宣传,那么《南侨日报》的创办,则完全是为了响应国内时局,与国民党在南洋的舆论宣传做斗争。1946年11月21日,陈嘉庚与洪丝丝和张楚琨等筹集了50万新元创办了《南侨日报》,其中陈嘉庚出资10万新元。陈嘉庚任《南侨日报》董事长,胡愈之担任社长、主编,还兼社论主笔、专栏作者及时事评论员。陈嘉庚在创刊号上发表《告读者》,说明本报立场是"团结华侨,促进祖国之和平民主,俾内战之早日停止,政治上早日修明,国民幸福早日实现"。[①] 当时国共内战导致南洋一带的华侨社会分裂为两大阵营。《星洲日报》《南洋商报》等华文报纸都是亲国民党的报刊,而左翼报纸中只有《南侨日报》可以与之进行舆论抗争。《南侨日报》的主要任务就是引导海外华人反对内战、反对分裂祖国的行径。《南侨日报》也为陈嘉庚在南洋华社巩固领袖地位,向抹黑陈嘉庚的言论做出了舆论反击。由于《南侨日报》的强烈政治倾向和中国意识,最终在1950年被殖民政府查封。

第四节　引导海外华人的祖国认同

(一)爱国主义者陈嘉庚

陈嘉庚的祖国认同主要是出于民族主义的政治理念。中华民族的命运牵动了他的一生。他毕生所致为了中华民族之兴盛、民族之未来。他有"大中华民族"的理念,不容许分裂祖国的行径。无论在其自传还是遗嘱,以及在其自己设计的墓园鳌园的石刻中,均表露出对台湾回归的强烈期盼。1947年,陈嘉庚领导的福建会馆电请国民政府将陈仪调离台湾,谓"闽台关系深厚,台胞痛苦不应坐视"。[②] 祖国领土完整是陈嘉庚始终不渝秉持的信念。

陈嘉庚在1946年致电杜鲁门,以"南侨总会主席"身份代表海外华侨华人发声,要求美国政府改变对华政策,不支持蒋政府打内战这种破坏民生、分裂中国的行为。这引起国民党以及海外国民党支持者对他的攻击。

陈嘉庚在返回中国定居之前,邀请中华总商会会长黄奕欢到怡和轩畅谈,向他提出三点建议:一是希望能够完整收葬日据时期遇难者遗骨;二是建立死

---

① 《告读者》,《南侨日报》,1946年11月21日。
② 陈嘉庚:《南侨回忆录》,长沙:岳麓书社,1998年,第15页。

难者纪念碑;三是向日本追讨血债。① 战后,黄奕欢领导中华总商会完成了这三件事。在华社的努力下,死难者遗骨收集后葬在美芝路的日据时期死难者纪念碑之下。为支援祖国抗战而无辜受难的华人终于可得安息。这不仅是华社的集体伸张正义的结果,也是缘于陈嘉庚对本民族的深切情感。

(二)召华人认同新中国

陈嘉庚抗战时期在内地,目睹国民政府的腐败行为和共产党的清廉作风与领导能力,形成了强烈的对比,认定中国的希望在延安。因而他在新马的活动受到国民政府海外部部长的敌视和干扰,但这越发坚定了他对共产党的信任。

战后陈嘉庚返回新加坡。此时华族社会四分五裂,福建会馆、中华总商会等社团政治立场不同。怡和轩和福建会馆跟随陈嘉庚支持共产党,号召华人认同新中国。这对海外华人与祖国保持情感连接有着重要作用,也为中国与海外华人居住国的外交往来打下了基础。

---

① 　陈嘉庚:《南侨回忆录》,长沙:岳麓书社,1998 年,第 68 页。

◢ 第二章
嘉庚精神的论述

第一节 嘉庚精神之源

1931 年,在总结厦门大学创办十周年的纪念意义时,校长林文庆将校主陈嘉庚对厦门大学的奉献,总结为"嘉庚精神":"嘉庚先生的精神是什么呢?就是我国圣贤所传给我们的'天下为公'的精神,是一种利他而肯牺牲的精神,嘉庚先生有此种精神,所以他能急公好义,把他自己努力所得到的大部分金钱,拿来办教育,为社会大多数人谋最高的幸福。"①

1940 年,厦门大学在抗战时期迁址福建长汀县时,陈嘉庚先生率"南洋华侨回国慰劳视察团"活动结束后,至长汀县视察,受到厦大师生热烈的欢迎。校长萨本栋在欢迎会上致辞,在"先生人格精神"的论述中,提到校主"其爱国热情,公而忘私,国尔忘家,是何等怀抱""负责、谦让、不辞劳瘁""又所谓富贵不淫、贫贱不移、威武不屈者也",表示对他的精神人格"时时引为楷模,时时求所以副先生之期望,庶无负先生拳拳祖国之忧,亦即吾人所以报答先生于万一也"。②

1940 年 11 月 9 日,厦大校友会在长汀编印的《欢迎陈嘉庚先生专号》出版,内刊登有"嘉庚精神"一文,文中指出"嘉庚精神就是我们的精神,我们非但

---

① 林文庆:《厦大十周年纪念的意义》,《厦门大学十周年纪念刊》,厦门大学,1931 年 4 月 6 日,第 9 页。

② 《厦大通讯》第二卷第九、十期,1941 年 11 月 9 日。

应该随时记住效法而已,并且应该发扬光大!"[1]这也是有关"嘉庚精神"的最早文字记载。

1941年,在厦大成立20年之时,学校提出对嘉庚精神的解释:"关于嘉庚精神,过去我们说的嘉庚精神,也许只是狭义的'毁家兴学'的嘉庚精神而已。抗战以来,嘉庚先生在海外领导侨胞,努力捐输,其公忠卫国的精神,已为全国上下所钦佩……到了十一月间,先生莅临本校,亲向全校员生演讲,其至诚至公的精神,遂更深刻地灌注在每人的头脑中","嘉庚精神"在其时已成为一种"独特的精神"。[2]

改革开放后,"陈嘉庚(或嘉庚)精神"的提出,见于1983年10月20日《厦门大学》校刊(第114期),《大力发扬嘉庚精神》的评论员文章。[3] 1983年3月,厦大校刊登出《省委建议缅怀陈嘉庚》,"为了缅怀陈嘉庚先生创办厦大的功绩,发扬陈嘉庚先生爱国兴学的精神,福建省委和省府领导同志还建议,厦大要筹建陈嘉庚纪念馆,为陈嘉庚铸像,要注意搜集、保管、展出陈嘉庚的著作和遗物,藉以教育后一代"[4],此后,"嘉庚精神"出现频率逐渐增多,直至现今获得广泛公认和使用。

第二节 嘉庚精神核心:爱国主义

(一)民族大义

鸦片战争后,中国人的民族意识开始觉醒,把对朝廷和帝王的效忠,转向了对民族和国家。在民族和国家意识形成的过程中,主导力量是19世纪和20世纪上半叶的政治精英和知识精英。他们唤醒了中国人的民族危机感和民族自尊心,塑造了中华民族意识。陈嘉庚的民族意识和国家意识就是在这个过程中形成的。这种民族国家意识是他的精神支柱,也是他办教育、领导新马华侨华人支援抗日等一系列行为的内在根源。尤其在民族危亡之际,更显

---

[1] 何励生:《嘉庚精神》,《厦大通讯》,1941年第2卷第9~10期。
[2] 《母校廿周年纪念日隆重庆祝盛况空前》,《厦大通讯》第3卷第4期,1941年4月25日。
[3] 朱立文:《概述"陈嘉庚精神"探究》,《陈嘉庚研究》,2001年,第58-59页。
[4] 《省委建议缅怀陈嘉庚》,《厦门大学校刊》,1983年3月24日,头版。

"天下兴亡,匹夫有责"的民族大义。陈嘉庚既有传统儒家思想中的"先天下之忧而忧"的精神,又具备现代民族国家的共和、民主、理性等价值观。民族国家意识的形成让中国人有了具体的奋斗目标——救亡和图强。以实务精神来实践爱国主义,便是陈嘉庚精神中的核心要义。海外华人认为"陈嘉庚具有强烈的爱国主义精神和崇高的民族气节,他是一位赤诚的爱国者。他终其一生,全力支援祖国的抗战、革命与复兴运动。因此,爱国主义是嘉庚精神的本质特征"。[①]

民族国家意识的很重要一方面是"主权意识",尤其是领土主权。陈嘉庚在台湾问题上有坚定捍卫领土主权的立场,强烈反对割让领土的卖国行为。这也是他反对清廷、支持辛亥革命、领导华侨华人抗战的重要原因。海外华人华侨在这种民族精神的号召之下,不仅倾其全力支持祖国抗战和建设,也萌发了促使殖民地独立的意识。二战后,东南亚殖民地的独立运动包含了海外华人反殖民的民族意识。

(二)爱国爱乡

乡土中国是一个由血缘构成的家族、宗族关系和由地缘构成的邻里关系共同组成的"文化共同体",而地缘则是血缘的空间投影。本土情结是陈嘉庚政治立场改变的重要推动因素,家乡的遭遇是其政治立场改变的一个重要因素。抗战时期当他先后访问重庆和延安后,又回到故乡考察,目睹了地方政府苛政害民,"闽政苛惨,民不聊生,举其尤重要者,尤虐壮丁"。[②] 虽然旅居南洋60年,但陈嘉庚的政治认同是建立在家乡认同之上的。作为新客华人,陈嘉庚内心是坚定不移地以中国为自己的国家。新马地区在当时是英属殖民地,华人群体以血缘国籍论,回报祖国的具体举动即为回馈家乡。海外华人以回报祖籍地为荣,是建立在华人群体延续下来的家乡认同的基础上的。陈嘉庚的责任感,同心圆形式向外辐射,以宗族为原点,外扩到乡村,继而是福建和在新加坡的同乡,最后是中国和中华民族。[③] 以家乡为基点向外延伸的关怀度,是保证社会活动在民族国家的框架之中进行。在海外进行的民族活动,也是复刻了在家乡的活动规则。

---

① 潘国驹:《21世纪的教育与陈嘉庚精神》,《联合早报》,2008年7月30页。
② 陈嘉庚:《福建内幕》,《南洋商报》,1941年1月20日。
③ 孔飞力:《他者中的华人》,李明欢、黄鸣奋译,南京:江苏人民出版社,2016年,第288页。

慈善捐赠是将财富转化为社会地位的路径。华人的捐赠目标首先考虑故乡。陈嘉庚最先捐款给集美,尔后是厦门和福建。陈嘉庚慈善开端的动机来源于"教育为立国之本,兴学乃国民天职"的理念和目睹家乡教育的落后状况。1912 年返乡时对家乡农村教育体系之破败的震惊,"往游各乡村,见儿童裸体成群,或游戏,或赌博,询之村人,咸谓私塾久废……余思此情形,如不改善,十数年后,岂不变成蛮野村落乎? 此为余办学之动机也"[①]。于是他开始在集美兴办教育,先后筹办了集美学校、集美中学和集美师范,继而筹办厦门大学,组织同安县教育会,对各乡小学给予常年补助,受益者三十多校。

这些兴学之举也是出于对家乡闽南社会、福建宗乡的深厚情感和强烈的责任心。陈嘉庚自幼接受私塾教育,是儒家思想信奉者。在儒家思想中,爱国爱乡是同源的,高度的地缘性情结与民族国家情感连为一体。民族国家的文化规范,要求乡贤们必须关照同乡,必须为家乡的公益慈善出资,如此才能获得乡亲的尊重和拥戴。通过商业、社会与文化的各途径,与同乡建立生存共同体和情感纽带。建设家乡,始终是陈嘉庚的原动力,回到祖国之后,依然心系家乡建设,直至长眠于集美鳌园。

(三)教育兴国

陈嘉庚最为人称道的是他的倾资兴学、服务社会的牺牲精神。他基于"教育为立国之本,兴学乃国民天职"的认识,把教育兴国作为他一切社会事业的立足点,从教育推广至其他的社会改革,最终促进国家的富强兴盛。陈嘉庚的行动逻辑,都建立并体现在他救国兴国的认识上。

陈嘉庚的教育思想的特点是务实。他有层次地倡办和创办各类学校。在家乡厦门,他兴办集美学校的基础上,创办高等学府厦门大学。陈嘉庚没有在南洋地区亲自创办大学,只在归国后积极支持陈六使在新加坡创办南洋大学,因此,部分新马华人对他不理解乃至"诟病"。办一所高等学校开支巨大,陈嘉庚的个人财力只能支持一所大学。而家乡厦门对他来说更需要一所高等学府。出于对家乡的爱,以及教育救国的理念,他选择在他的故乡兴办了厦门大学。

陈嘉庚毁家兴学的精神对新马华人甚至东南亚华人影响甚为深远,且进

---

① 　陈嘉庚:《南侨回忆录》,新加坡:陈嘉庚基金会,1993 年,第 16 页。

一步升华为海外华人对待民族教育的座右铭。海外华人跟随陈嘉庚兴学办教育,也是追随和仿效陈嘉庚的义举。在福建,尤其是在闽南,华侨办学蔚然成风,与陈嘉庚的示范和带动作用密不可分。华校华教在海外是民族教育、民族文化的传承,兴学是民族主义精神的重要组成部分。

第三节 海外嘉庚精神:饮水思源

(一)发源于孙中山革命精神

陈嘉庚是同盟会会员,之后未加入过任何党派。1906 年,孙中山在晚晴园主持成立同盟会新加坡分会。同盟会新加坡分会成立后,新加坡成为革命党人在南洋的活动中心。在新加坡,陈嘉庚经林义顺介绍结识孙中山,并加入同盟会。陈嘉庚在孙中山革命思想的启迪下,痛感清政府的腐败无能,向往进步。1910 年,他与胞弟陈敬贤等一批有志之士脱离清廷关系,在中国同盟会盟书上发誓签名:"驱除鞑虏,恢复中华,创立民国,平均地权,矢信矢忠,有始有卒。如有渝此,任人处罚。"[①]从此,他遵照孙中山的革命宗旨,唤醒侨胞,支持民主革命以振兴中华。可以说,陈嘉庚的民族主义思想和救亡图存的理念是被孙中山到南洋的革命活动所激发的。

在海外,陈嘉庚精神与孙中山革命精神一脉相承。陈嘉庚的孙子陈立人,回忆起祖父的革命事业时说:"一百年前,我的祖父陈嘉庚先生和孙中山先生共同致力革命事业,结下深厚情谊。"[②]陈嘉庚在当时为孙中山和其革命政府总共捐资 20 余万叻币,其中 5 万叻币直接支持孙中山的革命活动,其余的捐资给福建省革命政府。他经常在演讲和自传里表达对"前孙总理"以及三民主义的支持。孙中山的革命思想接入华社的祖国理念,形成了海外华人的爱国情操。陈嘉庚也是受到了革命论的浸濡而萌生了爱国思想,形成了一股热爱祖国、支援祖国抗战的反侵略精神。

陈嘉庚记忆作为新马社会官方记忆的再现,是从 2008 年的《陈嘉庚与李光前事迹展》开始。但实际上是 2001 年,新加坡晚晴园(孙中山南洋纪念馆)

---

① 陈嘉庚:《南侨回忆录》,新加坡:星洲南侨印刷社,1946 年版,第 3 页。
② 《特写:孙中山和陈嘉庚后人厦门续百年爱国情缘》,中国新闻网,2011 年 10 月 21 日。

重新开幕,孙中山记忆、陈嘉庚记忆、辛亥革命记忆和华人先贤记忆等,一并从官方的尘封中被唤醒,进入了新加坡"国家记忆"的范畴。在新加坡的官方意识中,陈嘉庚与孙中山紧密相连,两人都有强烈的中华民族主义精神和救亡图存的理念,并且在南洋地区极具号召力。孙中山唤醒了南洋华人的民族思想,这当中也包括作为南洋华人领袖的陈嘉庚。

(二)取诸社会 用诸社会

陈嘉庚是一位跨时代和跨地域的华人领袖。在他的"第二故乡"——新加坡,陈嘉庚的精神被视为"先贤精神"的典型代表。"先贤精神"被定义为服务社会、办教兴学、为国为民的高尚品质,以一批南洋华人先贤,如陈嘉庚、李光前、陈六使、林连玉等为代表,他们对华文教育、华人社会乃至国家作出了不朽的牺牲和贡献。陈嘉庚以一位对社会作出巨大贡献的社会贤达人士的面貌出现在当下的各种记忆方式和纪念话语中。可以看出,在中国,嘉庚精神是以爱国主义为核心的一种精神品质。在当下的新马社会,嘉庚精神依然可以从社会层面跨入爱国层面,这种精神在南洋地区被视为有强烈号召力的爱国主义榜样力量。新加坡在其"国民教育"体系中鼓励学生"全身心感受新加坡故事"和"回馈社会"。因此,政府和华社借用陈嘉庚等先贤的故事,启示当下的国民积极进取、回馈社会,报效国家,"取诸社会,用诸社会"。或以陈嘉庚所倡办的新加坡华侨中学校训来表达,即为"饮水思源"。

2008年,新加坡总理李显龙在新加坡各界联合主办的"承前启后 继往开来——陈嘉庚和李光前事迹展"中致辞,表示"陈嘉庚是成功商人,也是德高望重的华社领袖。他一生热爱教育事业,重视社会教化。他在中国的集美和厦门兴办了许多学校。在新加坡,他创办了五所中小学,其中最为著名的是华侨中学。它是东南亚历史最悠久的华文中学。他也热心捐助道南学校和英华学校等学府的发展",陈嘉庚和李光前对社会的贡献,反映的是"取诸社会,用诸社会"的儒家理想,"他们立身处世,讲求待人以诚和不屈不挠,也就是陈嘉庚所倡议的'诚毅'的精神。这样的精神值得后人追思和学习"[①]。

在陈嘉庚基金会成立20周年晚宴致辞中,时任新加坡副总理、教育部部长尚穆根阐明:"你们继承了陈嘉庚从一个多世纪前开始的慈善事业。通过你

[①]　《"陈嘉庚与李光前"展览开幕 李总理:陈嘉庚李光前垂范后人》,《联合早报》,2008年7月19日。

们的努力,保持了他的精神遗产的生动性。"①他表示陈嘉庚的精神,是愿意冒险进入新的未经测试的领域,并渴望为比自己更大的事业作出贡献,这与当今的所有人以及后代的新加坡人都是相关的。他陈述的是陈嘉庚作为企业家的精神,但强调这种精神是儒家文化中回馈社会的必要精神。

时任新加坡外交部长杨荣文在先贤馆成立时表示"先贤"即为能舍弃自身利益,为国家社会作出贡献的伟人。时任中国驻新加坡大使张小康则在会上表明,陈嘉庚先生一生行迹,以"博爱、诚毅、革新、奉献"为核心的"嘉庚精神",即深植于其业绩和建树之中的灵魂与底蕴。陈嘉庚先生传奇人生可谓近代华侨百年史的时代缩影。他是中国与东南亚近现代史上唯一参与了中新两国政治与社会运动的历史人物。

马来西亚陈嘉庚基金会则认为"忠"是陈嘉庚爱国爱民、饮水思源的核心精神,表现在他始终对祖国与第二故乡新马地区有着深厚的情感,认为"爱国始于爱乡",恪守"天下兴亡、匹夫有责",以拯救国家危难为己任,将兴学办教与发展实业,同发扬并继承优良的传统中华文化联系起来。②

海外用"文化遗产"来形容陈嘉庚精神。总体来说,陈嘉庚精神被定义为在中国和东南亚留下的三个主要的遗产:首先是他通过教育和事业以及技术发展来推动现代化的设想。其次是事业、教育、社会改革和政治鼓动以推进社会政治环境的先锋精神(pioneer spirit)。最后是华侨身份认同和对祖籍地的情感联结。

---

① National Archives of Singapore, Document Number: 2002090601, Speech by Mr Tharman Shanmugaratnam, Senior Minister of State for Trade and Industry & Education at the Tan Kah Kee Foundation 20th Anniversary Public Seminar on "Entrepreneurship And Education: The Tan Kah Kee Spirit in today" On 6 Sep 2002 at 9:00 am at the Mandarin Court, Mandarin Hotel,陈嘉庚基金会 20 周年晚宴上的讲话,2002 年 9 月 6 日。

② 《先贤交辉巡回展——陈嘉庚精神》,马来西亚陈嘉庚基金会官网,2016 年 5 月 27 日。

第三章
陈嘉庚记忆的沉寂和重现

记忆被视为一种权力的手段和目的。争夺记录和传统的主导权的斗争常常涉及对记忆的操纵。[①] 政治团体会有意识、有目的地审查和重构记忆的内容和类型，来确认自身的合法性，重组和调整社会的记忆框架，限制记忆的领域，甚至直接消除某段记忆，当记忆不在媒介中流动时，就开始走向解体和衰亡。记忆再现权主要掌握在政治精英手中，而民间或以某种方式进行抗争，以保存自身的精神价值。一个历史人物能否被允许进入公众视野，是根据记忆主导者的传播框架设定的。历史人物被遮蔽，他们的身份逐渐模糊，淡出人们的头脑，其身上附着的精神价值或转移至其他人物，或直接被解构被歪曲，直至不复存在。时代在前进，伴随着政治社会环境的变化，迫切需要新的记忆框架来建立新的社会价值秩序。此时，"封存"的历史会重现，"消失"的人物会重归，人物面貌会再次清晰。这在历史风云变化的地区尤为明显。陈嘉庚在20世纪50年代初回到新中国后，就在新马历史舞台上消声了。他再也没有返回新加坡，这是东南亚华人被裹挟在历史潮流中的一个典型例证。年轻一代的新加坡人，随着时代远去，对这位伟大教育家、企业家、爱国爱民的巨人，已不可能会有全面和深入的认识。[②]

---

① Le Goff, History and Memory, translated by Randall, S, and Claman, E. New York: Columbia University Press, 1992:52.

② 王如明：《陈嘉庚的他乡和故乡》，《怡和世纪》第16期，第30页。

第一节　官方历史教育信息过滤

国家认同是新加坡长久以来政府最为重视的政治意识,通过政策颁布实施促使其多元族群整合成具有国家意识形态的"One Singaporean"。出于培养国家意识的需要,多年来新加坡社会各界对于陈嘉庚事迹闪烁其词,遮遮掩掩,使他的形象在新加坡日渐模糊,以至于很长一段时间里新加坡年轻一代无从了解这位伟人的光辉事迹。

在新加坡的历史课本中,没有陈嘉庚的名字。这是官方记忆遮蔽的最直接证明。历史课本是灌输青少年对国家社会发展的认知,塑造年轻一代历史观和国民性的最重要途径。在新加坡这个建国历史短暂的国家,教育系统更加着力于塑造国家意识和所谓的新加坡国族性,突出刻画新加坡的"独立道路"的艰难困苦。

从1983年新加坡的华文中小学课本中,完全看不到陈嘉庚的名字。在第一章"二十世纪上半期新加坡社会和政治的演变"中,提到了孙中山在新加坡登陆对华人社会的"冲击力",也提到了拥护孙中山的新加坡华人,如林文庆等。在第二章则描述了中国的党派对新加坡社会的影响,比如"牛车水事件";以及南洋共产党的兴起。这一章还提到了抗日救亡运动,提到海外华人救国的原因、九一八事变,华人筹赈运动救济祖国难民,华人知识分子和华文报章的作用。但在这些重要的历史事件记录中,也没有陈嘉庚的名字。在描述新加坡工业发展的一章中,提到了"树胶业"对新加坡经济的历史贡献。曾经是"树胶大王"的陈嘉庚,也未有名字出现。在"第二次世界大战与新加坡"这一章内容中,有"新加坡沦陷",其中有提到"华人组织义勇军",即星华义勇军,但是没有使用"星华"这个名字;"日据时期"提到了屠杀华人、"大检证""蒙难人士纪念碑""勒索华人"等内容;在英雄人物事迹上,只提到了"抗日英雄林谋盛"。在"战后的新加坡"这一章中,提到了"新加坡的共产党",实际上是马共的历史。描绘新加坡自治后的历史"为自由而斗争:独立与自治"这一章中,开始强调培养爱国意识,"适应国家需要发展教育——鼓励学生学习母语,保持东方文化道德传统,培养爱国观念,做一个好公民,是教育部的教育方针"。最后一章"新国家与新社会出现",则强调了多元文化与种族和谐,提倡建设多元民族的文化社会。这部分内容提示了华人历史文化是"种族和谐平等"的国家理念之下的一种亚文化实践，华族可在国家框架之下来发扬自己的文化，以达到"多彩共生"。但综观华校历史课本，连华族本身的教育体系中，都没有陈嘉庚的名字存在，即便新加坡的经济、社会、教育文化、政治等多方面的历史发展都少不了陈嘉庚的巨大贡献和他谋划实践的身影，即便陈嘉庚曾经是新加坡华社无可争辩的最高领袖，也无法在历史课本中留名。1987年，新加坡教育体系改革后，华校彻底成为历史。新加坡所有学校均以英文作为教学媒介语言，华文作为母语教育的补充，单纯只教授语言的使用。以英文写就的历史课本，华族的历史只能成为"族群历史"，无法扩展到国家和社会整体的层面，更没有陈嘉庚的名字了。

第二节　家族记忆的断代

由于历史课本内容的缺失，以及陈嘉庚名字在新马社会上的"敏感度"，以至于在新加坡的陈氏后代，都不甚了解先祖的生前事迹和伟大品格。

陈嘉庚外孙傅树介的回忆录写道："1989年建校70周年之际，华侨中学在校内竖立一尊外祖父的铜像，眺望学校运动场……这是在新加坡展开讲华语运动的10年后。"[1]受冷战思维影响，新加坡的政治气氛紧张，陈嘉庚的子孙后代也未敢常常提及他，家族内传承也因此断代。

除了社会历史因素之外，家族记忆断代还有陈嘉庚自身家庭观的因素。陈嘉庚的家庭教育观是"儿孙自有儿孙福，勿为儿孙做牛马"。这句话被陈氏宗祠作为家训悬挂在墙上，也是陈氏后人在回忆先祖的时候最常提到的一句箴言。华人社会也常常以此教育子孙。陈嘉庚子女虽多，但对子女的态度不甚亲近，不苟言笑，这在他的儿子陈国庆的回忆录里可见。陈国庆在家族企业中做事，跟随父亲身边，他对父亲的回忆是子女中最多的，也只能写够几页回忆录，也只有他能够提供一些关于陈嘉庚的口述史。陈嘉庚回国后，只有儿子陈国怀和孙子陈联辉陪伴一段时间。大部分孙辈对祖父的认知是模糊的。2015年，陈嘉庚的长孙陈立人接受采访时表示，他于20世纪80年代首次回

---

① 傅树介著，伍德南译：《一位外孙笔下的陈嘉庚》，《怡和世纪》，新加坡：怡和轩俱乐部，2016年6月，第29期，第93—102页。

到祖籍地集美的时候,并没有想到祖父竟然干出这么大的事业。① 他只知晓祖父会给父亲写信,但信中内容一无所知。陈嘉庚的侄子、陈敬贤的儿子陈共存,也只见过伯父 3 次。他通过母亲保存的父亲的信件,才对伯父的思想有更深的认识。

陈氏后人 75% 接受英文教育,大多不会讲中文。新加坡媒体甚至批评陈氏后人难以继承华人文化。② 未参与华社活动的后代,基本就没有什么途径去了解陈嘉庚。只有积极参与了华社和教育事业等,才会对先辈有了解,譬如曾任中华总商会会长的陈共存,以及这些年积极回到故乡参与嘉庚精神宣传活动的陈立人、陈君宝和陈佩仪等人。

第三节　媒介议题的淡化

自 1950 年陈嘉庚回中国定居后,《南洋商报》对他的报道大幅度下降。1950 年 4 篇文章是关于陈嘉庚归国的。1953 年有 5 篇是关于陈六使筹办南洋大学的。1959 年新加坡建立自治邦,这期间没有任何报道提到陈嘉庚。在关注陈嘉庚回中国的报道中,媒体主要聚焦于陈嘉庚是永居中国,还是会再度回到新加坡。陈嘉庚之子陈国庆对媒体说,他的父亲在 1950 年底回到新加坡,回中国只是考察国情。但之后,媒体再度采访陈国庆,得知陈嘉庚将在中国永久定居,不再返回新加坡。虽然陈嘉庚通过陈国庆以及怡和轩的前同仁保持联系以了解南洋局势,但失去了和大部分海外华侨的联系。

1960—1969 年共有 9 篇媒体报道提到了陈嘉庚,主要集中在 1961 年,新马华社悼念陈嘉庚逝世,《南洋商报》有 8 篇纪念文章。1963 年,新加坡与马来亚合并,1965 年新加坡独立建国。这期间除一篇文章提到《南侨日报》与马共分子有关之外,就再无报道提到陈嘉庚了。

20 世纪 70 年代,与陈嘉庚直接相关的报道主要是陈嘉庚奖学金的颁发、他创办的一些华校的新闻和他领导过的华社的新闻。例如对道南学校、崇福女校、华侨中学和南洋女中的报道,以及有关福建会馆、中华总商会和《南洋商报》消息。在二战反日历史记忆报道中,也会提到陈嘉庚。其他则是集美校友

---

① 《陈嘉庚后人"回乡"谈祖父:没想到干出这么大事业》,中国新闻网,2015 年 10 月 20 日。
② 《受英文教育陈嘉庚后代难传承中国文化》,《联合早报》,2004 年 10 月 21 日。

的庆祝和纪念活动中会提及。总体来说,每年的报道量都很少,大概在 3～6 篇。直到 1979 年,报道数量才有所增长。这一年是华侨中学 60 周年纪念。同年,李光耀推广华文运动,以华文(即普通话)来代替华族方言。华校因此受到关注。华文教育创办先驱陈嘉庚因此更多被提起。

二战后,英国殖民政府在警惕南洋独立意识的崛起之同时,十分警惕南洋的共产主义思潮。在没有确定陈嘉庚不再回到新加坡之前,《海峡时报》还是称呼他为"新加坡的陈嘉庚先生",认为他"对左翼有着强烈的同情"。海外媒体十分关心陈嘉庚的行踪,他的夫人与子女去香港游玩,都被登上报纸,想从中辨明陈嘉庚的去留动向。陈嘉庚的亲属不得不对媒体强调他们的行动与陈嘉庚无关。当陈嘉庚决定定居中国不再返回新加坡后,新加坡英文报在报道陈嘉庚时,称其回到了"红色中国",为共产主义政府效力。陈嘉庚的政治立场受到了严重的怀疑,甚至受到攻击。1953 年,《海峡时报》以"约翰伯爵磨掉了红色斑点"为题,报道陈嘉庚被海峡殖民政府取消了太平绅士的头衔。①

1960—1969 年,对陈嘉庚的报道主要集中在 1961 年逝世悼念活动的内容。1968 年、1969 年有两则陈嘉庚奖学金设立的报道。1962 年和 1967 年有两则关于李光前的报道,其中提到了陈嘉庚。在 1964 年,刊登了一则署名为"忠诚的公民"的读者来信,反对中华总商会的礼堂的命名(该礼堂被命名为"嘉庚堂"),理由是陈嘉庚是中国和马共的支持者,是"华族沙文主义者",对于处在建设一个"团结的国家"时期的新加坡,是"不合时宜"的。但中华总商会最终还是把礼堂命名为"嘉庚堂"。《海峡时报》这份英文报纸对华社礼堂命名的关注,实际反映了当时新加坡与马来亚合并时,种族之间出现的矛盾。② 在其余年份,则没有任何与陈嘉庚相关的报道。

20 世纪 70 年代,《海峡时报》总共只有 5 篇相关报道,主要是陈嘉庚奖学金的颁发,以及福建会馆改革和华侨中学的创办历史回顾。到了 1982 年,陈嘉庚的相关报道才重新活跃。

---

① Sir John quietly rubs out a red stain. *The Straits Times*, 1953.9.11.

② 当时中华总商会礼堂的另一个命名选项是"东姑堂",以马来亚总理东姑命名。孙炳炎支持"嘉庚堂",高德根支持"东姑堂",最终投票"嘉庚堂"胜出。1965 年,新加坡与马来西亚分道扬镳,"嘉庚堂"命名被时间证明是正确的选择。

第四节　遗忘的政治与社会机制：新加坡国家 认同的建构和变迁

（一）新加坡建国史："国家想象"的难题

新马地区的历史复杂。特别是新加坡，国土面积很小，只是"赤道上的小红点"。[①] 从开埠之后，经历了长达 124 年英殖民统治和 3 年的日据时期。1959 年在战后反殖民运动中成为自治邦。1963 年与马来亚短暂合并，经历合并期间的剧烈阵痛，最终在 1965 年成为独立的主权国家。世界局势、马来半岛的政治风云，以及多种族的社会结构，使得新加坡的建国历史进程艰辛无比。一个国家，除了共同拥有一定疆域的领土、人口，还需要国民有共同的历史与文化。在 1965 年以前，无论新加坡的政治领袖还是多数民众，都把新加坡视为马来亚的一个部分。随着新加坡的独立，政治领袖们才认识到，必须面对一个如何建构新加坡国民文化的问题。

经历了长期的殖民地时代，新加坡的"国家想象"在 20 世纪中期才萌生。在东南亚的近代史上，殖民统治的刺激让这里的民族产生了自我意识的觉醒。他们从无意识的"自在"的民族变为有意识的"自为"的民族，而后才会有"民族自决"的诉求，才会有反殖运动和独立建国主张。

新加坡是一个移民社会，一个多元种族、宗教和语言的社会。各种族有自己传统的价值观，要求各种族异中求同，彼此容忍，达成共识并效忠于这个新兴国家并非易事。多种族的新兴国家的建构，有诸多需要平衡的因素。新加坡是地缘国民国家型的多种族共同体，执政者是按照现代国民国家理念要求对国家和国民在共同的文化认同上进行整合，并对国家文化进行改造和重塑。在文化认同整合的基础上，国家认同才会更加坚实。官方试图通过公民教育，建构出新加坡国民性（Singaporeness）并加以推广。[②] 在超族群的国家认同打造的过程中，作为历史上的英殖民地，英语无疑成为整合文化认同的利器。由

---

① 郑文辉：《新加坡：赤道上的小红点》，新加坡：蓝点图书公司，2009 年，第 2 页。

② Christine Han, The 'Myth' of Singaporeanness: Values and Identity in Citizenship Education: Living with Myths in Singapore. Singapore: Ethos Books, 2017: 268-270.

于一度与马来西亚合并,新加坡的"国语"到现在为止还是马来语,国歌也是马来文。但实际上,新加坡社会的主流语言是英语,尤其在权力阶层。新加坡政府用殖民者的语言作为实质的统治语言,凌驾于各种族的母语之上,既有历史遗留因素,也是出于民族文化整合的考量。为加强国家意识,新加坡制定了五个核心价值观:国家至上,社会优先;家庭为根,社会为本;关怀扶持,同舟共济;求同存异,协商共识;种族和谐,宗教宽容。[①] 这五项原则的执行导致一个问题,即过分警惕华人沙文主义,从而影响了华人的母语教育和文化传承。

陈嘉庚被中国和具有中国认同的海外华人视为爱国侨领,是中国共产党和中国政府号召海外华人的旗帜。但在英殖民当局和其他政治力量的眼里,他是导致华社分裂和本地认同不能建立的"负面领袖"。[②] 陈嘉庚曾在1956年呼吁华侨回国考察,参加新中国社会主义建设,促进海外华侨的团结。这使得英国殖民政府非常警惕陈嘉庚对华人群体政治效忠的影响。这种担忧也延续到了新加坡独立和建国后,新加坡政府忌惮陈嘉庚在华人群体中的影响力,即便在陈嘉庚逝世之后也未曾放松。

新加坡独立建国后,历史的叙述传播仍然脱离不了殖民者的历史观。1969年纪念开埠150年,新加坡建国总理李光耀演讲时指着莱佛士雕像说,"那就是大家接受英国人精神遗产的象征,它对新加坡的未来发展将有正面的作用"。[③] 前总理李显龙也认为新加坡能够成为一个繁荣的港口和现代城市归功于莱佛士的登陆。[④] 殖民—反殖民—后殖民在面貌模糊的演变中,形成历史性的延续。西方殖民逻辑的生成,会对殖民的"良政"充满美好的历史想象,以至于忽略和遗忘各族群,譬如华族推动社会发展的历史贡献。新加坡政府在当时急需建立"新加坡人的新加坡"这样的新加坡本土国族意识和国家意识,刻意淡化华族色彩,划清与中国的界线。其中还受到冷战思维笼罩下意识形态对立的影响。1963年,多名左翼人士在政府"冷藏行动"中被捕。[⑤]

新加坡在国民意识建构方面的主要目标是建构国民以"国家"为中心的精

---

① 欧清池、李一平主编:《新加坡华人思想史》(上册),新加坡:斯雅舍,2018年,第20—21页。

② 周兆呈:《语言、政治与国家:南洋大学与新加坡政府关系,1953—1968》,新加坡:世界科技出版社,2012年,第71页。

③ 李光耀在国际商会庆祝开埠150周年晚宴上的讲话,1969年2月6日。

④ 李显龙新年献词,《海峡时报》,2018年1月1日。

⑤ 傅树介、陈国防、孔莉莎编:《新加坡1963年的冷藏行动》,新加坡:策略资讯研究中心,2013年,第10页。

神面貌,以公民教育来塑形人民以效忠和贡献国家为荣的心理机制。从 20 世纪 70 年代末期起,历史教育成为国民教育的重要部分,通过强调国家面对外来威胁、种族与宗教等内部矛盾的脆弱性,从而突出维持现有秩序的必要性。历史的重构举步维艰,任何有异于主流论述的历史叙事,都有可能被认为是对现有秩序的挑战。回归到中国的陈嘉庚,以及有着"中华民族主义"的陈嘉庚,"隐匿"在新加坡国家的主流历史叙事之中。

　　所有社会都避不开历史与政治的内在紧张。但成熟与正确的态度,应当是在尊重历史事实的基础上,保留对其解读的百家争鸣。新加坡在 19 世纪初作为英国在东南亚的海峡殖民地,之后变成英国直管的殖民地,在 1951 年升为新加坡市,尔后又变成自治邦。曾一度与马来西亚合并,因为种族问题和政治因素之间的复杂性,于 1965 年独立建国。在后殖民地时代,新加坡作为一个多元种族的国家,虽以华人为主要群体,但急需建立新加坡国家意识,转变华人的政治认同,使其效忠于本土,而非祖籍地中国。1950 年回到中国的陈嘉庚,后申明放弃英国国籍。[①] 由于国际关系和政治立场的问题,新加坡政府并不愿意主动提及陈嘉庚。怡和轩前主席林清如先生回忆:"政府一度宣称陈嘉庚亲共,很多人会误认为陈嘉庚是共产党。早期抗战时新加坡左的思潮较盛,后来变为右翼思潮兴盛。"[②]1976 年,李光耀第一次到中国访问,有人向他建议到厦门的集美村去看看,参观当地的陈嘉庚纪念馆。李光耀表示不能接受这项建议,"因为这会发出一个错误的政治信息"。[③] 由此可见在殖民统治时期和冷战时期,新加坡政府是如何看待陈嘉庚的,也点明了陈嘉庚消失在官方记忆中的原因。新加坡社会更多宣扬李光前的社会贡献,因李光前是新加坡国籍,他的国家认同指向新加坡,具有明确的本土意识。马来西亚政府基于与华社之间的复杂关系,也不提起陈嘉庚。陈嘉庚的名字在官方记忆中消失了很长一段时间。

(二)"建国一代"的华人国家认同变迁

　　在二战前的英殖民统治时期,新加坡的不同种族都与自己的故乡保持千

---

　　① 陈嘉庚于 1955 年 5 月 3 日发表《庆祝关于双重国籍问题的条约的签订》一文,表示无条件支持周恩来总理提出的对海外华人华侨的国籍问题的表态。这一表态使得海外华人的政治认同转变为向居住地所在国转变。自此之后,海外华人不再是"中国人",只保留了血缘祖籍认同和文化认同。

　　② 林清如口述,采访人:张骊,录于 2018 年 2 月 2 日。

　　③ 周兆呈:《华媒:以历史情境考察陈嘉庚,受惠的不仅是华族》,中新网,2008 年 7 月 20 日。

丝万缕的联系,这种联系导致隔阂的产生。新加坡前外交部长杨荣文认为,新加坡的华族民族主义最早是中国民族主义的分支,与中国保持着密切的关系。新加坡政府希望华族文化与国家政治之间有清晰的界线,才可以让华人仅仅保持文化层面上的"华人性",而不是中国国家认同。这种"区分"经历了历史的曲折变化。

英殖民时期,华人"新客",与本土华人,即"土生华人"之间是有不同的政治效忠的。本土"英华社会",讲英语,效忠殖民政府。"新客"移民,则经历了效忠祖国到效忠本土的认同变迁。日据时期,日军的入侵、英军的溃败,使得华人群体萌生了强烈的本土民族主义。二战后,反殖民运动开始风起云涌。马来亚要求独立的呼声加强。整个东南亚区域快步结束了欧洲殖民帝国的统治,陆续成立多个新兴民族国家。东南亚华族领取了新兴民族国家的国籍。[①]

新中国成立后,亚洲冷战格局形成,新马华人被迫与中国隔离;新马的自治和独立,导致新马华人在政治上的中国身份丧失。新马华人因此无法像以往那样关心中国,参与中国的政治,从而转向参与本地的政治。华社领袖认识到局势的变化后,开始呼吁本地华人争取公民权,参与本地政治,转变国家认同,开启华人"落地生根"的阶段。

陈嘉庚回国之后,继任新马地区华人领袖的陈六使,在1950年福建会馆为华校筹款义演时致辞说:"二十余年前,吾人出洋,思想为赚钱,赚钱入手,荣归祖国,建家立业,显祖荣宗,可为得意。今日见解已不同,自二战后,吾人已认识马来亚无异于吾人之故乡,既有此一新见解,自当为吾人马来亚之子孙计,以南洋群岛吾侨之众,中学生之多,非从速办一大学于中心地点之新加坡不可。"[②]由此可见,南洋华人在后殖民时期,本土意识开始萌发并增强,从"新客"移民的身份意识,转向了本地"主人翁"意识,开始思考扎根南洋,为新马华人的未来做打算。陈六使作为华社领袖,他的言论不仅代表了华人群体的想法,也促成了华族从祖国认同到本土效忠的意识转变。这种国家认同并非出于文化意识,而是一种地缘政治认同。长期在马来亚地区生活,以及出生于此的华族,认识到回到祖国的可能性日渐式微,留在本土成为公民,是符合时局

---

① 《李光前从"落叶归根"到"落地生根" 对国家认同转变映照社会变迁》,《联合早报》,2017年10月18日。

② 王如明编撰:《呵,这五十年——南洋大学创办五十周年纪念(1955—2005)》,新加坡:南洋大学校友会,2005年,第26页。

的一种考量。

马来西亚和新加坡在 1948 年、1957 年、1963 年、1965 年几度的政治体系演变后争取到和建立起两个新民族国家,华人族群变为马来西亚公民或新加坡公民,但他们的国民意识形态之灌输与建立还是需要一段时间来教育、培养。虽然国家疆域和认同场景几经变化,但在文化认同和意识感情上,他们还是多少保留着部分的中国乡情和祖籍概念,并没有完全隔离。① 在新加坡建国的二十年内,政府对华族的国家认同和政治效忠都充满了怀疑。在这样的历史气氛笼罩中,新加坡建国一代,对历史的认知是建立在新加坡的国民教育制度上的,唱马来语国歌,效忠从新加坡到马来亚再到新加坡,慢慢稳固了本土认同,并不时表达这种效忠以获得政府的信任。而即便到了 20 世纪末,李光耀在接受采访时依旧强调"我们已经很不一样"②,来告诉新加坡华族和中国人在很多文化特性上早已经大相径庭,这也是警惕新加坡华人对文化母体的追随和认同。

对于新马地区华族来说,塑造本土国家认同感是艰苦的时期。跟这些联系感情深厚的人,需要削弱原本的联系,才能把更强烈的情感,依附在新加坡这个身份上。这种痛苦,一部分体现在南洋大学的起落挣扎、华校问题与华文地位里头。③

(三)华文教育的失落:华校关闭与南洋大学的悲情落幕

1. 华文教育

新加坡自 1956 年实行"十年计划教育"以来,无限拔高英语的地位,有意识贬低母语的重要性。新加坡摆脱殖民统治当家作主之后,华校并没有迎来脱胎换骨的新气象,而是逐渐式微,直至消失。执政者受到殖民地教育影响,如"建国总理"李光耀从政治角度否认华文教育存在的合理性和必要性,打击和消灭方言,并认定华文教育是传播左派思想的语言。④ 华社先贤办教育的坚持,是出于为子女改善生活谋出路的现实观点,同时还有着传承母族文化的

---

① 《李光前从"落叶归根"到"落地生根" 对国家认同转变映照社会变迁》,《联合早报》,2017 年 10 月 18 日。

② 《华族认同不关中国情意结 我们已经很不一样》,《联合早报》,2011 年 9 月 25 日。

③ 《杨荣文专访》,《联合早报》,1995 年 7 月 16 日。

④ 李光耀:《我一生的挑战——新加坡双语之路》,新加坡:联合早报出版社,2011 年,第 203 页。

考量。经过了 19 世纪末的私塾式教育,20 世纪初的新式华文小学成了本地华社的教育新载体,在以后的半个世纪里,从体制到教学内容,它都向当时的中国教育看齐,使用中国的课本和教学方法,课本中的内容充满了中国民族主义的色彩和中华文化的精神。

新加坡政府是通过发展地方的国家认同,建构"新加坡"国族概念,并出台各种政策,要求新加坡人民对新加坡效忠,而不是"祖籍国"和"原籍国"。尤其是针对人口比例最高的华人群体。小学以上的所有教育制度都必须执行这一政策。① 新加坡前总统黄金辉曾指出:"由于我们社会的结构,很长一段时间,想要在监督职位上有效的人必须是双语的,最好是三语——这是一种巨大的压力。"②新加坡以禁绝种族沙文主义为理由,提出"教育的方针在于使我们的下一代具有坚强的国家意识与多元种族概念,能够使用两种以上语文,适应多元种族社会,在没有语文障碍的情况下,团结一致为国家建设努力"③。

20 世纪 50 年代新加坡的学潮,不少华校生被认为是左翼分子,动辄得咎,受困图圄,使华族父母视华校为畏途。新加坡政府延续殖民地时期重视英文教育的政策,加强英语在政府、商业、资讯、社会等各方面的应用。这也导致家长纷纷把孩子送到英校。从 1959 年起,英校小学注册新生的人数超过了华校,华校在校人数锐减。从 20 世纪 70 年代末开始至 80 年代初,种种变革和新措施使华文陷入绝境。为了发展工商业,政府规定以英文作为行政和工作语言;为了促进各种族之间的交流和沟通,建立和谐社会,必须以英语为共同语;为了学好英文和华语,只好放弃华族方言。在 1980 年,报华文源流的学生还不到 1%。④ 为了统一教育制度,学校所有科目要以英文为教学媒介语言,完全形成了以英文为第一语文、母语为第二语文的国民型教育体系。华文大学、华校以及华校生的称谓,也已经成为往昔记忆。

---

① Nan Yang University, Singapore,Public Record Office(London),CO 1022/346.

② National Archives of Singapore:Speech By President Wee Kim Wee on the Occasion of the official Opening of the Nanyang Technological Institute (Nti) New Complex on Saturday, 15 November 1986 at 6.00PM. Document Number:wkw19861115s, 1986.11.5.

③ 新加坡教育部部长王邦文在南洋大学开学典礼的致辞,《南洋商报星期刊》,1966 年 5 月 29 日。

④ 《新加坡华文教学的检讨与建议:华文教学检讨委员会报告书》,第 7 页,转引自梁秉赋《新加坡的双语教育:1965—2005》,载何启良、祝家华、安焕然主编《马来西亚、新加坡社会变迁四十年》,南方学院出版社、新加坡亚洲研究学会、新山中华公会教育委员会联合出版,2006 年,第 109 页。

2. 南洋大学的悲情落幕

在华文教育和华校创办的历史上,南洋大学是浓墨重彩的一笔,在新加坡历史转折上起着举足轻重的作用。南洋大学的创办和关闭是新加坡历史上的至关重要的社会记忆,在其办学的短短 20 多年的历史中,充满了曲折,最终悲情落幕。南大的遭遇意味着华文教育系统从中小学至大学的全面垮塌。

1949 年新中国成立后,英殖民政府实行阻断新马华人与中国大陆往来的政策,使得新马地区华文学校的师资来源及高中毕业生的升学渠道遭到了前所未有的困难。殖民政府在殖民后期也采取了一系列的政策限制华文教育,规定华校的教学语言、课程与课本等,试图割断华人华侨的文化认同感。这种情况令南洋华侨界忧心忡忡。在此背景下,1953 年初,新加坡福建会馆主席陈六使倡议创办一所华文大学,并首捐 500 万叻币,获得各地华人的响应。他说:"吾人为维护华人文化之长存,实有创办华人大学之必要。"《星洲日报》社论认为:"未曾丧失母族文化传统的华人社会是最迫切需要的就是人才。"①

华社对南洋大学的创办有着空前的积极性。新加坡第四任总统黄金辉回忆南洋大学筹建盛况:新加坡各界人士积极响应华文大学的建立,百万富翁和人力车夫、年轻人和老年人,受过教育和没有受过教育的人,来自个人和组织的慷慨捐赠支持该项目。福建会馆则贡献了 212 公顷的土地来作为大学用地。正是这些私人捐赠的土地与金钱使南洋大学筹建成为可能。华社对南洋大学充满了期待,义捐活动成为南洋华人社会的共同记忆。这种热烈支持的形式凝聚了华人强烈的民族情感和诉求。1955 年 6 月,南洋大学先修班开始上课;次年,第一届本科新生正式入学。1959 年,《南洋大学法》获得通过。1960 年,第一届本科学生顺利毕业。

但南洋大学在复杂历史风云中最终成为政治博弈的牺牲品。当时陈嘉庚已经回到中国,而南大创办人陈六使与陈嘉庚亲近,新加坡一些有政治目的的人士无理指摘南洋大学是共产主义堡垒。在冷战格局中,"共产主义"是英殖民主义所防备的意识形态。南洋大学在这种政治色彩的笼罩之下,与政府的关系紧张起来。"扼制华语文化就是为了反对共产主义,不让年轻人通过语言媒介受到思想灌输"②,南洋大学因教育语言为华文而受到政府的压制。1968

---

① 《南洋大学的新使命》,《星洲日报》,1966 年 11 月 5 日。
② 韩音素:《韩音素自传》,北京:中国华侨出版社,1991 年,第 125 页。

年 5 月 25 日,经过学制改革后,政府才宣布承认南洋大学学位。

20 世纪 70 年代,新加坡政府推行双语政策:将英文作为第一语言(教学媒介用语),而华语在内各族群的母语则被视为第二语言。这直接导致华文教育在新加坡没落。南洋大学的生源不断减少,质量也急剧下降,许多毕业生出现就业困难。李光耀在公开的讲话和回忆录里,指责南洋大学的教学水平低,学生的英语水平不足以在社会上获得好的就业机会,浪费了教育资源,以此作为关停南洋大学的理由。南洋大学虽然在 1975 年把教学语言全面改为英语(除中文系),最终还是摆脱不了被合并的命运。南洋大学与新加坡大学合并,成立了新加坡国立大学,其下属的南洋理工学院,使用了南洋大学原校址,后升格为南洋理工大学。

南洋理工大学继承了南洋大学校址且简称"南大",而今日"南大"非昔日"南大"。新加坡政府试图在历史书写和宣传中用新"南大"代替旧"南大",将南洋理工大学的前身追溯为南洋大学。南洋大学的新旧校门牌坊象征了这一变迁。旧南大牌坊自 1955 年落成至 1980 年,作为南洋大学的校门,象征了华族社群坚忍不拔、自强不息,以及为振兴教育而力争上游的精神,位置没有变动,如今置身于在现有校区之外的裕廊住宅区的草坪上。

1995 年 5 月 17 日,在南洋大学成立 40 周年之际,新南大牌坊在云南园落成,与华裔馆、建校纪念碑形成一条中轴线。新南大牌坊被置入旧的记忆场景之中,成为鲜明的记忆线索,南洋大学的历史在此被空间复原。新、旧南大牌坊从外型上看非常相似,但两者有着不同的神韵。两座牌坊都有着"1955"和"南洋大学"的题字,字体大小和镶嵌方法都有所不同。旧南大牌坊保留了以线条勾勒转角的做法,这和建校纪念碑所采用的细部手法相似,而新南大牌坊没有这一细节特征。[①] 2003 年 8 月南大校友陈瑞献建议将旧南大牌坊搬迁到南洋理工大学的新校门,引发社会极大的关注和讨论,有人反对搬迁,坚持要"忠于历史",有人赞同搬迁,期盼"守望南大精神"。新南大牌坊加强了南洋大学历史性建筑的纪念轴线,成为南大记忆的一部分。相反,隐身于住宅区中的旧南大牌坊,虽然是真正的国家古迹,似乎置之度外,成为隔绝在官方教育学体系之外的一个隐喻。南洋大学的落幕喻示了华人追求的自身社会结构和文化机制完整的努力未获成功,被政府阻断。而南洋理工大学的出现和校史

---

① 　陈昱:《南洋大学牌坊 论旧说新》,《联合早报》,2009 年 2 月 11 日。

叙事的勾连和"篡改"则意味着国家意志在教育体系建构的绝对权威。同一校址上先后出现的三所高校,新旧南大牌坊的设计与建造,旧南大牌坊附近地理的变化,与南大记忆关联的地名变迁复制,在历史长河的起起伏伏中。但不能磨灭的是对华族传统文化的坚守。

(四)华社权力式微与功能转型

在英殖民时期,华社曾经担负起南洋华人社会的社群治理和教育等功能。英殖民政府对华人社群的事务没有积极性,华社因而获得了自我管理的机会,特别是在教育方面。殖民地政府对华族办本族教育乐观其成,旨在希望对保持社会的良好秩序有所裨益。1893 年,时任新加坡总督的金文泰(Cecil Clementi Smith)在英华义学的奠基仪式上表示,华人子弟同时学习中英文,长大后会比"基于功利思想"而只读英文的孩童更有可能成为好的公民。由此,20 世纪 20 年代之前的华文教育,得以在华社民间力量的推动下自主发展。当时一些地方会馆、商会是华族集团的代表,在不危及统治者政权的原则下,可以自由发挥集体力量,为华族争取利益。

华社不仅承担华族的教育功能,从乡情的基础出发,还有扶助乡亲的各种功能,包括觅职、安家、医疗、婚娶、丧葬、助学、调解、联谊等。会馆在战前与战后 30 年的华社中发挥了极大的组织作用。

后殖民地时代,华社的职能逐渐被政府所替代。在自治和加入马来亚时代,华社在经济建国的过程中发挥了重要作用,也参与了一些政治活动。到了完全独立时代,华社的角色大不同,所有政策与行动都要以国家利益为主,并且努力回避政治漩涡。新加坡政府为了达到"团结不同种族、朝向一个共同仪式和效忠新加坡的最终目标"而制定各项计划。战前高度自治的帮权特色的华社组织结构显然与政府的目标相违背。新加坡独立后,政治精英统筹全局,华社参与社会治理的空间越来越窄。华社会馆在政治、经济、教育上被严格限制。华社所承担的各项职能逐渐被政府边缘化。首先在教育上,自 20 世纪70 年代,华校风雨飘摇、回天乏力。如今,新加坡的三百余所学校里,由华社会馆主办的学校,只剩福建会馆的道南、爱同、光华、崇福与南侨,加上福清会馆的培青与兴安会馆的宏文,也都纳入了国家教育体系。其次,在社会慈善公益方面,国家设立专门的医院、老人院等取代了殖民地时期会馆建立的各种机构。随着青年一代在文化上的逐渐西化,传统华社对青年一代缺乏吸引力,更导致了华社日渐式微。[①]

华社是传播陈嘉庚和其他华人领袖精神的主要场域。华社的式微,导致在全社会中的活动面、话语权和影响力下降,尤其是对年轻一代的影响力日渐减弱。传播华社先贤精神和传统文化的场域缩小,信息渠道收窄,加之华校关闭、华文教育没落,对华人先贤的贡献和故事的传播也愈加减少,华人后代对先贤精神和中华文化的理解也不深。当传播隔阂与传播障碍同时出现时,先贤记忆就会被逐渐遗忘。

华校、华文报刊和社团,是华社的三大支柱,也是各种集体记忆、文化记忆保存与传播的渠道和载体。尤其是学校和媒体,是社会性文化再生产的关键一步,保障语言和习俗的传承。华校是华社自我文化和历史建构的意图最直接的实践途径。在国家意识建构的压迫之下,华人面对自身传承机制的保护作出了极大的努力,比如南洋大学的兴办。华教、南洋大学和华社团体的演变成为一种隐喻,折射了华族如何从新加坡从政治弱势,到争取地位、维护利益,再到屈服强势主流,乃至最终在国家化的作用之下,完成了对国家及国家文化的效忠,塑造出共同的新加坡认同感。为了维护这种认同感,与国家历史主流叙事相左的记忆,就会被隐匿。不同于代表着殖民主义的新加坡"开埠者"莱佛士,代表华人民族主义的陈嘉庚以及其相关的华社、华教的历史,在历史记忆中式微。海外的陈嘉庚记忆需要"打捞"和还原。

---

① 崔贵强:《新加坡华人》,新加坡:新加坡宗乡会馆联合总会与新加坡教育出版私营有限公司联合出版,1994年,第241页。

第四章
海外陈嘉庚记忆的重现

记忆受众是能动的，被屏蔽了一段时期之后，顺应时代潮流，一些群体积极展示自我存在，并且要求将他们的记忆和社会历史融入主流的社会思想发展过程中。与陈嘉庚相关的海外记忆群体就开始积极行动起来，寻找让陈嘉庚记忆重新进入公众视野和传播陈嘉庚精神的途径。由于年轻一代逐渐忘却历史记忆，《海峡时报》曾开专栏讨论公共纪念议题：如何让当下及未来的新加坡人了解先贤所付出的努力，以增强国家认同感。在这讨论中，国家认同、地方认同、实用主义等三种不同思维的相互角力，同时存在于官方与民众之中。人们发现，重塑记忆是一股巨大的力量。在记忆的重塑过程中，认同问题也随之浮出水面，影响着人们看待历史和未来、认知自我和群体。记忆是一面镜子，照着历史，折射给正在观看的受众。人们站在身份认同的立场，看到的是综合了社会历史因素的过往，映照在自己身上，进一步改变或坚实自身的认同意识。

第一节　记忆打捞的国家与社会因素

（一）新加坡国家意识的形成

民族的自我意识现代国家形成的前提条件，多民族国家需仰仗超越个体差异的国族和集体意识，才能有足够的凝聚力。从国旗国歌到领袖先贤，以国家之名所作的任何纪念，本质上都是为了强化这个想象的共同体，强化彼此的归属感。解读历史遗产也是其中的重要一环。

这一时期新加坡国家政策也慢慢地走向了成熟。从 1965 年独立建国到 20 世纪 80 年代,新加坡发展迅速,已经有了足够的自信应对国家内部和国际局势的转变,建国初期为政治上的生存而压抑中华文化的政策到 20 世纪 80 年代开始有了转变。国际局势上,冷战结束后使得意识形态的对立减弱。同时,新加坡的国家认同已经完成,新加坡华人已经有坚定的新加坡认同,建国历程协助他们建立了一种不排除族群和文化特色的首要国民认同感①,这是已经独立多年的新加坡已经形成的独特基因。新加坡的"国家认同基因"建构是塑造新加坡一个"多种族国家"的身份,而非"华人国家"或者"以华人为主的国家",倡导各种族平等,尽管在人口比例上,华人族群占据了四分之三的绝对多数。国际局势的变化,中国与东南亚政府之间的关系良好,新加坡政府通过言论表态显示了对这些活动的支持,同时也是"嘉庚精神"在新马社会被"重新找回"的证明。陈嘉庚光辉的人生,为这个国家和民族留下来的宝贵精神财富,以真人真事让新加坡年轻一代懂得国家历史,也是培养国民意识的最有效的办法。培养学生从小接受参与社会的重要性,接受以发展国家为己任的观念,是召唤先贤精神最好的保证。

新加坡人认为纪念陈嘉庚,是契合新加坡教育部宣布的教育方针,即以学生为本,价值为导向,引导学校注重公民教育,引导学生回馈社会。这方面的具体措施,就是客观、全面反映历史,让学生懂得国家与民族一路走来的经历是最基本和最有效的价值观教育。年轻的一代除了必须懂得莱佛士、李光耀、杜进才、拉惹勒南、吴庆瑞、马绍尔、李光前等在官方历史书写中占主体叙事的名字,也应该要认识陈嘉庚、陈六使、林清祥等在历史上受到时局和意识形态影响被遮蔽的历史人物。他们有各自光辉的人生,为国家和民族留下宝贵的精神财富,是最好的价值观教材。

(二)华人国家认同从"落叶归根"到"落地生根"

当陈嘉庚回到祖国,陈六使接替他领导怡和轩之后,代表着华人社会的政治认同转向本土,标志着华人以中国为本位认同的时代的结束。新中国出台了取消双重国籍的政策,呼吁海外华人华侨加入居住国的国籍,在政治上效忠所在国。这一政策得到了身为侨领的陈嘉庚的大力支持。继承陈嘉庚侨领地

---

①　陈庆文:《多元种族社会的华族文化与华人认同》,《联合早报》,2017 年 5 月 19 日。

位的陈六使、李光前都纷纷表示自己的国家认同在新马(1961—1965 年是马来亚国家认同),效忠本地政府,立身本土社会。他们号召和带领海外华侨争取公民权,转换国民身份。自此,华人自上而下、由外而内地改变了国家认同。

新马华人的政治认同转向是一个复杂的课题,由于阶级属性、教育水平和思想观念的不同,他们的政治认同的时限、广度和深度也不同。到了 20 世纪80 年代,认同的余绪仍在余波荡漾。① 到了 20 世纪 90 年代新加坡经济与政治均已稳定发展,于是接受了本国华人的政治认同,减少了对华人是否仍然效忠中国的猜忌。但新加坡政府并没有停止推广新加坡国家意识,强调新加坡是多元种族的国家,而非"华人国家"。到了 20 世纪末,报纸依然刊登关于认同的社论,讨论"新时代的国家认同"。"认同"这个议题,从新加坡自治、独立之后,一直伴随时代变化进入了新世纪。华人因为历史上和中国产生的紧密联系,特别是血缘上、地缘上、文化上、经济上,华人的历史记忆撇不开祖国故土,"认同转向"这个话题就一直延续,反复被强调。

华人群体对居住国的政治效忠和国家认同感基本获得所在国政府的信任之后,华人群体得以推行族群文化。② 促进华族文化与语言的前提,是新加坡华人对其国内的多元种族和区域的地缘政治现实的认知。新加坡的华社必须让新加坡政府毫无疑问地相信,其政治立场和忠诚是以新加坡的国家利益、多元种族主义和新加坡作为东南亚的一个独立国家为依归的。事实上,发扬华族文化的愿景和宗旨也指向"开展多元文化交流,促进社会和谐"。

新加坡是移民社会,需要落地生根,需要建立属于本土的个人记忆和群体记忆。这种记忆的打造能够增强人们的凝聚力和归属感。对地方的情感、对人的依恋,就是社会凝聚力和归属感的源头。在新加坡全球化和现代化、工业化的进程中,本土归属更加重要。这种归属感建立在前人的足迹上。先贤事迹是历史宝库。先辈开荒拓土的事迹是华族的族群记忆,遗忘的人群无法找到历史认同,新马华人在政治认同转向后,开始在文化上、精神上回溯来路,找寻文化记忆和文化认同。

---

① 《追寻自己的国家》,《联合早报》,1989 年 9 月 11 日。

② Wang, G, W. Greater China and the Chinese Overseas. The China Quarterly, 1993(136):940, Special issue on Greater China.

（三）华人的文化"寻根"与年轻一代的历史意识

国家独立意味着华社必须效忠居住国。这是避免引起政府对华人效忠的猜疑与华人对自身族群文化患得患失的忧虑。但现实的隔绝以及华人面对族群文化式微的心理反弹，使得华族有意识需要文化保卫。在完成国家认同的转变之后，族群文化认同成为重要的精神建构。人们需要效忠自己的族群文化，因为正是在族群文化中，才能建立起族群特征和自身的价值观。在华裔馆建馆 20 周年讲话中，新加坡前外交部长杨荣文表示在 20 世纪 90 年代建立华裔馆是新加坡独立以来"最恰当的时刻"："过去我们的重点是建立新加坡自己的国家身份认同，这也意味着淡化国家成立前的先辈文化传统。"历史记忆是重要的，它让人们与过去建立联系，是力量的源泉，无论是对个人、群体、民族还是国家都适用。忘记历史，背离自己的文化，就会逐渐忘记自己的华人身份，失去精神扎根的土壤，失去精神支点和情感寄托。传统华社会馆曾经承担了文化传承的职能，但由于自身式微、会员减少和人员老化等问题，也很少主动承办传统节日的庆典，使得年轻一代与传统文化越走越远。年轻一代华人在报章上发表自己的心声："拥抱自己作为新加坡华人的根，让我和那些从一开始就有意识地撇开华人身份的人相比，低人一等。"[1]但这不妨碍年轻人对自身的根源的好奇，他们阅读新加坡华文作家的英文译本，这些作品以本地视角讲述历史发展，也更贴近他们的生活，帮助他们找回文化之根。文化认同赋予华族人民自信和安全感，赋予他们坚韧不拔的精神面对困境与挑战，并对自身在国际上的地位充满信心。

由于时代久远，年轻一代的新加坡人有很多从未听过陈嘉庚或李光前的名字，即使略有所闻，对于先辈的精神也难以领会。新马地区开始通过各类展览和活动，向年轻人介绍陈嘉庚事迹的同时，也是向新加坡公众明确传达了一个理念：陈嘉庚是属于新加坡的，因为他大半生在新加坡居住，从事经济活动、社会活动，改革社会风气，树立华人社团的新形象，以及兴办教育，他给新加坡留下有形与无形的遗产，在新加坡发展史上应该被列为最杰出的先驱人物之一。[2] 陈嘉庚身在新加坡，心系中国，有其成长经历、文化背景、国家认同的因素。但他也为新加坡留下的丰富文化和物质遗产，不仅仅是华社受惠，而是新

---

[1] 《六封信·两个世界·一个华人社会》，《联合早报》，2018 年 2 月 18 日。

[2] 《华媒：以历史情境考察陈嘉庚，受惠的不仅是华族》，中国新闻网，2008 年 7 月 20 日。

加坡全社会都从中获益。新加坡政府档案馆和图书馆一直通过收集和保存信件、书籍、官方文件和照片来构建一个国家的精神遗产,以一种有说服力、易于理解的方式将它们公之于众,讲述国家故事,在对下一代人的精神遗产进行保护和解释方面发挥着重要作用。

先驱人物的生平事迹,无疑都打下了时代的烙印。新加坡前总理李显龙说:"我们的开拓者的故事只是众多故事中的一个,可以并且必须告诉公众,以便几代新加坡人将理解并了解我们的过去,认同我们的共同价值观,并由此受到启发,为社区贡献他们的精力和才干。先贤故事系列展览,将使新加坡人更加意识到我们丰富的遗产,并鼓励年轻的新加坡人更多地了解本国历史的早期开端。把先贤的贡献永记史册,以此时刻提醒着人们珍惜来之不易的一切。如果我们留不住母语,文化认同感必将随之流逝,这将进而削弱社会的凝聚力和国人的归属感。"①

华社也面临着文化保护和文化自信建设的当务之急,以实现更强的凝聚力。20 世纪 80 年代以来,新加坡华社经历几个深具意义的转变:传统华文中学不复存在,但出现了九所特选中学②;接着,南洋大学并入新加坡大学,两家华文报也合并为一。当国民意识的培养及塑造形成之后,如何加强华人的族群认同,是摆在华社面前的一道必答题。

第二节　海外陈嘉庚记忆的重现

(一)家族记忆

1. 亲属回忆录

家庭在建立记忆种类的框架及传递记忆方面发挥着重要作用。先辈的某些行为和观念被反复传递给家庭中的成员,从而深深印入了人们的脑海中并

---

① 《李显龙在〈联合早报〉85 周年报庆晚会上的致辞》,新加坡国家档案馆,2008 年 9 月 6 日。

② 新加坡政府在 1979 年推出"辅助华文中学特别计划(Special Assistance Plan, SAP)",把九所传统华校列为特选中学,2000 年再增一所。特选中学是政府保留下来的传统华文中学,让学生有机会修读高级华语,同时在具有传统华校校风的环境接受熏陶,希望他们在掌握两种第一语言的同时,能了解中华文化和价值观。

得以在日后需要时重现,重建过去以及价值观的寻回。作为子侄辈的陈共存先生(陈嘉庚胞弟陈敬贤之独子),对宣扬陈嘉庚精神多有奔走。陈嘉庚的直系后代,近些年更加积极参与纪念活动。陈嘉庚的孙子陈立人在 2008 年参加新加坡图书馆与陈嘉庚基金会主办"承前启后 继往开来:陈嘉庚与李光前事迹展"时说,每当祖父看到在田野间耕种的小孩就会停下脚步,要求他们的父亲让他们上学,还掏腰包把孩子下田耕种时原可赚取的收入交给他们的父亲,为的是让所有小孩都有上学的机会。这是家族口传的故事,为陈嘉庚的形象增添了生动的一笔。

早先陈嘉庚的亲属朋友出版了回忆录以纪念陈嘉庚,是口述史的重要组成部分。《回忆陈嘉庚》里,陈国庆(陈嘉庚第五子)、陈共存等回忆了陈嘉庚生前的活动和言论。尤其陈国庆是在父亲公司工作,相处时间较多。他回忆起父亲极有规律的生活,以及不苟言笑的中国传统家长的形象,每周有二三日在怡和轩吃晚餐,谈生意,处理学校和社会事务,过年总是在怡和轩过,儿女们排队拜年,彼此无话可说。生活节俭,不允许浪费,一生只看过一部电影,要求子女自己搭公交车上班。陈嘉庚好学不倦,在怡和轩三楼设立了校图书馆,购置了《四库备要》、《万有文库》和《东方杂志》,供会员阅览。为领导筹赈会,陈嘉庚住进了怡和轩,全部精神倾注于此。他曾同意陈国庆领导侨生筹赈会。陈国庆经历过三次和父亲在一起时化险为夷的情形。当父亲从中国慰问归来,在怡和轩看到儿子,握手言称:"余此次劳军经延安所见,深感中国有希望了!"[1]

陈共存(1918—2015)是陈嘉庚侄子,也是陈氏后人中嘉庚精神的主要继承人和推动者。他是新加坡商界领袖之一,1973—1977 年和 1983—1987 年当选为中华总商会会长,多年连任新加坡华侨中学董事会主席,福建会馆副主席等。因热心公益事业,1989 年荣获新加坡政府颁发的"公共服务星章"。他在《我的伯父》中记录了他与陈嘉庚的过往交流:1937 年回到新加坡首先去怡和轩拜访陈嘉庚,听伯父讲祖父创业故事。1942 年他第二次见陈嘉庚,希望伯父离开以保安全,陈嘉庚表示英政府不许他离开,若被日军拘捕,则"任其生杀予夺,绝不屈服"[2]。他认为伯父的人生观是以身作则,希望子孙有所作为,继承家族传统,为社会、国家做贡献。新加坡华社记录了陈共存为华文教育所

---

[1]　陈国庆:《我的父亲》,《回忆陈嘉庚》,北京:文史资料出版社,1984 年版,第 52-58 页。

[2]　陈共存:《我的伯父》,《回忆陈嘉庚》,北京:文史资料出版社,1984 年版,第 59-66 页。

做的贡献——重振华中、创立华初，认为他一生追随陈嘉庚、学习陈嘉庚，在他身上延续了陈嘉庚的精神。陈共存先生对于创办陈嘉庚基金及陈嘉庚国际学会，厥功至伟。他认为陈嘉庚不仅仅属于新加坡，应该把陈嘉庚精神推向世界。1988 年，陈共存先生参与发起成立了中国陈嘉庚基金会，与中国科学院合作设立"陈嘉庚奖"。这个奖为弘扬"嘉庚精神"发挥了重要作用。陈共存不仅积极争取新加坡孙中山南洋纪念馆晚晴园的重建，也积极争取将怡和轩俱乐部列为国家古迹，在怡和轩里面设立了"先贤馆"，发扬其伯父陈嘉庚为代表的先贤精神。他逝世后，李显龙总理致函陈共存遗孀："我们失去了一位先贤、华社的元勋。"①陈共存生前还整理了陈嘉庚的书信，尤其是陈嘉庚、陈敬贤兄弟之间的书信，给陈嘉庚记忆和陈嘉庚研究留下了宝贵的文本资料。

陈嘉庚的外孙傅树介②则在其自传《生活在欺瞒的年代》中专有一篇回忆他的外祖父。这本共 314 页的回忆录从其外祖父陈嘉庚的一句话"天下兴亡，匹夫有责"开始，可见嘉庚精神之家族传承。在回忆录里，他陈述年幼时外祖父回到中国，只有听外祖母讲起一些外祖父的生活情况。到了 20 世纪 80 年代后期，有关外祖父的学术著作，特别是杨进发的作品，为外界了解陈嘉庚提供详实丰富的资料。③ 后来，陈嘉庚的后人组团到集美拜谒他的陵墓和参观归来堂；傅树介开始探索外祖父如何规划他的人生道路。在他看来，把陈嘉庚视为"慈善家"太过肤浅，认为他是当之无愧的"民族主义现代化建设者"，"甚至要称陈嘉庚为革命的社会主义者，以此来表明和捍卫我的立场，反对当代背离社会主义的潮流"。④

傅树介是新加坡知名的左翼人士，他回忆："在被 1965 年我面见咨审委员会的一次例常聆讯会时，担任主席的温斯罗法官问我对这一指控有何意见。我回答说：'我无法选择祖父，但是，若要我选择的话，我肯定会选择他。'今

---

① 潘国驹，《陈共存对华社的贡献》，《怡和世纪》，新加坡：怡和轩俱乐部。2016 年 3 月，第 28 期，第 86-89 页。

② 傅树介医生：陈嘉庚第三女陈亚惠与陈嘉庚公司职员傅定国之子。新加坡左翼人士，前新加坡社会主义阵线副秘书长。1953 年创立了马大社会主义俱乐部。1963 年在新加坡"冷藏行动"中被拘捕，扣留长达 17 年。

③ 陈嘉庚的后人普遍受英文教育，而澳大利亚华人历史学者杨进发的著作 The Making of an Overseas Chinese Legend，是用英文所写，为非华语使用者提供了关于陈嘉庚的详实丰富的历史资料。

④ 傅树介著，伍德南译，《一位外孙笔下的陈嘉庚》，《怡和世纪》，新加坡：怡和轩俱乐部，2016 年 6 月，第 29 期，第 93-102 页。

天,身为陈嘉庚的后代,可以是件很'酷'的事情,但在我的形成性格时期,肯定并非如此。其实,你可能因此遭受许多煎熬,就如我在冷藏行动中被捕时,控状上就有这一条。"他在回忆录文末写道:"钢铁就是在烈火中炼成的。我是陈嘉庚的孙子。"他对外祖父的认同是基于精神上的崇拜。

如今,随着媒体传播的发达,陈氏后人开始通过媒体来传达陈嘉庚的形象,往来于新马与中国,积极主动宣传嘉庚精神。虽然诚如怡和轩前主席林清如所言,陈氏后人大多不了解陈嘉庚,但他也看到了陈氏后人的努力,"陈君宝有在做努力,在媒体上去讲述爷爷的故事"。陈君宝上 CCTV 节目,以讲故事的形式告诉大家祖父节俭的美德。陈君宝在访问中侃侃而谈,忆述其祖父如何勤俭治家,毁家兴学。在陈嘉庚的教诲中,陈君宝印象最深刻的一句话是,"该花的钱千千万万都要花,不该花的钱一分一厘都要省"。陈嘉庚从不浪费一粒米、半张纸。这可说是陈嘉庚建立的"家族文化"。陈君宝又说,其祖父坚持,从企业赚取的财富必须回馈社会,也就是办教育。即使后来陈嘉庚遇到资金短缺,银行不肯融资,宁愿卖掉三栋别墅,也要把学校办起来。这是陈嘉庚塑造的"家族价值观"。

同时,陈氏后人与华社商讨拍摄有关陈嘉庚的影视剧。新加坡陈嘉庚基金会副主席、陈嘉庚孙子陈君宝与新马华社共商拍摄关于祖父的电视剧,与马来西亚陈嘉庚基金会商定筹拍,以进一步推动陈嘉庚精神在东南亚的传播。[①]

2. 回乡祭拜祖祠和鳌园

陈嘉庚后人通过寻访祖籍地,是以此获得对真身历史和文化的延续感。陈嘉庚长孙陈立人最早是在 1984 年到集美探访,在这个陌生的祖乡寻找自己祖父生活的印记。自 1994 年陈嘉庚诞辰 120 周年起,厦门统战部、集美校委会多次组织陈嘉庚后人回中国参访。不仅仅到厦门,也到北京、云南、延安、重庆等有过陈嘉庚足迹的地方去,陈氏后人受到了很高的礼仪和尊重。陈氏后人每三年家族集合回厦门集美为陈嘉庚扫墓。2004 年,陈嘉庚诞辰 130 周年,陈嘉庚长孙陈立人带领来自世界各地的陈氏后人第二代到第五代的 45 人前往集美鳌园扫墓。近二十年,陈立人每年清明都会回到集美为祖父扫墓。

1994 年,李光前之子、新加坡李氏基金主席李成义先生从新加坡回到集

---

① 《陈君宝呼吁马新陈嘉庚基金合作,陈嘉庚事迹拍成电视剧》,马来西亚《南洋商报》,2018 年 1 月 10 日。

美。在陈嘉庚墓前第一句话就是:"外公,我回来了。"2004 年,83 岁的李成义又回到集美,在陈嘉庚墓前他还是那句话:"外公,我回来了。"①李氏基金追随李光前精神和陈嘉庚精神,为新加坡的教育和医疗,以及两位先人的故乡福建,尤其是厦门和泉州南安的教育事业,作出了巨大的贡献。

2016 年,陈氏后人赶赴集美参加首届嘉庚论坛。在专场举办的《嘉庚颂》演出之后,陈嘉庚长孙陈立人受邀上台和编导和演员们见面,他和所有工作人员握手,向他们致敬致谢,看到祖父的一生如此光辉地呈现出来,陈立人内心的激动是无法言表的。陈嘉庚的孙女陈佩仪说,《嘉庚颂》让她备受感动,集美人民建起了如此壮观的嘉庚剧院,在嘉庚剧院里上演如此恢宏的《嘉庚颂》,让她十分惊讶。和陈嘉庚许多孙辈一样,她并没有机会见到祖父。祖父的形象对她来说,从来就是那么遥远,那么模糊。来到集美,看到这里的一切,祖父的形象开始变得具体和伟大。陈佩仪说,祖父离世这么久了,故乡的人还如此爱戴他、记住他,祖父的任何付出都是值得的。②

家族传承的意义在中华传统文化中占据了无比重要的意义。先祖的人格魅力和精神品质给后代树立了光辉的榜样。在媒介技术发达的当下和未来,通过网络技术等重现先祖的光辉事迹和伟大形象,给后人留下更多的家族记忆,家族精神才能更坚实地传承下去。

(二)官方记忆

1."社会先贤"

新加坡官方对陈嘉庚记忆的恢复要追溯 1983 年新加坡在圣淘沙设立先贤展,陈嘉庚位列 19 名先贤之中。虽然没有具体叙述陈嘉庚的事迹,但已然是肯定了他对新加坡社会的历史贡献。到了 2008 年,《陈嘉庚与李光前》的展览,由李显龙总理主持开幕。重新确定晚晴园、陈嘉庚等在新加坡社会中的地位,代表了一个历史阶段的终结,陈嘉庚作为"社会先贤"纳入了官方记忆系统。

新加坡国家图书馆和陈嘉庚基金,在 2008 年联合举办《承前启后,继往开来:陈嘉庚与李光前》(The Legacy of Tan Kah Kee and Lee Kong Chian)展

---

① 《陈嘉庚后代故乡行》,《人民日报(海外版)》,2004 年 11 月 11 日,第五版。
② 南治国:《出席厦门"嘉庚论坛"随想》,《怡和世纪》,2016 年 6 月,第 29 期,第 90 页。

览,长达 5 个月。新加坡政府认为该展览可以让大家一睹两位先贤风采,认识他们如何对新加坡社会繁荣,尤其是新加坡的教育事业作出杰出贡献的机会。新加坡图书馆在开幕介绍词中说,讲述两位新加坡历史上最杰出的华人先贤事迹,此刻时机正好;推动这类展览是为了导入和展现国家记忆,让新加坡人对自己国家独特的精神遗产有着民族骄傲感。展览分线上线下,现场导览备有华英双语的说明与导览册子,国家图书馆也设立了双语网站,以供网上的参观浏览。

2008 年 7 月 18 日,展览在新加坡国家图书馆隆重开幕,共分为四个展区,主要呈现了陈嘉庚与李光前对新加坡经济、教育、社会和文化发展方面的贡献,主题分别为:"励志图远的实业家""兴教办学的倡导者""率先垂范的社群领袖""流芳百世的智者善人"。共展出 100 多张珍贵旧照片和 60 多件文物,其中选用中国的展品共 53 件,包括实物复制件 13 件,照片扫描件 40 张。[①] 从展区主题的设置来看,新加坡社会对陈嘉庚的身份首先确认为实业家,肯定了他在南洋地区的商业眼光和成就;其次是办学兴教的社会贡献,特别是华文教育的推动;再是社群领袖,肯定了他对福建会馆改革以及对中华总商会和怡和轩的领导,特别是在南侨总会时的工作;最后总结陈嘉庚的一生是智者善人,对他的声望持完全赞赏的态度。展览中突出了"诚毅"二字,不仅在启动仪式上的电子背景板效果展现,在布展中也显眼标识"以诚待人,以毅处事",并且摘取陈嘉庚语录,凸显回报社会的理念"夫公益义务,固不待富而后行,如必待富而后行,则一生终无可为之日"。

时任总理李显龙为展览主持开幕礼,他在致辞中指出,纪念两名先驱人物,陈嘉庚与李光前待人以诚和不屈不挠的风范,为我们的楷模。而他们"取之社会,用之社会"的精神[②],更值得现代人追思和学习。他们的精神影响至今,"先驱们愿意勇闯未知新领域,以及渴望为社会作出超越本身的伟大贡献的精神,仍然和生活在现今社会的我们和后代息息相关"[③]。政府总理为此展

---

① 蓝玫珲:《跨国馆际合作实践经验与感受——新加坡国家图书馆与厦门市图书馆合作举办陈嘉庚与李光前展览》,《河南图书馆学刊》,2008 年第 6 期,第 103-105 页。

② National Archives of Singapore, Document Number:20080718989, Speech by Mr Lee Hsien Loong, Prime Minister, at the official Launch of "The Legacy of Tan Kah Kee and Lee Kong Chian" Exhibition, 18 July 2008, 10. 30 am at National Library Building (Speech in Chinese), 2008.7.18.

③ 《新加坡的陈嘉庚》,《联合早报》,2008 年 7 月 25 日。

览主持开幕礼,足以证明,官方对陈嘉庚在新加坡历史上地位的确立,陈嘉庚在新加坡不再是被主流社会"遮蔽"的历史人物。李显龙在随后的英文致辞中表示,这些先驱者的精神——愿意冒险进入新的未经测试的领域,并渴望为比自己的事业更大的事业作出贡献——仍然与当今所有人以及后代的新加坡人有关。关于先贤的展览,可以鼓励年轻的新加坡人更多地了解过去,构建共同的价值观,以便未来几代并受到启发,为社会贡献精力和才能,这便是先贤留下的精神遗产。2011年晚晴园重新开幕,内阁资政李光耀为晚晴园——孙中山南洋纪念馆主持开幕式,并且让纪念馆展示他对孙中山的评语。李光耀是新加坡"建国总理",他的言论具有非同小可的象征意义,代表了政府重新确立孙中山和辛亥革命在新加坡的意义。陈嘉庚一直被认为是孙中山的追随者,晚晴园内也有展览他对辛亥革命的贡献以及与孙中山的友谊。

2."慈善家"与"教育家"陈嘉庚

在陈嘉庚基金会成立20周年晚宴致辞中,新加坡副总理、教育部部长尚穆根阐明:"你们继承了陈嘉庚从一个多世纪前开始的慈善事业。通过你们的努力,保持了他的精神遗产的生动性。"[1]他肯定了陈嘉庚的精神,并且强调这种精神是儒家文化中回馈社会的必要精神。

在新加坡国家博物馆(展厅全英文导览)的其中一个展厅是关于新加坡的历史发展。在文教事业部分的叙事中,陈嘉庚被描述为"教育巨子"(The Education Tycoon),着重介绍了他如何发展华文教育事业。在"陈嘉庚与华文教育"(Tan Kah Kee and Chinese Education)这个主题中,导览词写道:"陈嘉庚来自中国集美,在新马地区致富。他的生意包括米业和黄梨罐头、不动产以及橡胶业。众所周知他是马来亚福特,被尊为教育慈善家。他捐赠了新加坡和中国的学校,哪怕受到大萧条时代的影响。陈嘉庚坚信现代教育是民族主义的钥匙,是发展他的祖国——中国的关键。他创办了7所语言学校,包括新加坡第一所华文学校——南洋华侨中学。这些学校实际采用普通话教学而不是福建话。学校课程是按照中国大陆的学校设计的。陈嘉庚还在家乡福建

---

①　National Archives of Singapore, Document Number: 2002090601, Speech by Mr Tharman Shanmugaratnam, Senior Minister of State for Trade and Industry & Eeucation at the Tan Kah Kee Foundation 20th Anniversary Public Seminar on "Entrepreneurship and Education: The Tak Kah Kee Spirit in today" On 6 Sep 2002 at 9:00 am at the Mandarin Court, Mandarin Hotel,陈嘉庚基金会20周年晚宴上的讲话,2002年9月6日。

创办了小学,并在 1921 年创办了厦门大学"。[①]

在新加坡教育事业发展的介绍中,说明了陈嘉庚办学的时代背景。19 世纪 80 年代,殖民地政府试图加强新加坡的教育,但当时只有几所学校,大部分是男校。于是政府设立了教育部门,创办了更多男子中学。几乎同时,华人移民和泰米尔、马来亚穆斯林学校设置了现代课程,包括英语、数学、地理和历史。非英语教学的小学生数量超越了英语教学的小学生。展板配以当时的一些华文学校图片,包括端蒙学堂、道南小学、崇福女校、南洋女子中学等。这些华校中有许多是陈嘉庚领导的福建会馆所创办的,开辟了华文教育的新篇章。

从国家博物馆的新加坡历史叙事建构角度看来,陈嘉庚的故事只出现在了教育主题部分的叙述中。新加坡官方记忆视陈嘉庚为教育界的巨人,是华文教育事业里程碑式的人物。

(三)华社记忆

1. 新加坡陈嘉庚基金会

新加坡陈嘉庚基金会的成立源自陈嘉庚逝世后的悼念基金。1961 年 9 月在陈嘉庚追悼大会上,中华总商会主席高德根呼吁公众捐款设立"陈嘉庚奖学金",以永远纪念这位伟人,"各方咸表赞同,并热烈响应"[②],当场筹集到 10 万叻币的捐款。1968 年 4 月,成立"陈嘉庚奖学基金信托委员会",即为陈嘉庚基金的前身。1982 年,陈嘉庚基金在公司法令下注册,成为公共慈善机构,其宗旨是弘扬陈嘉庚先生的创业和教育精神,以服务社会。

新加坡陈嘉庚基金会设立了"陈嘉庚高级学位奖学金""陈嘉庚青少年发明奖"。并设立高等学府教育基金,包括在南洋理工大学设立的"陈嘉庚教授基金"和在新加坡国立大学中文系设立的"陈嘉庚金牌奖"。陈嘉庚基金会用赞助教育回馈社会的方式,来纪念陈嘉庚,每年举办各类颁奖仪式,邀请政要、学界知识分子和企业家等莅临颁奖并致辞。"陈嘉庚青少年发明奖"是由陈嘉庚基金名誉顾问、诺贝尔奖得主杨振宁教授于 1986 年 5 月倡导兴办的。他认为当时亚洲学生,包括新加坡学生,虽学习能力较强,但缺乏科学研究的创意,

---

① 新加坡国家历史展华文导览词,http://www.nhb.org.sg

② 高德根:《悼一代伟人陈嘉庚先生》,《陈嘉庚先生纪念册》,北京:中华全国归国华侨联合会,1961 年,第 35 页。

故设立奖项来鼓励创新思维。1987年,首届陈嘉庚青少年发明家的颁奖人即为杨振宁教授。之后,参与该颁奖活动的知名教授和社会贤达越来越多。1998年的陈嘉庚奖和陈嘉庚青少年发明奖的颁奖典礼上,参与的嘉宾就有新加坡前总统黄金辉、前总统王鼎昌、中国驻新加坡大使陈宝鎏、王赓武教授、周光召教授、李氏基金主席李成义(李光前之子,陈嘉庚外孙)和企业家陈笃山等。"陈嘉庚教授基金"则是1996年10月21日成立,以纪念陈嘉庚先生诞生122周年。成立仪式由新加坡首任民选总统王鼎昌主持,以彰显新加坡民众意志。时任南洋理工大学校长詹存道博士致辞,表示学校将充分利用基金聘请世界知名学者,前来负责与陈嘉庚本人成就有关的奖学与研究工作,如历史、教育和企业,基金的成立是回馈社会的工作之一。① 借由每届颁奖活动上官员的致辞中对陈嘉庚贡献之肯定,陈嘉庚精神得到了官方认可。为陈嘉庚办学的精神而设立的奖学奖教活动,成为新加坡恢复陈嘉庚记忆的一个突破点。

2002年,陈嘉庚基金举办二十周年庆典,邀请怡和轩、福建会馆等华社共同参与,邀请了前副总理陈庆炎主持,并邀请时任环境部部长林瑞生为"陈嘉庚生平事迹展"主持开幕。庆典还设立了公开演讲"今日的陈嘉庚精神",主讲嘉宾有来自各地的华人教授,如诺贝尔化学奖得主李远哲教授和香港中文大学梁元生教授、澳大利亚莫纳斯大学黄有光教授、清华大学赵纯均教授、新加坡国立大学王赓武教授、施春风教授等。邀请众多知名华人教授是因为当时还是庆祝陈嘉庚国际学会成立十周年。1992年,陈嘉庚国际学会在香港成立,1996年学会总部迁往新加坡,李远哲教授担任第一任会长。该学会的发起人包括了多位国际知名学者,如诺贝尔奖得主杨振宁教授、丁肇中教授、李远哲教授、伯克利加州分校前校长田长霖教授和新加坡国立大学东亚所所长、香港大学前校长王赓武教授。王赓武教授在演讲中说:"学会的成立宗旨在于弘扬已故教育家陈嘉庚先生推广教育与文化的精神,除了秉承陈嘉庚先生'教育为立国之本,兴学乃国民之职'之精神外,希望在推动学术研究、协助设立教育与经济合作之国际网络上,也能作出积极的贡献。"②国际学会的成立标志着陈嘉庚精神影响,已从中国和东南亚地区开始走出亚洲、走向世界,陈嘉庚

---

① 《一代先贤:陈嘉庚基金先贤馆开幕纪念特刊2008》,新加坡:陈嘉庚基金会,2008年,第124页。

② 《一代先贤:陈嘉庚基金先贤馆开幕纪念特刊2008》,新加坡:陈嘉庚基金会,2008年,第83页。

精神的传播由此进入了一个新的发展阶段。

2008年7月18日，由陈嘉庚基金会和国家图书馆联合举办的"承前启后、继往开来——陈嘉庚与李光前事迹展"获得政府大力支持，李显龙总理开幕致辞，公开号召全新加坡社会学习陈嘉庚等一代先贤的精神。配合展览推出了一场"陈嘉庚、李光前与现代新马"的国际研讨会，讨论主题"华人与企业""文化与政治认同""华人与教育"，这恰好是新加坡华社最为关注的几个话题，也是与陈嘉庚记忆紧密相连的议题。

同年11月9日，新加坡陈嘉庚基金会属下先贤馆在怡和轩一楼开幕。新加坡财政部部长尚达曼、中国驻新加坡大使张小康作为贵宾出席。国会议员曾士生、王赓武教授、中国驻新加坡公使衔商务参赞李铭林，以及新加坡社团代表、海外嘉宾、会友、怡和轩与陈嘉庚基金董事等约250人出席了典礼。设立这所纪念馆旨在为公众，尤其是年轻一代提供一个了解新加坡先辈历史的场所，让他们更加了解先贤们为新加坡社会、文化、经济、教育发展所作出的贡献，学习先贤们的爱国精神和艰苦创业精神，以及为社会无私奉献的精神，并让这种精神一代代传下去。财政部部长尚达曼为"先贤馆"开幕及为怡和轩的重建工程主持竣工仪式。他在致辞中盛赞怡和轩重建落成和先贤馆的开幕是新加坡历史遗产的重要部分开启了新的篇章。

2. 马来西亚陈嘉庚基金会和"陈嘉庚精神奖"

马来西亚陈嘉庚基金会是2011年才成立，比起新加坡来晚了很多。而这个成立的契机，则是在怡和轩举办了"重走机工路"①这一活动之后，马来西亚企业家陈有信受到启发，决定在马来西亚也成立一个纪念陈嘉庚、延续嘉庚精神的基金会。新加坡怡和轩俱乐部及陈嘉庚基金与马来西亚陈嘉庚基金会筹委会进行交流，认为马来西亚的华文教育与华人文化底子要比新加坡更厚，弘扬陈嘉庚精神可以得到华社的积极支持。马来西亚的华人社会的情况较新加坡有所不同，马来西亚华族是少数族裔，但马来西亚华族的华文教育有着扎实的基础，使得中华文化在马来西亚华人社区保持得相对完整。这与马来西亚

---

① 第一次"重走机工路"活动是在1986年11月，新加坡南洋学会，为了探寻南侨机工的踪迹，在李氏基金支助下，组织了"新加坡南洋华侨机工访问团"，由时任中华总商会会长陈共存领队，南洋学会会长魏维贤、历史学者崔贵强、林孝胜随行，全团于1986年11月5日在昆明与庄明理（1909—1991。1940年曾受陈嘉庚的委托，视察滇缅公路并慰问华侨机工）会合，前后六天，重走滇缅公路，总计行程约1850公里。

华文教育的"族魂"林连玉①有着直接的关系,是他坚持不懈和政府谈判,才使得华文教育能够被政府所保留,他还积极为华人争取公民权。林连玉是集美校友,受到了校主陈嘉庚先生倾资办学的精神引导,坚持在马来亚华社保存华文教育。马来西亚华社在忧患中坚守华文教育的堡垒,拥有海峡两岸暨香港之外最完整的华文教育体系,也是嘉庚精神在马来亚华社的精神遗产。但由于陈嘉庚主要生活在新加坡,晚年又回到中国,因而在马来西亚,陈嘉庚鲜少被提起,直到马来西亚陈嘉庚基金会的成立,通过各种展览、活动以及媒介合作,让陈嘉庚的形象在马来西亚社会又鲜活起来。

有感于"嘉庚精神"与陈嘉庚的传奇事迹有逐渐式微的趋势,2011 年 6 月,马来西亚华商与文教推手陈凯希先生与陈友信先生,联同丹斯里、拿督斯里②林玉唐、拿督张润安,发起成立马来西亚陈嘉庚基金。在陈嘉庚先生逝世 50 周年之际,马来西亚陈嘉庚基金筹委会正式成立。筹委会初期致力于各项工作与活动,同时着手筹建马来西亚陈嘉庚纪念馆,以推广嘉庚精神。2013 年 4 月,马来西亚陈嘉庚基金获得社团注册局核准,正式成立。同年 10 月 6 日,马来西亚陈嘉庚纪念馆正式开幕。成立马来西亚陈嘉庚基金以及建立纪念馆,一方面是为了缅怀陈嘉庚先生一生的丰功伟绩与高风亮节,以他为典范,激励后人;另一方面,华社也期待借助嘉庚精神,在社会上弘扬"诚信果毅,克己奉公,匡扶正义,无私奉献"的正面价值观。

马来西亚基金会主席陈友信在基金会成立开幕式上致辞,认为一个民族如果能够对本族群的重要历史事件与人物有着深入的了解和充分的认识,进而对这些历史建立同感心,由认知到情意,由传承到反思,则民族是有方向、有理想和有希望的民族。马来西亚的华人纪念馆寥若晨星,都是民间创办,陈嘉庚纪念馆同时收藏和展出其他华裔诸如李光前、陈六使、林连玉等伟人事迹,让先贤的人格力量、牺牲精神和高尚品德,能够教育后人、启迪民智,引领华裔族群走向光明的未来。

马来西亚陈嘉庚基金以陈嘉庚为典范,以嘉庚精神激励后人,鼓励个人或团体为国家与社会奉献,并积极参与社会公益活动,于是创立"陈嘉庚精神

---

① 林连玉:马来西亚华校教师会总会(教总)前主席,被誉为华社的"族魂"。林连玉先生是 20 世纪 50 年代马来西亚董教总的主要领导人,领导马来西亚华人争华教权益、争公民权,是马来亚文教育以及华裔公民权益的实际代言人。他主张国家独立、民族平等,各族共同建设国家。

② 马来西亚封衔和马来西亚勋章制度极其复杂,可简单分为"联邦封衔"和"州封衔"。常见的联邦封衔有敦、丹斯里。州封衔有拿督、拿督斯里。

奖"。陈嘉庚精神奖的颁奖晚会的主题分别是：第一、二届——"弦歌不辍·薪火相传"，第三届——"百年海乡情·开拓新思路"；第四届——"山水同舟人·蓝海新思路；第五届——"嘉庚桥·拓新路"。从主题的设置来看，代际传承、面向海洋、乡情互动、以侨为桥是最重要的诉求。获奖者分别是马来西亚李氏基金、新山爱华耆老郭鹤尧、已故"南院署董"陈联顺、马大无语良师中心、已故著名企业家杨忠礼和马来西亚 MySkills 基金会（印度裔青少年教育团体）等。这些获奖个人和团体都为马来西亚国家与社会的教育与文化贡献力量，实践了嘉庚精神，特别是教育理念和"取诸社会、用诸社会"的社会责任理念，不仅仅在华社当中传播嘉庚精神，也扩展到了其他种族和全社会的范围。

基金会举办各类讲述陈嘉庚历史、宣传嘉庚精神的活动。先贤交辉系列巡回展是最核心的展览活动。包括："嘉庚毅行·光前裕后：陈嘉庚与李光前生平事迹巡回展""游走边缘的时代巨人——林文庆特展""南大精神领航人陈六使""一代侨领庄西泉"等系列展览。基金会与新山等地方华社团体、公会，以及学校、博物馆、艺术馆等联办展览，例如与南方大学学院丹斯里拿督张愈昌文物与艺术馆举办"先贤交辉与南洋烽火：双主题历史图片展"，从先贤的时代背景，来认识太平洋战争（二战星马战区）的历史。此外，每期展览都配合主题讲座，如"陈嘉庚精神与其办学理念"，与来宾分享陈嘉庚在倾资办学的事迹，以及嘉庚精神如何影响后来者奉献教育。

马来西亚陈嘉庚基金会面向华文学校开展"育苗计划"。此项计划是以先贤精神为引、以培养青苗为目标，呼吁学校组织参观纪念馆的活动，让学生更加亲近历史与文化。同时，通过导览解说与趣味活动的结合，培养学生的认知水平与思维能力。陈嘉庚纪念馆带着先贤的传奇故事，走向全马、扎根社区。

马来西亚陈嘉庚基金会虽然起步晚，但是活动丰富，定位明确，组织到位，成效卓著。基金会的活动主要针对青少年展开，培养年轻一代的家国情怀与社会责任。活动形式多样化，以更亲和平易的方式，到达社区、学校，唤起陈嘉庚等先贤故事和历史记忆，获得青少年的认同感，达到了基金会设立的目标。

3. 怡和轩俱乐部

作为新加坡华人社团的重要机构，具有百年历史的怡和轩俱乐部，在新加坡历史上扮演过重要角色。时至今日，怡和轩俱乐部还是一个重要的华人社团，在新加坡社会、经济与文化生活中占有相当的地位。围绕怡和轩的人物与史实，都与新加坡的发展历史、华侨华人的历史、中国与海外华侨华人的互动等密切相关。

作为新加坡历史最悠久的华人俱乐部之一,怡和轩的自我定位是"富商俱乐部"①,为华社的企业家们提供社交休闲场所和平台。怡和轩与新加坡乃至亚洲历史上许多重大事件都有密切联系。中国辛亥革命、北伐战争、九一八事变、抗日战争、印度争取独立运动、新加坡南洋大学的创办、争取新加坡公民权运动与争取新加坡自治与独立等等,怡和轩俱乐部都发挥过无可替代的重要作用。怡和轩俱乐部曾领导新华社会甚至东南亚华人社会支持辛亥革命,支持抗日,并作为南洋华侨筹赈祖国难民总会(简称"南侨总会")的总部。1945年二战结束后,南侨总会仍旧以怡和轩为会址,支持如火如荼的亚非国家反殖民运动。20世纪50年代,在推动华社争取公民权及创办南洋大学的重大事件上,怡和轩也曾扮演重要的角色。

在这些重要的历史活动中,核心人物就是陈嘉庚。1923年,陈嘉庚继任为本俱乐部第二总理。后于1928年至1930年,1935年至1947年,再次担任主席。当海内外参访者来到怡和轩时,怡和轩主席和工作人员会亲自讲解怡和轩俱乐部的历史。2008年林清如主席亲临迎接本地文史工作者的来访,并详尽地讲解怡和轩历史与抵抗日军侵略的英雄事迹,以及陈嘉庚、陈六使诸先贤如何领导本会、维护和发展民族文化与教育以及争取公民权的贡献等,以期能有更多年轻人前来了解怡和轩的过去。

怡和轩俱乐部在文化教育方面,大力支持了有关陈嘉庚的研究。2000年6月10日,怡和轩俱乐部在新加坡中华总商会嘉庚堂主办公开讲座,由澳大利亚杨进发博士主讲"陈嘉庚在新加坡的历史地位"。致力于研究陈嘉庚生平的杨进发博士认为,陈嘉庚是属于新加坡的,他的大半生在新加坡居住,从事经济与社会活动,改革社会风气,树立华人社团的新形象,以及兴办教育等。陈嘉庚给新加坡留下诸多有形与无形的遗产,在新加坡发展史上应该被列为最杰出的先驱人物。在《陈嘉庚言论集》2004版的前言中,怡和轩副主席王如明写道:"从陈老的言论中,也可知道他是爱原乡也爱他乡,爱中国也爱新马,反抗日本法西斯侵略中国,同时也反对日本侵略新马。他为中国教育事业出钱出力,也为新马的教育日夜奔波。"②言语之中,可见强调了"陈嘉庚也是属于新马的"。这是华社与新加坡政府的对话,表明对陈嘉庚的纪念是出于陈嘉

---

① 怡和轩现任主席高允裕访谈,采访人:张骊,2017年12月18日。

② 许金顶、陈毅明编:《陈嘉庚文集·言论》,福州:福建教育出版社,2025年,第75页。

庚对新马的历史贡献,是出于陈嘉庚一生坚持的"天下兴亡,匹夫有责"的伟大精神。"天下兴亡"的观念,实则是中华文化中的民族兴亡和国家救亡的观念。

2000 年 11 月,怡和轩拔 10 万新币款项设立怡和轩华文书籍奖,分若干年颁奖给十所特选中学中四会考或年终考试的优秀生,鼓励华社更积极推动中华语文的教育工作。"怡和轩华文书籍奖"是首个由华社组织发起、专为特选中学而设的奖项。怡和轩秉承先贤精神,协同政府加强对特选中学的肯定和支持。颁发书籍奖的对象,除各科都应该有优异成绩外,高级华文一定要拿到特优。

怡和轩在新马乃至整个南洋的华社中享有崇高的地位,曾经在新加坡和中国的历史进程中扮演过重要的角色,至今仍然是新加坡华社和商界、文化界中举足轻重的社团。怡和轩的价值观,也是陈嘉庚精神体现的价值观:首先是关心社会、报效国家;其次是饮水思源,回馈社会;再次是重视教育,弘扬文化。无论是举办文化讲座,还是出版华文期刊《怡和世纪》,颁布华文书籍奖,都是这些精神的体现,也是宣扬陈嘉庚精神的具体措施。

4. 中华总商会

新加坡中华总商会,成立于 1906 年,是新加坡历史悠久的商业团体。早期除了维护华商利益,促进经贸发展之外,调解各帮派、各地域(比如来自福建、广州、海南等地)人士之间矛盾与纠纷。代表华人社会向政府交涉不利华人的法令或政策。1957 年,为 23 万华人移民争取到了公民权。

1961 年陈嘉庚悼念大会就是中华总商会组织的。新加坡中华总商会的大礼堂命名为"嘉庚堂"。1961 年 9 月 10 日,闻得陈嘉庚在北京逝世的消息,中华总商会在新加坡福建会馆和陈氏宗祠等 50 多个华人社团联名呼吁下领导与组织了陈嘉庚追悼大会,陈嘉庚家属及 280 个社团、学校等各界人士 1 万人出席追悼大会。现场悬挂了陈嘉庚坐像巨幅照片,上书"流芳百世",左右挽联写着"前半生兴学,后半生纾难;是一代正气,亦一代完人"。全场静默 3 分钟致哀。南大执委会主席陈六使敬献花圈。中华总商会主席高德根致辞,赞扬陈嘉庚一生表现了完整无疵的崇高人格:"我们今天的追悼会除了追念陈先生一生的丰功伟绩及他对本邦社会宏伟深远的贡献以外,更重要的是表扬陈先生那种忘我为人的仁爱襟怀、明辨是非的强烈正义感、毁家兴学的伟大牺牲精神。"他还将新加坡独立与陈嘉庚的支持联系起来,并号召设立"陈嘉庚奖学金"。陈嘉庚生前好友黄奕欢在会上做了报告,历数了陈嘉庚从 1890—1950

年,在新马地区生活的 60 年间的活动和贡献,包括他的私人事业、兴学、慈善事业等,赞扬他支持东南亚人民的独立事业,"他爱新加坡,也爱马来西亚"①。随后杨缵文、李俊承和李振殿先后发言,高度赞誉陈嘉庚是"大仁、大智、大勇的当代完人"。厦大在新加坡校友陈育崧宣读诔词:"兴学设教,泽姻光被,首申大义,恤死救亡,奕世楷模,人伦津梁"。最后由陈嘉庚长子陈济民代表家属致谢。

中华总商会领导了日据时期死难者遗骨收集工作。这是陈嘉庚在回中国定居之前给总商会会长黄奕欢的交代。他希望黄奕欢能领导华社做三件事情:

一是希望日据时期大检证死难者遗骨能够完整收葬;二是,建立纪念碑;三是向日本讨血债。黄奕欢履行陈嘉庚的嘱托,领导中华总商会号召华人幸存者寻找遇难者遗骨和遗物,并向政府施压,终于在 1967 年,新加坡二战死难者纪念碑落成,遗骨埋在纪念碑之下。每年的新加坡沦陷纪念日(2 月 15日),新加坡政府都会在死难者纪念碑前举行仪式悼念死难者,追忆新加坡抗战历史。

1981 年 8 月总商会出版成立 75 周年纪念特刊及陈嘉庚纪念特刊,说明"中华总商会本着一贯热心教育的传统精神,取诸社会、用诸社会的态度,以举办教育、慈善福利、奖学金、助学金或贷学金等公益事业"。② 商会为纪念先辈陈嘉庚老先生热心教育精神,设立陈嘉庚奖学金,每年颁发奖学金给成绩优越的学生。商会还公开征集陈嘉庚文物资料。政府批准陈嘉庚基金五年内要筹足五百万新币,陈笃山呼吁热烈支持。

5. 福建会馆

1982 年 2 月,福建会馆决定为陈嘉庚、李光前和陈六使三人建立铜像,以纪念他们的功绩。1985 年 10 月 21 日,在陈嘉庚诞辰 111 周年时,福建会馆分别在会馆大厅、南侨中学和光华学校为陈嘉庚、李光前和陈六使三位先贤的铜像举行隆重的揭幕典礼。陈嘉庚作为前福建会馆主席,对改革福建会馆功不可没,他的铜像屹立在会馆,纪念他对福建会馆以及对教育事业所做的贡

① 黄奕欢:《我所知道的陈嘉庚先生的生平》,《陈嘉庚先生纪念册》,北京:中华归侨联合总会,1961 年,第 81 页。

② 《新加坡中华总商会成立 75 周年纪念特刊》,《星洲日报》,1981 年 10 月 3 日。

献。福建会馆下属的爱同、崇福、南侨师范、南侨女中、光华学校等的创办或接办主要是由陈嘉庚所促成。

新加坡福建会馆设置了宣传会馆特有的品格"诚毅"精神的公民教育课程，希望以会馆先贤生平事迹为典范，向学生们灌输正确的价值观，培养他们的良好品格。① 属校华文教师编写一套华文双语辅助教材，即陈嘉庚故事绘本，并推出中英文版电子书，方便学生随时阅读。绘本按照年级进行编撰，一共 6 本，免费分发给属下五所小学使用。每个年级的绘本围绕一个核心价值观，如责任感、节俭、慷慨、关怀，启发学生以先贤为典范成为品学兼优的学生，长大后回馈社会。

故事绘本各个年级的主要内容为：一年级《陈嘉庚创办黄梨厂》叙述陈嘉庚创办了黄梨厂，帮助父亲还清债务的故事。二年级《陈嘉庚的节俭美德》讲述陈嘉庚使用缝补过的皮鞋、蚊帐和雨伞，教导儿子"该用的钱几千几万都得花，不该用的一分钱也不能浪费"的道理。三年级《陈嘉庚帮助贫困学生》述说陈嘉庚深信"国家之富强，全在于国民，国民之发展，全在于教育"，因此开办学校让贫穷学生上学，也开办师范学校培养师资。四年级《陈嘉庚办校》陈述陈嘉庚办校兴学的执着和崇高理想。五年级《陈嘉庚为河水山募款》叙述陈嘉庚的公司面临困境时，仍然为洪水山火募款。六年级《陈嘉庚仁心仁义》讲述陈嘉庚在医疗、卫生等领域的慈善活动。华社通过自身努力，将陈嘉庚故事纳入历史课本和公民教育，补充了英文历史课本中缺失的先贤记忆，使得陈嘉庚记忆能够在华社青少年脑海中植根，加深年轻一代对先贤精神的理解。

---

① 《专题报道：先贤陈嘉庚故事绘本》，福建会馆会刊《传灯》，第 62 期，2015 年 1 月，第 10-11 页。

第五章

海外陈嘉庚精神的媒介记忆

第一节　报纸中的陈嘉庚议题

（一）《南洋商报》

记忆具有文本性，以及存储的信息化趋势，媒介记忆的各种技术手段和形式提高了记忆的效率和水平，达到形式和记忆的统一。作为记忆的文本模式，媒介记忆串联了过去、现在与未来。新加坡的几份重要的报刊，华文报《南洋商报》《联合早报》，英文报《海峡时报》等记载了陈嘉庚生前的作为和贡献，以及身后的各类纪念活动，刻画了鲜明生动的陈嘉庚记忆。

1.《南洋商报》创刊和发展

《南洋商报》是陈嘉庚1923年在新加坡创办的华文商业报纸。这份报章的创办的初始目的是替陈嘉庚公司的产品做宣传，并刊载商业和船运信息，通过商务与经济的评述，教育读者，从而拓展华人在当地的经济活动。在这之前，新马地区的广告主要刊登在英文报《海峡时报》上，华文报纸缺乏经济来源。《南洋商报》为华人经济信息传播起了重要平台作用。当陈嘉庚公司遇到经济危机之后，《南洋商报》在1933年经历改组，与陈嘉庚公司脱离关系。胡愈之以民盟成员的政治身份（同时是中共地下党员），被周恩来委派到新加坡，担任《南洋商报》主编，引导南洋抗日舆论。1951年之前，该报在新加坡、吉隆坡、怡保和槟城发行。① 到了新加坡独立时期,《南洋商报》的立场开始转为本地认同。在对陈嘉庚的报道上,无论是数量还是内容,都保持了克制。但李光耀仍然指责《南洋商报》亲共,在 1971 年新加坡政府发动整治报业的"黑色行动",逮捕了《南洋商报》的总经理和总编。之后《南洋商报》的新加坡分部和马来西亚分部分家。1983 年,新加坡总理公署发表文告,宣布"由于家长为子女选择第一语文学校的结果,形成英文报读者人数日益增加,而华文报读者人数固定不变,甚至今后有下降趋势"为理由,对报刊进行重组。《南洋商报》和《星洲日报》董事会发表公告,成立新加坡新闻与出版有限公司,两报合并为《联合早报》和《联合晚报》。

2.《南洋商报》的陈嘉庚议题

《南洋商报》和《星洲日报》一样,都是从侨报变为了本国媒体,是新加坡建国后的"独立国家报纸"。尽管早期华侨社会新闻工作者的个人背景不同,政治信仰互异,但他们基本上是倾向于中国的国家认同。他们为中国富强而努力,关心中国的抗战。新加坡独立前的华文报业,也可以算作中国报业史的一支。这两份侨报在 1957 年新加坡《公民法令》通过,转为了完全的新加坡本国报业,效忠对象是先辈辛勤开发的新加坡。对中国问题的关注从侨民对祖国的关注转为了新加坡人对国际事务的关注。以往特别关注的福建新闻版块也被取消。对陈嘉庚的报道,也有了视角的转换。

新加坡《南洋商报》创刊号刊载陈嘉庚的言论《本报开幕之宣言——实业与教育之关系》,阐明陈嘉庚办实业的目的是教育救国。在 20 世纪二三十年代,对陈嘉庚的报道并非一以贯之的密集,报道的高潮期是在陈嘉庚号召华侨抗战时期。1939 年,有 108 篇,为最多数,其余年份 1925 年(8 篇)、1929 年 11篇、1933 年(4 篇),1936 年(6 篇)和 1938 年(30 篇)。1937—1941 年,该报刊登南侨总会的抗日筹赈活动以及陈嘉庚的抗日言论和活动,起到了团结华人齐心抗日救国的作用。1938 年和 1939 年的密集报道主题是关于筹赈大会,多数为新华筹赈会及义捐公告。由于陈嘉庚为筹赈会主席,公号等由他签字,故而消息中必有他的名字刊出。而 1940 年,《南洋商报》追踪报道了陈嘉庚带领南侨回国慰问团考察祖国的情况,消息的来源是国内通讯社。1941 年,关于南侨总会的消息有 24 则。1942 年,新加坡沦陷后该报因抗日言论被禁。

①　Lianhe Zaobao Launches 90th Anniversary Celebration，*The Straits Times*，2013. 1. 6.

1946 年,《南洋商报》恢复出版,对陈嘉庚的报道集中在 1950 年他回到中国之前。1946 年陈嘉庚致电杜鲁门成为当年的热点事件。《南洋商报》刊文,批评陈嘉庚"冒用"南侨总会主席名义致电美国总统杜鲁门、美国驻华特使马绍尔和美国驻华大使司徒雷登要求美国改变对华政策。华社侨团对电文事件登报声明各自的立场,支持者和反对者矛盾尖锐。反对者认为陈嘉庚此举有"叛国""助长内乱"之嫌①,不能代表南洋华侨的意见,还认为陈嘉庚的言论分裂了海外华社,造成海外华侨华人的不统一。② 支持者如厦大和集美校友会则在报纸上发声,热烈拥护陈嘉庚,认为陈嘉庚此举"非常正确,不但可以代表南洋华侨共同的意见,而且可以代表中国人民大众衷心的愿望"③。1947 年,《南洋商报》刊载了荷兰驻新加坡总领事访问陈嘉庚的新闻,仍然称呼陈嘉庚为南侨总会主席。当时侨报身份的《南洋商报》,在对陈嘉庚的态度上持中立态度,刊登不同阵营的声明。

20 世纪 50 年代开始,《南洋商报》的国内新闻来源不再是"中央社",而是香港的通讯社,转载来自日本报刊和法新社等外国媒体的新闻消息。1950 年,《南洋商报》刊载了南洋华社等候陈嘉庚考察归来报告祖国情况的报道。同年,该报特别关注陈嘉庚回到中国永久定居。之后在报道陈六使创办南洋大学时,《南洋商报》提到了陈嘉庚对陈六使的支持。陈嘉庚将自己创办厦门大学的经验传授给陈六使,希望他不要急于求成。这一年是《南洋商报》对陈嘉庚报道的分水岭,当陈嘉庚回到中国定居之后,《南洋商报》对他的关注度急剧下降。1951 年,刊载了一篇陈嘉庚建设厦大的新闻。④ 1955 年,《南洋商报》刊载了有关陈嘉庚报告海外侨胞中国第一个五年计划⑤和视察广东等地的报道。⑥ 文章说明了陈嘉庚视察各地侨务工作和一些工业发展情况。此后,直到陈嘉庚去世,《南洋商报》刊载了 8 篇关于追悼会的情况,是来自香港通讯社转载法新社的新闻。⑦ 1963 年,在一篇关于马共的文章中,提到了陈嘉庚。新加坡建国初期,陈嘉庚的议题在《南洋商报》上消失了。

---

① 《各社团联电总统 否认陈嘉庚电文》,《南洋商报》,1946 年 9 月 21 日。
② 《海外国大代表温菊朋等电斥陈嘉庚》,《南洋商报》,1946 年 10 月 21 日。
③ 《厦大集美校友会 9 月 21 日举行校友代表联席会议》,《南洋商报》,1946 年 9 月 25 日。
④ 《陈嘉庚为厦大修筑廿二座建筑物》,《南洋商报》,1951 年 9 月 16 日。
⑤ 《陈嘉庚告民代会中国五年计划鼓舞海外华侨》,《南洋商报》,1955 年 7 月 27 日。
⑥ 《民代及政协代表陈嘉庚等多人抵穗进行视察》,《南洋商报》,1955 年 11 月 9 日。
⑦ 《陈嘉庚灵柩运抵福建省》,《南洋商报》,1961 年 8 月 21 日。

　　20 世纪 70 年代,《南洋商报》开始恢复提及陈嘉庚。1970 年,《南洋商报》开始有刊载陈嘉庚奖学金、崇福女校和厦门集美校友聚会的新闻。1972 年,陈六使逝世。虽然陈六使被褫夺公民权,但因他对新加坡华文教育和华人争取公民权的不朽功勋,华社对他的逝世哀悼隆重。《南洋商报》在刊登陈六使逝世消息时,也提到了他生前追随者陈嘉庚。陈嘉庚奖学金、陈嘉庚所办学校、报纸的周年庆以及华社会馆动向的相关报道几乎每年都有(除 1972 年)。1979 年,华侨中学 60 周年校庆,同年《南侨回忆录》再版。1981 年是陈嘉庚逝世 20 周年,是年 2 月,《南洋商报》刊载法新社转载新华社的消息,厦门华侨博物馆重开,标题说明博物馆“陈嘉庚 1958 年创立·记载海外华人历史”①。同年 4 月,《南洋商报》刊载陈嘉庚奖学金信托委员会征求陈嘉庚文物的启事。②《星洲日报》也刊载了该启事,放在广告栏目中,并且有陆续跟进,说明“陈嘉庚奖学金信托委员会陆续收到有关陈氏生前珍贵资料,征集文物获得了新马人士热烈反应”③。1982 年,陈嘉庚奖学金信托委员会扩展为陈嘉庚基金会。在陈嘉庚基金会成立的报道中,说明陈嘉庚基金除了继续颁发大专奖学金之外,更重要的是“荣誉奖金”给予对国家社会有杰出贡献的人作为一种鼓励;另外这份奖金也授予学术上或专业方面有优越成就的人士,以进行研究工作,“日后为国家作出一番贡献”。④ 陈嘉庚基金从原本支持教育,特别是华文教育和华社学校的奖学金,扩大到“为国家社会作出贡献”的层面。在报纸撤并前最后一篇相关新闻是陈共存接任中华总商会会长。

3. 马来西亚《南洋商报》的陈嘉庚纪念报道

　　马来西亚的《南洋商报》和《星州晚报》则持续出版,在马来西亚当地是重要的华文媒介。马来西亚陈嘉庚基金会成立后,与华文媒介合作良好。华文报纸也会定期刊登基金会的活动,如陈嘉庚精神奖的申请和颁奖活动、陈嘉庚常识比赛和陈嘉庚青少年发明奖等。⑤ 并随着中马两国合作共建厦门大学马来西亚分校,当地华文媒介对陈嘉庚的关注程度也在上升。⑥ 随着“一带一

---

　　① 《陈嘉庚 1958 年创立·记载海外华人历史　厦门华侨博物馆重开》,《南洋商报》,1981 年 2 月 20 日。

　　② 《陈嘉庚奖学金信托委员会　征求陈嘉庚文物》,《南洋商报》,1981 年 4 月 7 日。

　　③ 《征集陈嘉庚文物资料获得新马人士热烈反应》,《星洲日报》,1981 年 10 月 3 日。

　　④ 《陈嘉庚奖学金信托委员会扩展为陈嘉庚基金》,《南洋商报》,1982 年 9 月 1 日。

　　⑤ 《中学生陈嘉庚常识赛　兴华中学夺冠》,《南洋商报》,2018 年 7 月 16 日。

　　⑥ 《陈嘉庚与厦门大学》,《南洋商报》,2016 年 12 月 25 日。

路"倡议的开展,马来西亚和中国之间的交流项目,也在《南洋商报》刊出消息,诸如陈嘉庚奖学金申请①、《南洋商报》员工前往集美学习嘉庚事迹等。② 马新两国在陈嘉庚精神传播的合作,也成为马来西亚《南洋商报》的议题,比如新山举办的陈嘉庚李光前特展③、陈君宝呼吁马新合拍电视剧《陈嘉庚》。④

　　《南洋商报》在新加坡报业史上有重要的历史地位,特别是作为华文商业报纸和宣传抗日活动的舆论阵地。《南洋商报》本身的创办历史,就是和陈嘉庚相关的重要的媒介记忆。比起重组后的《联合早报》,《南洋商报》记载了陈嘉庚生前在南洋和中国的活动及言论,以及抗战时期新加坡的时局变化,具有史料库的存储作用。《南洋商报》刊载的陈嘉庚所签署的南侨总会筹赈捐款记录,也已经是珍贵的文献档案。昨日之新闻成为今日之历史,昨日的办报史又变成了今日的新闻,媒介记忆就在这样的历史路径中形成。

(二)《联合早报》

1. 华文教育衰落下诞生的《联合早报》

　　《联合早报》由新加坡报业控股出版,属新加坡主要华文综合性日报,前身是 1923 年创刊的《南洋商报》和 1929 年创刊的《星洲日报》;新加坡政府在推动英文为教学媒介语言之后,以华文报纸"读者减少、华语水平急剧滑坡"为由,于 1983 年促成两报合并,合并后共同出版《南洋·星洲联合早报》,简称《联合早报》。该报把华人作为目标读者群,除新加坡发行之外,也在中国内地、香港地区和文莱等地少量发行,在中国内地是唯一获准在中国大城市发行的海外华文报纸,其观点一直受到中国的重视。《联合早报》对华社保持了高度的关注,在华文教育等问题上都倾向受华文教育者的立场。2008 年,李显龙在《联合早报》85 周年庆祝晚宴上致辞,认为《联合早报》"在讲英语的环境里维持华文的生机",保留了华人的母语文化和传统价值观,"为中国和亚洲读者提供了一个了解新加坡的管道"。⑤ 他还提倡新加坡的学校在教授华语的

---

　　① 《中国厦门陈嘉庚奖学金供集美大学大马生申请》,马来西亚《南洋商报》,2018 年 3 月 11 日。

　　② 《走进集美 遇见陈嘉庚》,马来西亚《南洋商报》,2016 年 10 月 21 日。

　　③ 《首移新山 黄惠康见证嘉庚精神走进南马》,马来西亚《南洋商报》,2017 年 11 月 22 日

　　④ 《陈君宝呼吁马新陈嘉庚基金合作陈嘉庚事迹拍成电视剧》,马来西亚《南洋商报》,2018 年 3 月 1 日。

　　⑤ 《李显龙在〈联合早报〉85 周年报庆晚宴上的演讲》,新加坡国家档案馆,2008 年 9 月 6 日。

时候将早报的新闻报道作为辅助教材。官方将华文教育、华文报纸和对外宣传结合在一起，显示了早报对受众的传播效果和作用。

2.《联合早报》中的陈嘉庚议题

《联合早报》继承《南洋商报》和《星洲日报》的传统，对华社新闻极为关注，同时关注中新关系。该报配合政府部门、华社团体，刊载华文教育、文化传播和先贤历史议题，特别是延续《南洋商报》华文报纸对陈嘉庚相关议题给予长期关照。自 1983 年成立开始，《联合早报》就开始刊登陈嘉庚的历史研究和陈嘉庚基金会的各项活动。当年 1 月，《联合早报》刊发澳大利亚华人历史学家杨进发的研究内容《十九世纪新华闽帮帮领之一》，系统研究了陈嘉庚之父陈杞柏的形象，阐释他对陈嘉庚事业发展的影响。《联合早报》之后又刊登杨进发博士《翠兰亭时期的怡和轩俱乐部》。《联合早报》刊载陈嘉庚历史研究的成果，以学术研究的严谨性，来表明陈嘉庚历史贡献和地位的可靠性，也让受众立刻进入陈嘉庚故事的历史情境。

《联合早报》在 1983 年以"都是为了教育——华中三功臣陈嘉庚、李光前、陈共存"为题，叙述三位先贤为华中创办发展立下的汗马功劳。特别强调陈嘉庚创办华中、带头捐款的历史，倡议创办中学"有鉴于南洋缺乏中等学府，华侨自读修毕小学，即失去升学机会，陈先生于是挺身而出，发起创办中学。几经辛苦奔波，终于赢得新马 16 间小学校董的支持，联合创办这间专供南洋 600 万华侨子弟升学的华侨中学"。[①] 依据 1918 年 6 月 15 日征信录登载，陈嘉庚首先慨捐 322 万叻币，作为倡导。其他各侨领踊跃捐款，共筹款 494000 余叻币。华中武吉知马的校址，也是陈嘉庚于 1920 年初倡议买下的。陈嘉庚是华中的创校功臣，没有他可说也就没有华中。1985 年，《联合早报》刊发福建会馆为教育先贤塑像的消息，详述了为陈嘉庚、李光前和陈六使塑像的缘由，这三位对新加坡教育、社会有过极大贡献，塑像以纪念他们的伟大贡献，并激励后辈追随三位先贤的精神，以他们为模范，对国家社会作出积极贡献。[②]

3. 陈嘉庚记忆的转折点

1985 年，李光耀访问中国，其中一站是厦门。《联合早报》在李光耀访华结束后采访了他。李光耀在访谈中提及了他在厦门集美学村："厦门大学由陈

---

① 《都是为了教育——华中三功臣陈嘉庚、李光前、陈共存》，《联合早报》，1983 年 8 月 30 日。
② 《陈嘉庚、李光前、陈六使三位先贤铜像竖立》，《联合早报》，1985 年 10 月 21 日。

嘉庚和很多支持者所建的。这些人很多是从厦门离开到东南亚与新加坡。”
"老一辈的人还有感情上的联系,他们愿意帮助自己的故乡。他们知道自己的
命运适合新加坡系在一起的,但是他们心里总要帮忙中国的亲戚""在中国出
生的和在新加坡出生的人有很大的区别""年轻一辈的新加坡投资者,他们也
许听过陈嘉庚,他们也许问我谁是陈嘉庚,以为我认识他。我说,他就是一个
做树胶生意赚了大钱的人,但都捐出来为下一代兴办教育。他们问,就是这
样?我说,是很多啊。"①李光耀的话说明了厦门地方政府很期望来自新加坡
的投资,尤其是来自海外华商的投资。李光耀在访谈中所表达的,不仅仅是中
新之间的商业投资合作关系,也说明了他对陈嘉庚的身份定位以及当时新加
坡社会,特别是年轻人对陈嘉庚的好奇,话语中包含了对新加坡华人身份认同
的代际差异。李光耀肯定了陈嘉庚作为教育慈善家和商业大亨对新加坡经济
和社会的贡献。但是他没有提及陈嘉庚对新加坡社会的其他贡献。新加坡的
年轻人对陈嘉庚的认知很模糊,但充满好奇。李光耀的态度也反映了新加坡
官方对陈嘉庚历史贡献的肯定,也是新加坡官方和民间共同纪念陈嘉庚的
开端。

　　是年,华社领袖黄奕欢逝世,李光耀亲临致哀,赞扬他是华人社会的一位
好领袖。《联合早报》刊载了华社领袖黄奕欢的口述史,黄奕欢是陈嘉庚忠实
的追随者。报道回顾了陈嘉庚与他在 1945 年在黄河水灾筹赈会上相识的过
往:"以主席身份的陈嘉庚,大声疾呼同胞慷慨捐赠。黄奕欢起立表示支持陈
嘉庚。会后,陈嘉庚问其籍贯和姓名,邀请黄奕欢到怡和轩会谈用餐。"②文章
还回忆了陈嘉庚在返回中国前与黄奕欢商谈为日据时期死难者收集遗骨和设
立纪念碑,以及向日本追讨血债的经过。1967 年,死难者纪念碑的建成,是黄
奕欢承陈嘉庚委托而四处奔波的成果。黄奕欢眼中的陈嘉庚是"中国近代的
文天祥",对教育和政治的贡献,在东南亚华人中前无古人后无来者。黄奕欢
曾在陈嘉庚追悼会上,报告了陈嘉庚的生平事迹,并书挽联"生为人杰,死作神
明。义薄云天,名垂宇宙"。《联合早报》还刊载了李光前的纪念文章,叙述了
李光前与陈嘉庚的相遇传奇及二者互相扶持的经历。胡愈之在新加坡的回忆
文章也同时刊载。1986 年,《联合早报》刊登了一则马来西亚华教领袖林连玉
早年到怡和轩拜望校主陈嘉庚的过往。林连玉当时向陈嘉庚解释马来半岛的

---

① 《李总理结束访华返国》,《联合早报》,1985 年 9 月 26 日。
② 《黄奕欢先生与陈嘉庚先生》,《联合早报》,1985 年 11 月 4 日。

战局,奉劝校主赶紧撤离。① 1987 年,《联合早报》刊登了教育家、文学家潘受与陈嘉庚的忘年交,还有企业家周子敬被陈嘉庚"改名"的趣事;1988 年,华侨领袖庄西泉逝世,《联合早报》记述了他追随陈嘉庚的往事。

1985 年,《联合早报》刊出社论,号召富商设立文化基金,提出热心公益事业,资助教育机构,是本地工商业家的优良传统,"华族先贤如陈嘉庚、陈六使、李光前等,在这方面给后人树立了光辉的榜样"。媒体认为传统价值观受到了冲击,先辈的热心教育的精神也会逐渐消失。华社精英开始号召传统的知识分子"先天下之忧而忧"的社会责任心和家国情怀,他们认同陈嘉庚的民族主义和爱国思想适用于现阶段的新加坡社会。1988 年,《联合早报》刊登了著名学者王赓武在新加坡论述"有关陈嘉庚的一些历史反省",把学界研究成果的影响力延伸到社会中去。《联合早报》还采访过杨振宁、李远哲、颜清湟、杨进发等著名学者关于陈嘉庚精神的看法和纪念陈嘉庚的必要性等问题。学者从历史、政治、社会、经济等各个角度的解读,更有专业性和说服力。杨振宁在1987 年接受访谈时说:"陈嘉庚了解当时中国的情况,深深地了解到 19 世纪,中国受到西方和日本的侵略和欺凌所造成的民族创伤。我想这造成他对教育事业的重视,从教育来挽救民族和国家的灾难。他深处殖民地社会,希望中国能很快复苏。我觉得这是他的爱国主义思想所使然。这些活动跟中国传统有密切关系,对于治国者来说,从中国的传统来看,需要有一批具有教养的学者来协助治国之事。"②这也是杨振宁联合国际知名学者创立陈嘉庚国际学会的原因。

《联合早报》延续了《南洋商报》报道陈嘉庚纪念活动和华校校庆的传统。实际上自 1987 年起,"华校"已经步入了历史记忆,在政府的教育政策改革下传统"华校"被终结,转型为全部以英语教育为教学媒介用语,华文变成一门单独的母语课程,而不再用于其他课程内容的传授。但是由于这些学校的历史渊源,因此,《联合早报》这样的华文媒体会非常关注这些学校的校庆纪念和校史追忆。华中每年的校庆报道都并不曾落下。尤其是到了诸如 80 周年、90周年大庆时,会刊出多篇报道,比如 1987 年,陈嘉庚铜像在华中 70 周年的万人宴时落成揭幕;1997 年,华中创校 80 周年,学校话剧社出演《屈原》以宣扬

---

① 《追念林连玉老师》,《联合早报》,1986 年 1 月 8 日。
② 《潘国驹访杨振宁谈陈嘉庚、东方传统及科技》,1987 年 2 月 22 日。

爱国主义精神,并传承华族文化精神。[①] 校庆典礼的报道上也总会配上倡办人陈嘉庚以及李光前的照片。校庆时校友会向陈嘉庚基金捐款也是经常会出现在报端的新闻。除了华中之外,陈嘉庚创办的南侨中学、南侨女中、南侨示范、福建会馆下属五所小学,以及在中国创办的厦门大学和集美学校的校庆活动,也会被《联合早报》所关注。尤其是在中新建交之后,厦门大学 70 周年、80周年、85 周年、90 周年、95 周年的校庆纪念活动,均被《联合早报》所关注。

从 1999 年 1 月到 2018 年 12 月,《联合早报》与陈嘉庚有关的共 1004 篇文章。其中,2004 年、2011 年、2013 年、2015 年最多。这几个年份是陈嘉庚诞辰纪念、逝世纪念、辛亥革命纪念、新加坡国庆的重点纪念年份。从议题类型来分,政治新闻 297 篇;社论 88 篇;艺术新闻 81 篇;教育新闻 61 篇;评论 61篇;读者来信 30 篇,封面故事 29 篇;人物 25 篇;商业新闻 24 篇。可见,对陈嘉庚的报道议题主要关乎于政治舆论引导和评述。从地区上看,与新加坡相关的 797 篇,亚洲 206 篇,东南亚 206 篇,中国 97 篇(其中福建 28 篇),马来西亚 27 篇。[②] 地区分类可以看出,对陈嘉庚的报道以本土视角为主,而因陈嘉庚的历史贡献等与中国和东南亚其他国家相关,因此不少文章也是以亚洲和中国视角来看待,作为陈嘉庚家乡的福建省的新闻,也会由外派到中国的通讯员传送回来。《联合早报》对中国的关注,也正是《南洋商报》的历史渊源在当下再续前缘所致。[③]

4. 21 世纪《联合早报》中的陈嘉庚记忆

进入 21 世纪,中新之间的友好关系和经济、文化等多方面的交流日益拓宽。随着中新两国互动频繁,新加坡华人对曾经的文化母国也增加了好奇心,如何认识中国文化,并以中国文化来参照华社自身的文化。如何确立自身的文化认同和母族文化之间的关系,也是《联合早报》这样有着众多华文作者和读者,对华社和政府决策有着重要的影响力的华文媒介所注重的方向。时任新加坡外长的杨荣文在谈论中新关系时,强调两国关系处在历史最高点,两国历史上双边关系受到邻国观感、新加坡国家认同建构的因素影响。在中国改革开放后,新加坡一年迎来了 400 多个来自中国的考察"取经"团。而中国的

---

① 《庆祝创校 80 周年活动展开华中三月举行万人宴重演历史剧〈屈原〉》,《联合早报》,1997 年 3月 21 日。

② 以上数据来源于新加坡国家图书管理局数据库大数据统计结果。

③ 《85 周年〈联合早报〉的前世今生》,《联合早报》,2008 年 9 月 6 日。

崛起,也为新加坡树立了一个参考和学习的对象。在这种国际形势中,《联合早报》对中国有了更多的关注,对于两国之间具文化、历史共同记忆点的陈嘉庚、南侨机工等人物和事件也有了更多的回溯。

　　从 2008 年起,陈嘉庚纪念获得了政府总理的肯定和赞誉之后,《联合早报》对陈嘉庚及相关的纪念活动报道加大了报道量。2008 年是陈嘉庚纪念报道的一个高峰,集中在对陈嘉庚和李光前展览的报道。此展览历时五个月,持续到 2008 年年底,展出了 100 多照片和 60 多件文物。这次展览也是新加坡国家图书馆和厦门图书馆的合作,同时展出了南侨总会捐款收据和徽章,以及李光前的讲话稿等文物。展览叙事是为了讨论两位先贤在企业精神、教育、文化和政治认同所扮演的角色。2008 年 7 月 19 日,李显龙总理亲临展览开幕致辞,给了华社极大的信心,《联合早报》反复引用李总理的讲话:“先贤诚实、勤奋、做得到的精神,为新加坡奠下了可贵的稳固的基础。”①媒体把这次活动视为官方释放的信号,“李总理赞扬陈嘉庚,这是一个给我们留下深刻印象的大动作”②。陈嘉庚记忆可以成为显在议题,陈嘉庚精神被纳入了为国家意识建构的重要精神来源,因为李总理在讲话中建议本地华社更多参与公益事业,推动华族文化,呼吁会馆支持重要的文教活动,激发学生对华族文化和语文的兴趣和动力。③《联合早报》刊出一篇《苦等了五十年的重视》,感慨“上世纪七八十年代……人们避免公开议论拥护‘红色中国’的陈嘉庚”,终于在新加坡获得了重视。④ 这次展览,将李光前和陈嘉庚的事迹联展,一方面是二者的历史行踪总是重叠和交叉的,更重要的是因为李光前作为华人本地认同的典型代表,将他和认同中国的陈嘉庚放在一起展览,巧妙地解决了陈嘉庚议题历史敏感性,又达到了带入陈嘉庚叙事的目的。媒体甚至欢呼:“让我们欢迎陈嘉庚回到新加坡吧!”⑤《联合早报》除了对展览的细节呈现和李显龙的讲话再三仔细描绘和解读之外,刊登了华社的很多“呼吁”,比如呼吁政府应该赞助纪念陈嘉庚的先贤馆,华社和政府合力纪念先贤;呼吁纪念陈六使和南大精神;呼吁为华社保存历史弘扬文化。为配合展览,《联合早报》还做了一系列的历史回顾,如陈嘉庚办教育、办报和改革、领导华社的历史功绩。这一年怡和轩举行

---

① 《先驱人物离我们并不遥远》,《联合早报》,2008 年 7 月 21 日。
② 《更开放、更和谐的新加坡》,《联合早报》,2008 年 8 月 2 日。
③ 《华人社团的使命》,《联合早报》,2008 年 12 月 9 日。
④ 《苦等了五十年的重视》,《联合早报》,2009 年 1 月 11 日。
⑤ 《新加坡的陈嘉庚》,《联合早报》,2008 年 7 月 25 日。

三大庆典,庆祝活动和怡和轩的发展历史也是当年的重要议题,和国家图书馆的陈嘉庚展览相呼应。这一年还是《联合早报》85周年纪念,以陈嘉庚所创办《南洋早报》为起始年份。同年还举行了华校校史展。华校的历史记忆、《南洋商报》的历史记忆和怡和轩的历史记忆,都是陈嘉庚记忆的重要组成部分和关联历史。

2009年则掀起了南侨机工的记忆高潮。2012年,新加坡国家博物馆增加了二战展览,从个人角度阐释二战对新加坡的影响四个展览主题中,有一个是南侨机工张天赐。2009—2013年,《联合早报》刊登了有关南侨机工的历史记忆、口述史和纪念活动。2011年辛亥革命百年纪念,与之相关的晚晴园革命记忆也被《联合早报》反复回溯。晚晴园中又矗立了南侨机工雕塑,革命记忆和抗日记忆顺利联结在一起,而在两种历史记忆中,都有陈嘉庚的身影。这些媒介记忆中包含了陈嘉庚历史贡献的回溯和他革命精神、抗战精神的阐释。这些媒介记忆的叙述中,将南侨机工的事迹和精神纳入新加坡本地史和本地华族精神之中。新加坡之前出于政治敏感鲜有提起的星华义勇军和大检证的历史记忆也被挖掘出来,华社要替这些"沉没记忆"讨一个舆论公道。《联合早报》也积极呼吁引导官方和民间对这些历史的重视。

近年来,《联合早报》则重点关注了华族文化遗产、历史遗产的保护和继承问题,呼吁继承华商乐善好施的传统,重拾伟人高贵精神。尤其是伴随新加坡开埠200年纪念,关于"爱国"、关于新加坡历史建构的话题也不断出现在报纸上。历史记忆对于建国时间短暂的新加坡来说,是重要的认同塑造的精神支柱。《联合早报》也配合这种国家意识的需要,挖掘更多更细微的历史细节,以更多元、开阔、理性的回顾和视角,重新论述和书写相关政治人物,将那些逐渐被允许重新塑造为英雄和榜样的人物,不断书写、叙述和阐释,显示跨时代的人从心理上实现政治和解,唤醒媒体和民众的记忆。

5.《联合早报》中的先贤精神的舆论引导

《联合早报》擅用社论(言论头版)来点评历史人物,将历史与当下的社会情境和社会风气相连,倡导发挥历史先贤的精神来解决现实问题。在这个版块中,可以看到华社对纪念先贤的呼吁、召唤先贤记忆的舆论引导。自1985年起,发扬陈嘉庚精神的社论就开始出现。这些文章的写作者有华社的精英,也有《联合早报》的言论版《站长的话》,也体现了政府对唤回传统价值和先贤精神的一种肯定和需求。从1999年到2018年,与陈嘉庚相关的社论有88篇。

　　2008 年,《联合早报》多次刊登《站长的话》,呼吁新加坡人去参观"一代先贤:陈嘉庚与李光前事迹展"。"站长"认为:"以毁家兴学的大慈善家、大教育家、大企业家,本地先贤陈嘉庚,虽从小受中国传统教育,但是他的思想也有西方人文精神的影子。福特关于慈善事业的主张,和陈嘉庚所主张的给穷人面包,不如教他们如何生产,大同小异。"举办陈嘉庚纪念展览,"这类有关先贤的展览,意义重大,既具有历史意义,也具有教育意义。中小学校和宗乡团体确实不应错过这一堂难得一见的历史课,让年轻一代认识我们重要的先驱人物,也感染他们'取诸社会,用诸社会'的精神"①。在展览进行时,"站长"还回忆小时候就读福建会馆下属崇福小学时,学校纪念陈嘉庚的活动,校长召开特别大会,举行画像悬挂仪式,并介绍了他的生平。到福建采访,也总会游览陈嘉庚纪念馆,加深了对陈嘉庚的了解。而新加坡的年轻人,也能通过电视剧去了解陈嘉庚了。"站长"呼吁官方举办陈六使展览,电视剧和网站应该介绍陈六使,却未受到舆论认可。从这个"站长"的第一人称叙述来看,《联合早报》言论板块的主持人也是华社知识分子,希望恢复历史本来面貌,抛开政治龃龉,纪念华社先贤。由此可见,《联合早报》的立场除了维护国家意识之外,也在努力维系华族文化传承和历史记忆。2012 年起《站长的话》开始强调华社会馆的文化传承功能,强调历史传统和先贤精神对社会的作用,给宗乡会馆在当下社会的转型做舆论铺垫。

　　《联合早报》的言论版,多次强调历史传统对任何国家社会都是宝贵的无形资产。在面对危机时,可以作为汲取经验教训的精神源泉。每一代人都有属于需要解决的问题,据此面对民族国家的历史,作出时代需要的解读。"历史"并非一成不变,不同的时代会作出修正。新加坡历史短浅,有文字记载的就几百年。"先贤精神"作为一个新的概念,反映了这个时代的需要。"国人意识到了社会出了问题,本能地从过去的经验里寻找解药。作为一种精神资源,陈嘉庚、李光前、陈六使等先贤的事迹,无疑具有巨大的感召力。先贤精神本身具备了什么特质,这个概念的出现说明社会出了什么问题,解答这些问题,有助于国人进一步认识自己的历史传统,用来解释今天的疑惑。"②

　　《联合早报》近年来的社论和言论版将先贤精神和公民教育紧密联系在一

----

① 《站长的话》,《联合早报》,2008 年 8 月 8 日。
② 《站长的话》,《联合早报》,2012 年 12 月 3 日。

起,意在说明先贤记忆对树立国家认同和建构国家意识的时代意义[①],认为回顾先贤记忆是时代感召。结合中小学公民教育的内容更新,如爱同小学的公民教育课本纳入陈嘉庚的故事;以及回顾陈六使和南大精神,在舆论引导上,是导向国家认同的。华社先贤的精神被编织到国家所需要的公民教育中,这也是陈嘉庚为代表的先贤精神的时代影响力,即在国人进一步借助先贤记忆认识自己的历史传统这个过程中,建构对国家历史的认同感和作为公民的自豪感。

《联合早报》通过社论的方式在呼吁全社会,不仅仅是华社,关注南侨机工和星华义勇军[②③]。新加坡在近些年掀起了重视历史的高潮,晚晴园开放、南侨机工纪念、辛亥革命百年纪念,说明新加坡已经明显提高了对先驱人物的认同感,普及年轻一代对历史人物的认知,是政府和华社责无旁贷的,也是合情合理的。社论强调,只有对过去的漫长道路备加珍惜,国人才不至于成为没有灵魂的民族。星华义勇军勇于牺牲、无私奉献的高贵品格,正是培养新加坡人爱国主义情操的精神来源。

在国家意识和国家认同经历了60多年建构后已经巩固,但新加坡华人的文化认同、文化自信问题又出现了危机,这个议题在媒体平台上多次进行讨论。2018年,《联合早报》与《海峡时报》两位记者在报纸上以互相致信的方式讨论不同语言群体的华族,如何看待"母语教育""中国的崛起"和"华人特权"。这样跨语言、跨媒介平台的讨论,可见文化认同对华族自信的重要程度。这场讨论引起华人对母语教育被淡化的思考、对文化式微的反省,以及对身份认同的疑虑和反思。这正是说明了先贤记忆纳入历史教育,对华人解决自身认同危机的必要性和重要性。

《联合早报》是新加坡报道陈嘉庚议题最丰富、最密集的报刊。20世纪80年代的《联合早报》,集中刊载历史人物记忆,串联起陈嘉庚的历史形象、历史贡献。报道官方和民间社团以及个人对陈嘉庚的回忆和评价,回溯陈嘉庚为新加坡作出的历史贡献,也体现了新加坡官方恢复陈嘉庚记忆的动向。这个时期新加坡经济发展迅速,社会价值观也随着代际更迭有了变化,传统价值观受到冷落。政府需要重新唤起回馈社会、支持教育的慈善精神。同时,应对削

---

①　《先贤精神不失其时代意义》,《联合早报》,2012年10月30日。

②　《从南侨机工想到了星华义勇军》,《联合早报》,2018年8月18日。

③　《星华义勇军英雄还要等多久》,《联合早报》,2013年3月30日。

弱华族母语教育所导致的文化认同危机，以及面对中国崛起的文化自信问题，希望政府能够高度重视，在国家意识之外，还需要文化认同来促进族群认同，才能真正达到作为新加坡立国之本的"族群平等和谐"的原则。作为新加坡及海外华文媒介中最有影响力的《联合早报》，建构华社先贤的媒介记忆责无旁贷。

（三）《海峡时报》

1. 作为历史记录者的《海峡时报》

《海峡时报》于 1845 年 7 月创刊，是新加坡唯一宽版英文报。日据时期，海峡时报改称为《昭南时报》(*The Shonan Times*)《和昭南新闻》(*The Syonan Shimbun*)，1945 年 9 月新加坡恢复英国殖民统治后复名。《海峡时报》在新加坡独立之前一直保持对英国和殖民政府的效忠。总体来说，《海峡时报》保持着与官方一致的立场。在文化上，则倾向于受英文教育者。由于新加坡推行英文为工作语言和教学语言，《海峡时报》的受众超过华文报纸。《海峡时报》作为在新加坡出版时间最长的一份报纸，比较完整记录了陈嘉庚在新加坡的活动和贡献，包括他的企业和商业活动、文教慈善事业、社团改革、领导抗日，以及个人行踪和家庭情况等，也能从中看出殖民政府对陈嘉庚的态度和评价的变化。

《海峡时报》在 1910 年就开始关注陈嘉庚，主要是关注陈嘉庚的商业活动。例如陈嘉庚公司的企业行为和货运记录。陈嘉庚的商业活动的兴衰一直受到《海峡时报》的追踪，也可以看出殖民政府对其经济行为的重视。1921 年 1 月 12 日，《海峡时报》以"橡胶业的未来"为题详细描述了陈嘉庚公司的橡胶制造业。橡胶业是当时新马地区的支柱产业。1926 年，该报称呼陈嘉庚为"实业先锋(industry pioneer)"[1]，呼吁本地需要更多的"陈嘉庚"。[2] 在经济危机之前，陈嘉庚被认为是新加坡本地"财富的同义词"。[3] 之后，陈嘉庚公司遭遇的几次大火，以及商业诉讼和最后的清盘，都被详细报道。

从 1916 年开始，《海峡时报》报道的各种教育和慈善捐款中，就可以看到陈嘉庚(Tan Kah Kee)捐款的详细数额，例如 1916 年安德鲁斯学校，陈嘉庚

---

[1]　Captain of the industry，*The Straits Times*，1926.2.24.

[2]　Mainly about Malayans，*The Straits Times*，1932.8.28.

[3]　Create the history：the victory of the patriotic and scholar，*The Straits Times*，1930.1.2.

捐款 100 叻币①;1919 年,陈嘉庚为圣安德鲁妇女儿童医院捐款 5000 叻币②。1922 年,《海峡时报》以"前进的中国"为题报道了陈嘉庚创办厦门大学的举动,认为陈氏的行为,是为了促成中国的进步。③ 同年 12 月,《海峡时报》报道了陈嘉庚在集美开办幼儿园的新闻。1929 年,《海峡时报》报道了陈嘉庚参加一场慈善活动,写道:"他会因人类进步而慷慨无私而在本地历史上留下青名。人们看到他很欣慰,极其仰慕他的爱国心。"这篇文章也同时肯定了陈嘉庚因热心慈善、无私捐助,他在新加坡本地的地位上升,受到了人们的拥戴。同时,这是《海峡时报》首次赞誉陈嘉庚的爱国精神,这之后,该报在关于陈嘉庚的报道中有十几次提到了"爱国",语境虽然随着时局变化略有不同,但是对这种爱国精神上保持了高度的肯定。

自 1917 年,陈嘉庚成为天津水灾筹赈会主席开始,《海峡时报》就对陈嘉庚的社会活动开始详细报道。1918 年,陈嘉庚被总督选为太平绅士。④ 之后陈嘉庚入选华人咨询委员会,报纸特别报道了总督两次参访陈嘉庚公司的新闻。当时新加坡总督金文泰对华社管制很严,但十分关注陈嘉庚的商业发展和动向,肯定陈嘉庚作为华社领袖的地位。《海峡时报》对陈嘉庚的企业经营情况追踪报道,并分析原因,还曾经认为当时的南京政府可能会对陈嘉庚的经营危机出手援救。⑤ 国民政府授予陈嘉庚二等采玉勋章,奖励他对教育事业的慷慨捐赠,《海峡时报》认为这份嘉奖命令,是对陈嘉庚公共精神的最高褒扬。

20 世纪 30 年代,陈嘉庚的公司遭遇经济危机,最终清盘。但这一时期,是他个人声望急速上升的时期,一方面因为他陷入商业困顿仍然坚持对教育事业的付出,比如对新加坡开设第一间幼儿园的资助⑥;另一方面随着日军侵入中国,战事升级,陈嘉庚号召华人志愿国内抗日,在新马华人中获得了空前的威望。1930 年 1 月 2 日,《海峡时报》刊登了关于陈嘉庚的两篇文章。一篇以"厦大背后的支持者"为题,描述他创办厦大的功绩。另一篇是对陈嘉庚做的一次深度访谈,以"创造历史:爱国者和教育家的胜利"⑦为题的长篇报道。

---

① St. Andrew's SCHOOL,*The Straits Times*,1916.1.28.

② St. Andrew's Hospital for Women and Children. ,*The Straits Times*,1919.6.2.

③ Progressive China, *The Straits Times*, 1922.4.13.

④ Social and Personal,*The Straits Times*,1918.11.21.

⑤ Mr. Chen Kung-Po and Tan Kah Kee's, *The Straits Times*,1934.5.10.

⑥ The Man Behind Amoy University, *The Straits Times*, 1930.1.2.

⑦ Create the history: the victory of the patriotic and scholar, *The Straits Times*, 1930.1.2

这次访谈的缘由是陈嘉庚在新加坡的声名鹊起，"在过去十五年，陈嘉庚的名字'如流星般'升起"。记者看到的陈嘉庚是矮瘦虚弱的一位老人，因为行走不便而拄拐杖。作者十分肯定陈嘉庚教育救国的理念，认为他是一位"预言家"，并希望当时的中国能有 20 年的和平，来实现陈嘉庚努力的成果。文章详细回顾了陈嘉庚在集美办学的缘由和困难，以及邀请林文庆主持厦大的经过。文章在最后还呼吁华人支持厦大，强调厦大教学的英文环境推动学生思维方式的转变。该报认为，厦大的五座现代化教学大楼是对陈嘉庚慷慨奉献的纪念方式。[①] 可见当时英文报纸所持的立场也是支持华人对故乡教育事业的回馈和支持。陈嘉庚办厦大的举动在新加坡社会也得到了广泛的赞誉，其中重要因素就是厦大为海外华人子弟提供了接受高等教育的机会，这些学生毕业后也会回到南洋继续为新马社会服务。

Mr. Tan Kah Kee Addresses 10.000

Mr. Tan Kah Kee, chairman of the Singapore China Relief Fund Committee, addressed 10,000 at a mass meeting at the Happy World yesterday when the assembly pledged themselves not to buy Japanese goods.
—Straits Times picture.

图 5.1　《海峡时报》拍摄的著名历史照片：《陈嘉庚宣布捐款一万元》，1939 年 5 月 2 日

① Former glories of Amoy, *The Straits Times*, 1932.9.11.

自 1931 年起,《海峡时报》对陈嘉庚领导华人支援中国抗战的活动做了持续的报道。1932 年 4 月,该报长篇报道"山东筹赈会"中刊登了陈嘉庚当选主席后的演讲英文翻译稿、筹赈会的捐款数额,以及抵制日货运动的成效。1939年,南侨总会成立,陈嘉庚任主席,《海峡时报》刊登了一张经典的照片,陈嘉庚在南侨总会成立大会上发表演讲,背后是孙中山像和"天下为公"的横幅。[①]报道详细记录了陈嘉庚讨汪电报的现场情况。[②] 1940 年,《海峡时报》全程报道了陈嘉庚率领的南侨回国慰问团的活动以及陈嘉庚发表的演说。这些报道是《南洋商报》的通讯翻译稿,可见殖民政府对陈嘉庚动向的高度关注。《海峡时报》强调了陈嘉庚在演说中对海峡殖民政府给予南侨总会同情的感谢[③],殖民政府也认可陈嘉庚作为"新加坡华人领袖"的地位。

《海峡时报》对陈嘉庚领导的抗日筹赈活动有跟踪报道。比如义卖活动,特别是卖花筹赈,为七七事变中国商铺集体休业,以及各项捐款、抵制日货活动。在著名的电报案的报道中,《海峡时报》写道:"陈嘉庚先生认为整个中华民族全心支持最高指令,有信心在两年内获得胜利。"是年 8 月,该报刊登了国际联盟满洲委员会主席回复陈嘉庚的信,告之联盟会敦促英国政府保证东京协议的执行。在 9 月,还刊登了陈嘉庚号召马来亚华人支持英国对德宣战,理由是"像之前支持中国一样,陈先生相信德国就像日本一样最后会被打败"。从这些报道中可以看出陈嘉庚希望新马地区和中国一样获得二战的最终胜利,也可见海峡殖民政府与陈嘉庚在当时互相支持。在对南侨回国慰问团的报道中,记录了陈嘉庚的口述内容,"我感谢新加坡总督唤我去他的办公室,祝福我们此次行程。海峡殖民政府在许多场合表示了对南侨总会工作的同情,不仅褒扬我们对祖国高度的爱国主义,也包括对殖民政府法律的严格遵守。新加坡华人不遗余力支持南侨总会,相信胜利的曙光就在眼前。"1948 年,战后的世界政治局势发生变化。《海峡时报》在 1948 年,《海峡时报》刊登了一篇《华人抗议伦敦》的文章,指出"战时新加坡华人抗日动员会主席陈嘉庚强烈抗议白思华报告书对华人不利的描述,控诉英国政府在战前遏制所有的反日活动,政府严格限制华人汇款给中国援助抗战,禁止南侨总会的活动,驱逐抗日

---

① China fight for freedom,*The Straits Times*,1937.7.11.
② No Meditation in China, *The Straits Times*,1937.7.15.
③ Sympathy for China's course. *The Straits Times*, 1939.5.3.

领袖,造成了前线的羸弱"。① 该报道证实了陈嘉庚对海峡殖民政府阻挠中国抗日的愤怒。海峡殖民政府对新马地区华人支持中国抗战的态度的变化,是对"华人沙文主义"的警惕,以及掩盖自身抵抗不力致使得华人惨遭屠戮。

在《海峡时报》的媒介记忆中,陈嘉庚如何从 20 世纪初开始商业振兴,并通过参加各类慈善活动逐渐成为华社引人注目的大头家。殖民政府对他开始关注,并与之交好,与之合作管理华社。海峡时报对陈嘉庚的报道基于殖民政府立场,但对陈嘉庚的报道正面居多,保持客观,也有些许的观望和好奇的态度。不同于华文报纸的强烈清晰的情绪,《海峡时报》这份英文主流报纸,在行文上偏重事件记录,但也是较早对陈嘉庚做了专访的报纸。《海峡时报》还与华文报纸合作,转译华文报纸的通讯文章。陈嘉庚对新马地区教育事业的各项捐助,《海峡时报》都有详细的报道。《海峡时报》对陈嘉庚支持英校、给予赞助的报道,成为陈嘉庚对双语教育支持的重要证据,也是反驳陈嘉庚是华文沙文主义者的重要依据。

20 世纪 40 年代末至 50 年代初,《海峡时报》关注了陈嘉庚往返于中国和南洋地区之间的动态,也依然用"新加坡橡胶大王"和"新加坡华人领袖"以及"新加坡的陈嘉庚先生"来称呼陈嘉庚。1950 年,报纸刊出一篇陈嘉庚对海外的讲话,透露出新中国希望与除日本、德国之外的国家建立友好关系。这篇英文报道也是也起了传声筒作用,让西方世界知道了中国的外交方向。② 此时的《海峡时报》文章显示了海峡殖民地区对陈嘉庚的看法,认为他是出于对国民党的失望,而非支持马克思主义。③ 1950 年 3 月之后,当陈嘉庚向杜鲁门发电报谴责美国支持中国内战后,《海峡时报》的报道口吻开始改变。报纸开始批评陈嘉庚的政治立场,从谴责陈嘉庚"污蔑我们的美国朋友",描述陈嘉庚"有着强烈的左翼同情","在红军接管中国时转向共产主义",对陈嘉庚的称谓换成了"马来亚的华商和中国共产党政府成员""前新加坡百万富翁""前马来亚橡胶大王",以显示陈嘉庚身份的变化。1955 年东南亚的反殖民运动和马共的崛起,《海峡时报》开始宣扬新加坡会受到中共的控制,并认为年轻人加入马共是受到了陈嘉庚等华人富商的影响。

1956 年,《海峡时报》报道了陈嘉庚号召海外华侨回祖国建设新中国。相

---

①　Chinese protest London,*The Straits Times*,1948.3.5.

②　Tan Kah Kee Talks about Red China,*The Straits Times*,1950.2.14.

③　On the Margin,*The Straits Times*,1950.2.25.

对应的,是宣传"回到马来亚运动"。报道声称"人们对陈嘉庚的号召置若罔闻,他的子女拒绝了他的建议。没有一位企业家回到红色中国。回去中国的都是低收入人群"。① 自此,陈嘉庚就成为海峡殖民政府的对立面。这之后直到他去世前,《海峡时报》只有一篇关于他生病住院的报道"一位新加坡华人前往中国看望了陈嘉庚"这篇文章,较为详细介绍了他的生平。

2. 陈嘉庚逝世后的报道和议题

1961 年,《海峡时报》对陈嘉庚的逝世的报道中,称呼他是"从贫穷者变为东南亚金融帝国的独裁沙皇,以及一千万海外华人的领袖"。报道说陈嘉庚是中国通向百万海外华人的思想和财富的主要管道,他号召海外华人回到祖国。《海峡时报》也详细报道了在中国举行的陈嘉庚追悼仪式和在新加坡举行的悼念大会,并刊登了记者在新加坡羽毛球场(追悼会会场)的现场照片。② 之后关于陈嘉庚的报道只有零星内容,大部分关于陈嘉庚奖学金的颁布情况。在1964 年,报道了一次"命名争议",当时的中华总商会新大楼要以陈嘉庚命名,遭到了部分读者的反对。《海峡时报》刊登了一封署名为"忠诚的公民"的读者来信,信中写道:"陈嘉庚在马来西亚被记住是华族沙文主义的代表和中国共产党政权的强力支持者。"以陈嘉庚命名,"在这要建立一个团结的民族的时期,这个建议是不可取的"。中华总商会最后仍坚持以"嘉庚堂"命名新大楼,并且否决了命名为"东姑堂"③的提议。当时的新加坡尚未脱离马来亚。"民族团结"的建立,是基于当时的马来亚国家认同建构需求。一年后,新加坡宣布独立建国,脱离马来亚。历史前进的脚步证明了"嘉庚堂"存在的合理性。

20 世纪 80 年代初,陈嘉庚基金会、福建会馆等纪念陈嘉庚的活动,《海峡时报》也有报道,只是篇幅较短,感情色感比较淡,只进行基于客观事实的消息报道。比如对福建会馆的报道,列数了会馆历届主席。英文报纸虽然对华社关注不多,但并没有完全忽略。福建会馆新主席黄祖耀上任之时,接受了《海峡时报》的采访,表示会馆要保持先贤的无私精神。而无私回馈社会的精神也是当时新加坡政府大力宣传的议题。但从报道篇幅和内容来看,《海峡时报》也逐渐摒弃了早先的偏见,恢复了正面褒扬的媒介立场,但是报道的角度和

---

① They Want to Come Back, *The Straits Times*, 1956.7.5.

② Millionaires at meeting, *The Straits Times*, 1961.9.11.

③ "东姑"是指东姑阿都拉开曼,马来亚联邦第一首相,马来亚第一任首相,被认为是"马来西亚国父"。

SOME of the Singapore millionaires who attended the Tan Kah Kee memorial meeting in Singapore yesterday. Fourth and fifth from left are Mr. Yeo Chan Boon and Mr. Tan Lark Sye.——Straits Times picture.

图 5.2　《海峡时报》刊登的陈嘉庚悼念大会现场照片。1961 年 9 月 11 日

50 年代之前有了明显的差异性。1983 年,《海峡时报》在报道圣淘沙为 19 位先贤设立展览时,简要地提到了陈嘉庚的名字,以"橡胶大王"称呼陈嘉庚。报道以"新加坡首批英雄"为题,褒扬了这些历史人物为新加坡作出的贡献,肯定了他们为建设新加坡的作用,"他们都对塑造我们的岛国有帮助"。[①] 1984 年是陈嘉庚诞辰 110 周年纪念。新加坡华社出版了与陈嘉庚相关的文集、图册和回忆录。本地媒体也开始把目光重新聚焦在陈嘉庚,英文报纸也没有例外。《海峡时报》以"中国的富裕儿子"为题,形容陈嘉庚为"中国期望的移民典范",叙述了陈嘉庚支持家乡教育的历史贡献,"他 1900 年从厦门到海外,在 1961 年逝世之前,送家乡足够的资金支持一所大学和中小学"。此文以陈嘉庚为切入点,实际上是报道了中国在改革开放后的侨务政策,即号召海外华侨华人为中国的经济复苏提供资金、人才、技术等多方面的支持:"中国政府估计,2000 万华人在海外生活。这些华人,即使几代之前就离开了中国,仍然被中国领导层认为是资本和技术专家的潜在资源,并希望能借此驱动国家的现代化。为了欢迎这样的子孙,中国扩大了友好的范围,从美国的科学家、富裕的商人,到

---

① Singapore's first heroes, *The Straits Times*, 1983.11.6.

印度尼西亚庄园工作的难民。"①中国改革开放后的侨务政策,对海外华侨华人是有巨大吸引力的,也在一定程度上增强了他们的民族认同和文化认同。诸如《海峡时报》那样的英文媒体,对中国事务开始增加关注度,报道篇幅也在不断增加。

1984—1988 年,是陈嘉庚回忆的高潮期。此时期是陈嘉庚、李光前、陈六使等诸位华社先贤重要的诞辰纪念,也是新加坡唤起先贤记忆的高潮时期。1984 年 3 月,陈嘉庚侄子陈共存当选中华总商会主席之后,《海峡时报》刊登了专访,记录了陈共存的口述史,特别是提到了新加坡沦陷时期日本人搜查逮捕与陈嘉庚有关联的人。同年,陈嘉庚的回忆录在新加坡发行,报道称这是"已故新加坡大亨陈嘉庚的私人生活首次公开披露"。②《海峡时报》刊载了两篇陈嘉庚之子陈国庆的口述史,他回忆了父亲生前"斯巴达式"的简朴生活方式和不留财产给子孙的家训。③ 紧接着,《海峡时报》刊登了一篇《带你去记忆之巷》一文。该文作者前往陈嘉庚故乡厦门集美,置身记忆空间,回忆《海峡时报》曾经对陈嘉庚的专访:"我还记得 1950 年,海峡时报在怡和轩,采访陈嘉庚的时候,国庆坐在他父亲身边。"④作者在同期刊登的另一篇姊妹文中回忆自身经历:"在此之前很久,我经常听到陈嘉庚作为华社中最伟大的领导者……1948—1952 年,我和许多华人结交,他们在中国出生,并在集美学校读书,这些学校都是陈嘉庚创办和资助的。那时候,他们中很多人在这当老师。"这样的回忆把三十多年的媒介记忆前后串联起来,更易唤起该报读者的历史记忆。随着这类口述史和回忆文章的刊载,陈嘉庚的整体形象开始在新加坡媒体议题和内容中恢复清晰。特别是随着澳大利亚华人杨进发博士的英文著作《华人传奇领袖陈嘉庚》面世,英文媒介详细叙述了陈嘉庚的故事,直接引用英文著作原文,不必再由华文翻译,更易让英文受众理解。文章以"华人爱国者"称呼陈嘉庚,⑤站在新加坡本地视角看待陈嘉庚,明确提出陈嘉庚的精神是一种以"事业、教育、社会改革和政治鼓动推进社会政治环境的先驱精神(pioneer spirit)"。⑥ 1988 年,《海峡时报》报道了中国纪录片导演为寻找陈嘉庚纪录片

---

① China's wealthy 'sons, *The Straits Times*, 1984.1.31.

② Private life of Tan Kah Kee, *The Straits Times*, 1984.11.20.

③ A day in the life of a rubber tycoon, *The Straits Times*, 1984.11.20.

④ T. F. Hwang takes you down Memory Lane, *The Straits Times*, 1984.11.24.

⑤ Tan Kah Kee: A Chinese Patriot, *The Straits Times*, 1987.12.22.

⑥ A rich legacy shared, *The Straits Times*, 1986.11.2.

素材,在新加坡采访新加坡口述史部门的员工以及陈嘉庚同时代的人。报道记录了陈立周导演在新加坡探寻陈嘉庚的海外记忆之后的观点:"他无疑是一个伟人,但是有缺点""陈嘉庚,在他的时代是最大的橡胶生产制造商。因为对教育的贡献,被视为民间英雄""电影必须抓到人们喜欢他的精神,以及为什么他们帮助新加坡发展"①。《海峡时报》的这篇报道,佐证了陈嘉庚精神海内外传播的联结。

20 世纪 90 年代,《海峡时报》依然遵循惯例刊登陈嘉庚基金会举办的各项活动,包括奖教金的颁发、历史文化讲座及学术会议等,例如 1996 年南洋大学陈嘉庚教授基金的成立、1997 年加州大学伯克利分校化学楼命名为陈嘉庚楼等报道。

进入 21 世纪,《海峡时报》对中国的关注更为细致多面。2001 年,多篇报道集中关注了厦门大学成立 80 周年。报道称陈嘉庚为"新加坡慈善家",他的贡献遍布厦门,"这个福建港口城市的居民正在唱着陈先生的赞歌"②。2003 年,《海峡时报》推介了一本关于马来西亚华人历史的书,其中包括创业企业家陈嘉庚,陈六使、李光前等华社先贤,③这本书是由新加坡住建部部长向公众推介的。2008 年,《海峡时报》报道了怡和轩三大庆,陈嘉庚基金会先贤馆成立以及新加坡图书馆举办的"承前启后 继往开来:陈嘉庚与李光前事迹展",报道说"陈嘉庚和李光前取得了成功,同时回馈社会,华中、福建会馆、国家图书馆和华侨银行都是由于他们的远见和慷慨而蓬勃发展的机构之一"。④

2011 年新加坡副总理尚达曼的访谈报道指出必须在全社会提倡奉献精神,建立起对慈善事业和回馈社会的积极态度。其中提到了陈嘉庚,"一位中国出生的先贤",有着坚持不懈的慈善精神,这种奉献精神必须在新加坡社会提升、传承和繁荣。⑤ 他认为宣传先贤精神,不仅仅是政府的职责,也需要公众的参与,才能够让这个包容的社会保持活力。⑥ 陈嘉庚所创办或倡办的学校,每逢校庆,纪念文章中也都会追忆陈嘉庚曾经的大力支持。比如华侨中学

---

① A movie about pioneer Tan Kah Kee? *The Straits Times*, 1988.10.12.
② Tan Kah Kee's legacy lives on in China, *The Straits Times*, 2001.4.2.
③ Book on History of Chinese Released, *The Straits Times*, 2003.9.6.
④ Show celebrates spirit, legacy of 2 pioneers, *The Straits Times*, 2008.7.17.
⑤ Keeping Selfish Spirit of forefathers' alive, *The Straits Times*, 2011.1.21.
⑥ Learn from past philanthropists for inclusive society, *The Straits Times*, 2012.10.29.

每年校庆、爱同学校百年校庆、道南学校校庆等。① 2012 年,1200 名校友庆祝爱同学校百年校庆,校长在庆祝会上回忆了陈嘉庚在 1920 年挽救爱同学校于濒临关校之际,并在 20 世纪 30 年代一直支持爱同学校。华社对二战的历史贡献也在报章上回忆。《二战死难者纪念碑》一文中,叙述了中华总商会收集死难者遗骨的过程。日据时期死难者大多数是华人,因为华人在陈嘉庚领导的南侨总会号召下捐款支持中国抗日运动,遭到日军报复。

3. 有关陈嘉庚纪念的专栏讨论——命名讨论和先贤口述史

《海峡时报》从 2011 年 1 月 17—21 日,刊登了五天专栏讨论地铁蓝线 (Downtown Line) 紧邻华侨中学一站命名为陈嘉庚站是否合适。这场大讨论自站名的民意调查结果出来后,持续一段时间。持正反观点的读者在专栏上抛出自己的观点,有针对性地反驳对方立场。支持者认为,第一,陈嘉庚站紧邻新加坡华侨中学武吉知马校区。这所中学是陈嘉庚所倡办,该校址也是陈嘉庚所捐献。无论是陈嘉庚还是华中都在新加坡的教育史上有着无可辩驳的影响力。陈嘉庚对新加坡教育事业的贡献与影响力超过 90 年,除了华中,他还捐资支持了许多学校。② 而华中则为新加坡培养了成千上万的优秀人才,武吉知马校区也见证了新加坡的历史,例如 1941 年新加坡沦陷、20 世纪五六十年代的新加坡学潮。③ 官方的决定是基于陈嘉庚对教育事业的贡献,并且还要在这个地铁站的空间举办一场关于陈嘉庚事迹的小型展览,来教导公众,加强社会共识。第二,从地理位置上来看,陈嘉庚站距离华中钟楼前的陈嘉庚铜像位置很近,符合新加坡一贯以来以交通站附近的建筑物命名的习惯。④且从殖民时代开始,新加坡就有以著名人士命名的先例。陈嘉庚作为一个有远见的先贤,他的名字有资格被用于建筑物命名。而反对者则认为,第一,陈嘉庚这个名字在当下的新加坡对很多人来说很陌生,并不知道这个名字背后的故事;第二,站名命名要考虑便捷性,陈嘉庚这个名字会让乘坐地铁蓝线的乘客不清楚该站所在位置;⑤第三,有些读者认为地铁站所在区域的学校不止华侨中学一所,有影响力的历史名人不止陈嘉庚,如果用陈嘉庚命名,会对其

① 1200 alumni celebrate Ai Tong's 100th year, *The Straits Times*, 2012.8.18.
② Tan Kah Kee it is and Should Be, *The Straits Times*, 2011.1.19.
③ Local Pioneers deserve due recognition, *The Straits Times*, 2011.1.21.
④ Why Station deserves to be named Tan Kah Kee, *The Straits Times*, 2011.1.19.
⑤ Naming Station after People Will Open Floodgates. *The Straits Times*, 2011.1.21.

他学校和机构不公平。这场命名大讨论针锋相对，并没有改变命名的结果。但是从中可以看出新加坡社会，尤其是受英文教育的读者及有英文报纸阅读习惯的读者，如何看待陈嘉庚，有哪些历史与文化上的不同观念碰撞。双方都有一个共识，就是除了与陈嘉庚事业密切相关的学校、社团，比如华中的学生，对陈嘉庚比较熟知，从社会整体来说，当下的新加坡社会了解陈嘉庚的并不多。有人认为难以培养人们对陈嘉庚的欣赏，但有的人认为正因为如此，才需要以地名标记的方式，为先贤精神的传播设置一个空间纪念地。有人主张以英国殖民者的名字命名，则遭到了强烈反驳，认为新加坡人需要庆祝自身的历史和文化遗产，而不是把自己的历史让位给其他主权国家，比如说庆祝英国王室的加冕仪式。他们主张本国人需要通过本地先贤的命名空间来了解有意义的历史，熟悉人物背后的故事。在这场媒体大争论里，可以看出，新加坡社会对历史和人物的看法各异，缘于认同感的不同，以及对历史了解程度的区别。记忆的不同使得认同产生不同的偏向。管窥一豹，可见社会认知和记忆的差异。而关于命名事件的大讨论，也成为陈嘉庚记忆中重要组成部分。

2013 年起，新加坡口述史部门在海峡时报上开辟了专栏，讲述先贤系列故事。陈嘉庚、李光前、林文庆和陈六使等人的故事悉数上报。2013 年 9 月，《海峡时报》以"教育之冠"为题撰写关于陈嘉庚的口述史报道。在这部关于新加坡先驱者的系列文章的第一部分中，作者追溯了慈善家陈嘉庚的生活，说："他在 17 岁时抵达新加坡，没有一分钱。"[1]紧接着，又刊登了李光前的故事："新加坡先驱李光前创立了企业和学校，并支持文化，慈善和公共组织。他是一位千万富翁，永远不会忘记穷人。虽然他很富有，但是人们很敬仰李光前，因为他从未炫耀过他的财富。"[2]这两篇报道都是基于新加坡口述史部门所采集的访谈资料，都是以平民成长为商业巨头的角度来描述两位先贤。作者并非华人，在一些事实描述上还是有出入。实际上陈嘉庚作为父亲的产业继承人来到新加坡时，并不是身无分文。陈嘉庚在商业上的成名是来源于父亲去世后替父还债的义举。

《海峡时报》作为新加坡存在时间最长、读者面最广的英文报纸，从西方殖民者到新加坡建国后的官方视角，记录了陈嘉庚自商业成功后的人生经历，是新加坡报道陈嘉庚最久的报刊，也可以说是世界上报道陈嘉庚年代跨度最久

---

[1]　A champion of education，*The Straits Times*，2013.9.17.

[2]　The rubber king's legacy，*The Straits Times*，2013.9.17.

的报纸。无论是陈嘉庚的商业、慈善事业的动向,还是陈嘉庚领到抗日、考察中国,以及回中国建设社会主义,都给予了完整的跟踪报道。即便是不能获取一手资料,也会通过转载华文媒介和外国通讯的方式进行报道。这说明新加坡官方和社会一直在关注陈嘉庚。20世纪50年代,陈嘉庚回中国,基于当时的中国及国际政治形势,陈嘉庚成为海峡殖民政府眼中的红色符号,《海峡时报》对他的报道存有负面偏向。在陈嘉庚逝世后的20年间,该报对陈嘉庚追忆的报道几乎没有,但仍然追踪了陈嘉庚基金会的活动。随着中国改革开放,中国经济飞速发展,中新建交,《海峡时报》中的陈嘉庚记忆开始复苏,并逐渐活跃。陈嘉庚重新成为媒体眼中的"新加坡华人领袖",配合官方到民间的陈嘉庚纪念活动,《海峡时报》也呈现了丰富生动的陈嘉庚记忆,包括各种口述史和纪念报道,以及相关的舆论话题。这是以英文为工作和教育语言的新加坡,在全社会恢复陈嘉庚记忆的最直观证明。

第二节　华文期刊《怡和世纪》的记忆、文化与认同议题

(一)《怡和世纪》议题变迁

《怡和世纪》是怡和轩的华文会刊,也是新加坡华社华人知识分子和社会精英关注社会发展,分析国际局势和探讨文化传承等的观点平台。《怡和世纪》是怡和轩俱乐部出资创办的华文刊物,本是记录本俱乐部主要活动的内部期刊,尔后扩展为公开发行的期刊,以公开征文和约稿的方式,向本地和国际学者、社会活动家、历史参与者和时事评论员征集稿件,并向新马社会发行。

《怡和世纪》的议题中,出现频率较高的是历史、社会与文化。讨论的核心命题是语言、历史、文化与认同之间的关系。先贤记忆、母语教育、中华文化,三者之间是勾连的,也是新加坡华人社会群体需要直面的三个方面,关乎于华人群体的文化认同和精神支柱。先贤记忆不仅仅是陈嘉庚、陈六使,还有地方会馆的创始人以及华文教育、华文报业的兴办者,例如连瀛洲、薛中华、薛佛记等等。这些先贤为新加坡早期的发展作出了巨大贡献,而如今在华语社会中都渐渐被遗忘。华语教育是《怡和世纪》的重要议题。语言在新加坡是个敏感话题,在历史中与政治问题缠斗。华文作为华族的母语,对先贤记忆的唤醒和

传播甚为重要,而语言与记忆又塑造了一个群体的文化认同。见表 5-1。

表 5.1　怡和世纪的主要议题

领域	主要内容	核心议题	焦点	文章标题
历史与社会	华社历史与发展	先贤记忆	陈嘉庚	《嘉庚精神:半个世纪的反思》
			陈六使	《缅怀陈六使之旅》
		华社发展	怡和轩	《山东筹赈会与怡和轩的转型》
			华社交流	《会馆社团与新加坡社会》
		移民问题	移民与认同	《归根、生根、失根、无根:现当代的中华移民及其后裔》
	东南亚历史	抗战史(及日占时期)	南侨机工	《南侨机工回国抗战纪实》
			"大检证"	《为了那消失的记忆:从死难人民纪念碑列为国家古迹谈起》
		新加坡建国史	新马分家	《解密新加坡出走马来西亚》
			建国一代	《建国一代感言》
文化与教育	华文教育	母语教育	华文与方言	《母语与智慧、人文精神之关系》
				《新加坡政府对待方言的态度》
		华校	南洋大学	《乘长风义举共兴学:1953—1955 年南洋大学募款笔记》
			教科书	《华校教科书百年沧桑》
	华族(中华)文化	华语文学	新马文学	《"在新马华"与新华文学》
		中华艺术	戏曲、音乐	《传承南音的艰巨使命》
政治与经济	新加坡政治经济形势	新加坡大选	新加坡国家意识和国家认同	《绘制新加坡拉:想象与真实》
				《身份认同,国人任重》
		商界	华人企业家	《父子同心 打造餐饮王国》
	国际政治经济局势	国际关系	中新关系	《"一带一路"与华文教育》
			新马关系	《大马政治风云》

资料来源:作者统计,《怡和世纪》第 8-36 期。第 1-7 期资料遗失。

关于先贤的回忆文章是《怡和世纪》的特色。怡和轩作为一个社交平台,积极参与文化建设,特别是传播先贤的故事,发扬先贤的精神。而《怡和世纪》承担了媒体平台的传播责任。《怡和世纪》第 12 期社论《宏观思维看华社》,指出先贤为一个多元社会播下了多元民族文化的种子,扶持它、发扬它为一个现代新加坡的基础。在先贤记忆传播内容方面,主要是回忆怡和轩的历任主席和华社的其他领袖人物：陈嘉庚、陈六使、高德根、薛中华、黄奕欢、伍连德、楚图南。还有华文教育的一些开拓者，比如余佩皋、黄典娴。《怡和世纪》的总编林清如先生表示，先贤的是我们敬仰的亲人，我们有责任维护他们崇高的形象。这些先贤和陈嘉庚及他的各项事业都有或多或少的联系，其中不少是他坚定的追随者和支持者。追忆中华总商会前主席黄奕欢的文章中，回忆了他作为小坡区代表，带头支持陈嘉庚的募捐号召，从此投身南侨总会，成为陈嘉庚领导的抗日救亡运动的得力助手。他们把抗日救亡动员仪式延伸到新马各地，深入到村镇街道，影响深远，收效巨大。学者杨进发认为，黄奕欢是陈嘉庚至死不渝的追随者和战友。林清如则回忆了1963年，高德根和孙炳炎领导中华总商会挺身而出，收拾日据时期蒙难者遗骨，为死难者建立纪念碑，完成了陈嘉庚1950年离开新加坡前对黄奕欢所说的心愿。[①] 对先贤的回忆是以史为鉴，可知兴替。不同于其他注重于文献考察的历史研究，《怡和世纪》在先贤历史的叙述上大多是采用回忆、口述史的方式，过往的细节更为生动，也为文献记录补充了更细致的资料。精神典范的塑造是为了母语教育、平等意识和爱国意识等的传承。

华文教育的历史和时代变化。《华文教科书百年沧桑》中指出，华文教育随着时代变化，转化成了对"母语"的讨论，包括了华语和方言。2005年，新加坡开展"讲话与运动"。时任新加坡总理李显龙在"讲华语运动"开幕式上致辞："如果我们只使用英语，导致母语失去它该有的定位，我们将逐渐流失价值观和文化遗产。社会本质将退化，最终人民会失去信心。我们会觉得自己像二等公民，永远都在模仿他人。"[②]《怡和世纪》刊载了《母语与智慧、人文精神之关系》《华文华族文化生命顽强》《从备忘录谈语系》《方言回潮，是耶？非耶？》，集中讨论华文教育的沉浮和重要性，呼吁华社配合政府全面培养幼儿对母语的热爱。在《怡和世纪》刊登的华文书籍颁奖会致辞中，怡和轩主席表示新加坡自独立来推行双语教育，以期为母语文化扎根。华文程度式微，提倡华文教育被认为是华文沙文主义，而提议免修母语者则被认为数典忘祖。华社则以保护母语为己任，适度推动，寻找平衡点。这些文章和言论可见华文教育在新加坡的敏感性。

---

① 林清如：《为了那消逝的记忆》，《怡和世纪》，2013年，第20期，第4-8页。
② 《狮城华语热：新加坡开展"讲华语 COOL！"运动》，人民网，2005年11月22日
http://world.people.com.cn/GB/1031/3878314.html 。

　　发扬华族文化是《怡和世纪》另一个重要议题，也是先贤记忆和华文教育的最终目的。《怡和世纪》在社论中指出华社至高无上的使命是传承与发扬一个多元社会的文化与传统价值观。在《文化的十字路口》一文中，作者指出文化的繁荣离不开文化自觉，自觉确立自我身份认同，从而巩固民族文化的核心。在先贤纪念文章中，作者点明南洋大学的创立、发展和为保存自身而进行的斗争，都凸显了华人对民族文化的执着与坚守。无论是先贤精神还是母语教育，都被认为是文化遗产的组成部分。无论是《新春寄语》还是华文书籍奖颁奖词，都强调了中华文化的瑰丽多彩和传承文化事业的责任和使命，强调对文化的反思。① 文化认同是文化反思的关键。文化的软实力，是发展的硬道理。新加坡华社讨论华族原有的核心价值薪火相传的同时，如何在一个英语强势的环境里，与来自不同文化背景的价值观和精神实质融会贯通，这对华族文化传承是一个巨大的挑战，也会是成败的关键。② 华社如何在多元文化的环境中承传中华文化、传统价值和道德观，确立身份认同、巩固民族文化核心价值③是《怡和世纪》反复讨论的议题，也是华社面临的重要使命。

（二）爱国、兴学、革命：《怡和世纪》里的"陈嘉庚精神"

　　《怡和世纪》是新加坡华文刊物中最常提及陈嘉庚的。这与其创办者怡和轩俱乐部固然是直接关系，也是因为陈嘉庚精神与新加坡社会变迁有着紧密的关系，陈嘉庚记忆无疑是新马华人史、社会史和政治史的折射。《怡和世纪》也是保存陈嘉庚记忆、发扬陈嘉庚精神的重要媒介载体。陈嘉庚逝世50周年，《怡和世纪》开辟专栏讨论陈嘉庚精神。例如《陈嘉庚精神的时代意义》《寻找陈嘉庚的真精神》《陈嘉庚的人文精神》等。文章指出，爱国精神是以陈嘉庚为代表的华侨精神的核心。爱国是华侨天性，数百年如一日。近代史上每一桩危及中国存亡的事件，总有华侨先烈站在最前线。在《陈嘉庚的时代意义》一文中，作者认为"嘉庚精神"首要的就是"天下兴亡、匹夫有责"的爱国精神。

　　陈嘉庚精神在华社中算是"老调"，但不过时。它被认为是超越国界、普世、崇高和生生不息的理念，也是所有理想主义者的终极追求。④ 兴学的精神

---

① 《"五四运动的当代回响"研讨会》，《怡和会讯》，2009年，第9期，第5-6页。
② 《文化的反思》，《怡和世纪》，2011年，第13期，第12-13页。
③ 王如明：《文化的十字路口》，《怡和世纪》，2011年，第16期，第48页。
④ 《嘉庚精神 半世纪的反思》，《怡和世纪》，2011年，第16期，第14-15页。

和民族大义是紧密相连的。在《寻找陈嘉庚的真精神》一文里,作者认为民族教育家的伟大,在于其事业背后的所树立的精神人格典范。陈嘉庚的办学精神是新马华社文教事业的道德源泉。从陈六使到林连玉,当年的南洋大学创办和马来西亚华教的发展,扎根坚持,都是源于陈嘉庚精神典范,这是华文教育发展的源头活水。① 《怡和世纪》十八期的社论指出陈嘉庚身体力行办教育,强调教育面前人人平等,这也是当下新加坡教育需要的精神。在怡和轩成立 120 周年纪念文稿中,把怡和轩重视教育、弘扬文化的价值观归结为陈嘉庚倾家兴学创办华中、集美学校和厦门大学的精神延续。

《怡和世纪》所描绘的革命精神则包含了陈嘉庚改革华社,移风易俗,以及跟随孙中山的民主革命精神。《怡和世纪》刊载的文章指出陈嘉庚以资金积极支持孙中山的革命活动,可以说是华社民族主义觉醒的表率。② 而陈嘉庚外孙傅树介的一篇文章认为陈嘉庚印尼的流亡生活,更加强了他的革命的社会主义观点,他认为陈嘉庚具有社会主义革命的信念。③ 陈嘉庚精神还包括以时学行、革故鼎新的创新精神。陈嘉庚视野广阔,开明接受新事物,很重视科学的发展。④

(三)记忆挖掘和文化认同:《怡和世纪》的传播宗旨

《怡和世纪》作为华社自办刊物,不同于受到政府的直接管理的大众华文报刊(如《联合早报》《联合晚报》),有一定的议题自由度和灵活性。相较于大众报刊的议题多侧重于当下的经济政治局势,《怡和世纪》历史和文化的议题,是记忆打捞的重要媒介场域。"隐匿"在英文刊物里的人物和历史,在《怡和世纪》里成为了"显题"。

陈嘉庚记忆在新加坡华社以及新加坡甚至东南亚已经被重新"打捞",但另一位华社先贤陈六使在新加坡的官方记忆里,是一个至今还无法全面公开讲述的历史人物,他创办了南洋大学——新马地区第一所华文大学,为华人争取公民权。复杂的历史背景导致信息过滤,使得陈六使和南洋大学的历史记忆限制在华社议题中。而《怡和世纪》则不遗余力地挖掘相关的历史记忆,宣

---

① 安焕然:《寻找陈嘉庚的真精神》,《怡和世纪》,2015 年,第 25 期,第 87-89 页。

② 河洛郎:《何处是"祖家"? 从唐人到新加坡人:新加坡华人国家认同和身份认同的转变》,《怡和世纪》,2016 年,第 27 期,第 12-17 页。

③ 傅树介:《一位外孙笔下的陈嘉庚》,《怡和世纪》,2016 年,第 29 期。第 93-100 页。

④ 何奕凯:《陈嘉庚精神的时代意义》,《怡和世纪》,2013 年,第 20 期,第 99 页。

扬"南大精神"。因为没有这些记忆,新加坡建国史和华社发展、华文教育的叙述是无法连贯的,对华社、华文教育和母语问题来说,都是历史断层。

另一个重要的记忆主题是抗战史,尤其是南侨机工和日据时期"大检证"。南侨机工作为海外华侨报效祖国的重要历史,新加坡政府曾因此对华人有政治效忠上的怀疑,在历史书写上是隐匿的。《怡和世纪》在南侨机工口述史的记载上有突出的贡献。与抗战紧密关联的是日据时期"大检证"。日军侵占新加坡后,通过检证来进一步"肃清"抗日的华人及支援中国抗日的"爱国分子",这场大屠杀致数万死亡。对这段历史的记忆唤起和对死难者的纪念,都是华社领导下进行的。作为华社重要媒体的《怡和世纪》,刊载了这些活动的来龙去脉和进程(如《南侨机工——南洋华侨机工回国抗战纪实》《重温二战历史》)。《怡和世纪》还记录了口述史——《二战受害者访问回顾》。

再是有关南洋大学记忆的打捞。相关的文章既有历史回忆,也有纪念诗文,如:《乘长风义举共兴学:1953—1955年南洋大学募款笔记》《陈六使与南洋大学》《余佩皋与南洋大学》《诗话南洋大学》《本土纪录片〈我们唱着的歌〉观后感》等。南洋大学的历史对于新加坡来说是一段影响力极大、争议性极强的记忆。华社期刊试图在自身的传播阵地上,为南洋大学正名。这些文章的作者大多是曾经的南洋大学校友,对这所学校有着无比的深情。南洋大学是新加坡历史上唯一一所华文大学,本就对华文教育有着里程碑式的意义。被官方关闭的悲情历史,引发那一代学子的共鸣。文史工作者和南大校友,通过华社期刊来表达怀念,也为华文教育的发展奔走呼喊。

针对华社历史的记忆打捞包括对华社在历史上的发展以及为本族、本地甚至海内外作出的历史贡献从宏观到微观进行梳理。这样的努力试图告知国家、政府和社会:华社曾经的历史光辉,是不可动摇的,华社也将凭借这些令人动容的历史记忆、先贤故事,在整个社会立足,以昔日荣光照耀前路。华社曾经被政府挤压生存空间、剥夺社会功能的历史境遇促使当下的华社更要向大众证明自身存在的合理性,《怡和世纪》就担任了这个传播功能。

在记忆叙事的过程中,交织着历史记忆、国家意识与身份认同关系的讨论,如《地缘历史与身份建构》《一九六五断想》《绘制新加坡拉》《解密新加坡出走马来西亚》《建国一代感言》等文章。《怡和世纪》还特别设立一期专题《身份认同　国人任重》,讨论回顾新加坡建国50周年,新加坡华人国家认同与身份认同的转变。打捞记忆,传扬新加坡先驱人物事迹,唤起时代共同记忆,也是最终为了培养年轻人的国家意识和身份认同。诚如《没有过去的记忆 就没有未来——杨荣文访谈录》一文中所示,新加坡的殖民地历史和不同种族的移民融合的历史,使得新加坡华人的身份有着复杂的变迁和多重层次。华人从侨民变成本国公民,国家认同和政治认同变迁最明显。民族认同从大中华民族概念缩小到华人族群概念。讨论身份认同,尤其是在国家认同和族群认同、文化认同这三者关系的文章一直是热点议题。例如在陈六使逝世的纪念文章,作者表明南洋大学见证了新马华人从侨民社会转变为国家认同的曲折成长,也凸显了华人社会对民族文化的执着与坚守。在当代,新移民与老移民之间的观念、认同的区别,也是富有话题性。随着社会发展成熟,新加坡人的国民意识建立之后,各族群通过丰富历史与共同记忆,建立历史观,构建身份认同。在先辈的历史中,找到共同的精神力量以激励后人。①

文化认同,文化寻根,是华人作为文化族群的立身之本。华社期刊在文化群体中,以历史记忆打捞的方式来回溯前路,关注当下华社发展与华文教育、文化传播,以期保留本族文化,并获得政府、社会对于华社的关注和肯定。凝聚社群、传承文化、传播政治主张,启迪民智,是华文期刊的使命和宗旨,也是推动华社未来立足和发展的文化力量。

第三节　华文纪录片《星洲头家》中的视觉叙事

纪录片作为集真实性与视听艺术于一体的表达形式,成为大众媒介传播这一历史事件真相以及表达历史态度的重要方式。纪录片以其非虚构性的特点天然地成为人们了解历史的重要渠道,同时也建构着人们的历史记忆,成为一种记忆实践。《星洲头家》(*The Towkays*)是 2013 年新加坡新传媒推出的系列纪录片,是为了配合新加坡建国 50 周年之庆,以历史记忆的唤起来达到发展文化,凝聚新加坡本土文化厚度的目的。② 摄制组到马来西亚和中国潮汕地区、上海拍了六集和新加坡历史有关的华语纪录片,讲述了林文庆、林义顺和余东璇三位不同方言群体的华人领袖的故事。这部纪录片得到了新加坡媒介发展局的资助。历史纪录片配合不同时代观众接受传送内容的口味和手

---

① 谢燕燕:《地缘历史与身份建构》,《怡和世纪》2015 年,第 25 期,第 93-95 页。
② 李慧玲:《〈星洲头家〉身处的社会》,《联合早报》,2013 年 11 月 3 日。

法,重新包装,随着时间的推移,新的史料可能出现,丰富人物和事件本身,使得每隔一段时间重访历史更有必要和意义。如何借助新的技术呈现历史事实,把历史故事说得生动,以培养国民精神,是主政者的重要认识。

"星洲"指的是新加坡旧称,而"头家"(Towkay)本意是闽南话中对老板的称呼,指商人、企业家。《星洲头家》里面讲述的是新加坡早期的华商、大企业家,对新加坡社会作出的贡献和他们的历史发展。纪录片选取的华社领袖不是普通的"头家",他们既为殷商,亦有文化底蕴,风云际会,富有传奇色彩。新加坡一些街道、住宅区这些日常生活空间冠上他们的名字,但大多数新加坡人对他们并不了解。纪录片借助传媒力量展现先贤事迹,把先贤故事变成"视觉的历史",使平面的历史具体化。随着第一部在新加坡8频道的热播,《星洲头家》第二部《大时代里的头家》于2014年问世。在这一部当中,讲述了胡文虎、陈嘉庚和李光前三位先贤的事迹。

(一)记忆符号:时空与人物

1. 时空符号:新加坡与中国的斗转星移

《星洲头家2·陈嘉庚》展示了大量的历史影像和资料,拍摄场景主要在新加坡和厦门,镜头在两地间穿插,以连贯故事的叙述。这部纪录片拍摄得到了新加坡国家档案馆、新加坡中华总商会、新加坡福建会馆、怡和轩俱乐部、陈嘉庚基金、华侨中学、崇福学校、厦门市集美校友会、陈嘉庚纪念馆、厦门大学、厦门华侨博物馆、集美电视台的协助和支持,提供了许多史料和拍摄场景。华中、集美学校、厦大、天福宫(福建会馆旧址)、怡和轩、中华总商会,崇福学校、鳌园、陈嘉庚纪念馆、归来堂,这些有着陈嘉庚印记的空间场所在镜头里一一出现,黑白历史影像资料和影视化场景再现,再加上现在的风光旖旎的新加坡和厦门的风貌,交织出一幅历史发展的画卷,凸显陈嘉庚的历史贡献对当下的影响。影片用鲜明的色彩对比,黑白色调展现华人下南洋谋生和抗日的艰难历史,彩色画面展现当今深受陈嘉庚历史贡献恩泽下的现代化教育体系,彰显陈嘉庚精神泽被后世。

这部纪录片与陈嘉庚相关的空间场域,就是新加坡的"文化遗产",辅以历史背景的影视化再现和旁白,叙述造就陈嘉庚如此伟大生平的历史契机,以及他的精神品格对近现代的新马和中国的重大影响。中新场景不断地交互,正显示了陈嘉庚作为中新共同的历史记忆,是两国之间文化与历史交流的桥梁。

视觉符号的变化,交织历史与当下,表现时空的转场,从历史中走到当下,又从当下回溯到历史情境。

纪录片中在中国的取景,是陈嘉庚的家乡记忆空间。首先出现在镜头中的便是集美陈氏老家,旁白道:"他生命的最初和最终都是在集美度过的。在这方天地里,他和母亲、弟弟相依为命。"叙述陈嘉庚在家乡办学时,在中国的南方,特别是福建,陈嘉庚的名字几乎无人不知,无人不晓。他所创办的集美学村和厦门大学是跨越世纪的优秀学府。影片中,陈嘉庚由年轻至年老的形象在镜头前扫过,这些视觉材料是从集美的陈嘉庚纪念馆取材的,直观呈现了陈嘉庚从青年到暮年的精神面貌,陈嘉庚从清末男青年形象逐渐变为南洋商业大亨和革命支持者的样貌,再成为南洋侨领和新中国第一位归侨领袖,年岁渐长,但神情愈发坚定。

纪录片主要是以新加坡的视角观察陈嘉庚的一生,"陈嘉庚在新加坡居住了 60 年,也在这个小岛上蜕变成千万富翁,东南亚最有影响力的企业家和华侨领袖"。纪录片上集开篇镜头是新加坡华侨中学 95 周年校庆升旗仪式的场景,华中的陈嘉庚铜像即刻出现在镜头里。华侨中学武吉知马校区场景俯瞰角度显示这是东南亚最大的中学校园。华中 95 校庆场景多次出现,华中学生在陈嘉庚铜像前击鼓表演。在叙述陈嘉庚在新加坡办学的历史时,画面展现了新加坡的崇福女校学生合影照片,表明陈嘉庚的兴学之举遍及教育各阶段,也照顾到了女童就学和职业教育等。片中还拍摄了陈嘉庚后人的生活场景,在陈元凯的家里,放着父亲陈嘉庚的照片和离开新加坡之前的全家合影。这是陈氏后人家中纪念先人的直接呈现,表明了家族记忆和家族精神在新加坡得到了传承。当镜头中出现福建会馆和怡和轩的旧貌新颜时,讲述的是陈嘉庚改革华社会馆团体,领导海外华人全情支持国内抗战的丰功伟绩。

2. 口述史:人物形象的细描

纪录片采访了陈嘉庚的助手、秘书和后人,以及本地历史学者王赓武、柯木林和厦门学者陈毅明、陈呈等,配合亲属和研究者的叙述解说,把陈嘉庚的历史成就和品格特质用口述史的方式展现。陈嘉庚之子陈国庆(1993 年访谈资料)回忆陈嘉庚坚持办学的信念,当时陈嘉庚拖欠银行一千万叻币,导致公司清盘,"变卖大厦,维持厦大"。陈国庆说:"东南亚没有第二个这样的人,所有钱拿去办学,自己家人没有一分钱。"陈嘉庚孙子陈立人介绍祖父的信条:"但生意可以不做,学校不可不办。"陈立人回忆父亲收到爷爷需要汇款办学的信件是如何为难。陈嘉庚纪念馆馆长陈呈介绍了陈嘉庚回乡办学的原因是相信教育能改变命运。

随着南洋机工的历史照片的展示，陈嘉庚号召华人华侨支持抗战的功绩在片中由叙述者娓娓道来。怡和轩主席前林清如回忆自己的叔叔响应陈嘉庚的号召前去云南当南侨机工。林清如说，海外华人以中国为祖国，中国有难，家乡有难，亲人有难，海外华人认为响应号召义不容辞。陈嘉庚被推举为南侨总会主席，在 1938—1941 年号召东南亚八百万华人总共捐款 54 亿华币。历史学家王赓武教授阐释陈嘉庚当时号召力空前是因为殖民地华人在当时的政治身份是中国人，中国人强大和自己的利益分不开。陈嘉庚代表华人去交涉，他的身份地位是殖民政府和中国政府都承认的。陈元济回忆了陈嘉庚在新加坡沦陷之前，在友人协助下，去东爪哇避难的经过，以及在当地华人的掩护下脱险的故事。抗战结束后，陈嘉庚回到新加坡号召华人支持延安。澳大利亚学者杨进发解释了陈嘉庚为何倾向于支持延安，反对蒋介石的历史背景。王赓武教授谈到了陈嘉庚通电杜鲁门事件，当时大部分华人跟随陈嘉庚，通电风波引起华社哗然。与殖民政府决裂后，陈嘉庚离开新加坡前往协助建设新中国。陈元济回忆了陈嘉庚离开新加坡时，家人祝福他一路顺风的场景。陈嘉庚回国后的助手陈永定回忆他回到故乡的生活是如何简朴节俭。陈嘉庚生前秘书张琪华回忆陈国怀被父亲批评不该回乡看他的场景，而每逢清明陈嘉庚后人回故乡鳌园祭祖追思则应对了那个"回乡看望"故事。

除了《陈嘉庚》上下两集，在《星洲头家》第一部的《林文庆》和第二部的《李光前》里，都有提到陈嘉庚，因为这两位人物的历史命运和陈嘉庚是密不可分的。李光前因庄西泉介绍结识了陈嘉庚，这次碰面改变了李光前的命运。由于陈嘉庚的赏识，李光前得到了发展机会，也逐渐成长为星洲大头家，积极协助陈嘉庚的各项事业。林文庆则抛下自己的事业来到中国，旁白说林"被陈嘉庚打动，毅然前往中国担任厦门大学校长"。

这部纪录片片头曲中是以《南侨回忆录》手稿为背景。画卷慢慢展开，陈嘉庚的坐像后面是华侨中学的著名钟楼，手边是陈嘉庚创办的《南洋商报》和陈嘉庚橡胶厂的橡胶制品。这代表了他的三大功绩：华侨中学代表他为教育事业作出的贡献；橡胶鞋和《南洋商报》代表陈嘉庚在商业上的成就，其中《南洋商报》还代表了陈嘉庚对华文报业的贡献；而《南侨回忆录》是陈嘉庚在躲避战乱时所写的自传，代表了他在抗战时期的岁月，也是他人生成就中最高光的贡献,即号召华人华侨支援抗战。片尾展示一本写有陈嘉庚名字的画册并闪现陈嘉庚各个时期的照片,以陈嘉庚悼念大会上的照片作为结束。

(二)记忆叙事:历史与纪念

纪录片上下两集按照时间线索,分别侧重于陈嘉庚战前和战后的人生经历和社会贡献。纪录片开始叙述陈嘉庚"下南洋"的经历:"16 岁时,父亲写信叫他去南洋学做生意"。黑白画面里的一艘海上飘摇的小船,喻示陈嘉庚"一个少年郎,大风大浪的人生,就这样开始了"。她的孙女陈佩仪介绍祖父因此被称为"东南亚福特",是真正白手起家的企业家。影片以场景再现(搬演)的方式来演绎陈嘉庚在父亲米店里学习生意的过往。历史学者杨进发解说陈嘉庚如何因为黄梨业发家。画面转到新加坡河畔,新加坡河与陈嘉庚的发迹关系密切。克拉码头的橡胶厂房有过陈嘉庚旧时候的辉煌。陈嘉庚因橡胶业而发迹成为南洋树胶大王,一战后,陈嘉庚资产达到一千五百万叻币。

陈嘉庚的商业成就是他办学的经济基础。介绍完陈嘉庚的商业帝国曾经的辉煌之后,纪录片进入重点部分,即陈嘉庚的办学成就。画面转向了中国厦门的集美。随着龙舟池上的划龙舟的场景,旁白开始介绍陈嘉庚在故乡的兴学故事。镜头切换到华中武吉知马校区,影片开始叙述陈嘉庚在新加坡办学的历史贡献和原因。早期的英国统治者不愿负责华人教育,华人富商于是扛起了教育办学的责任。作为"福建头家"陈嘉庚在新加坡推动创办五所学校。厦门华侨历史学会副会长陈毅明解释当时创办中学是因为华人的小学生毕业了尚年幼找不到工作,陈嘉庚成为倡办华中的推手。镜头从华中武吉知马校区转到集美幼儿园,继续阐述陈嘉庚把集美从小渔村变成学村的历史。镜头再切到了厦大,叙述陈嘉庚邀请好友出任厦大校长,两位"星洲头家"合办厦大,为成就厦大而鞠躬尽瘁的故事。

《陈嘉庚》下集介绍陈嘉庚领导华社改革和号召抗日、回国建设新中国的历史,包括他领导新加坡福建会馆、怡和轩;支持中国抗日运动以及反对中国内战,支持延安和新中国建设。镜头中首先出现的是位于直落亚逸的天福宫福建会馆,这是华人帮派中实力最雄厚的宗乡会馆。陈嘉庚成为福建会馆主席后,立刻推行改革。陈嘉庚仿效孙中山移风易俗,提倡过元旦。画面切到了怡和轩,陈嘉庚曾把怡和轩做成社会运动的指挥部,而怡和轩作为历史之地,建立了先贤馆,保存和传播陈嘉庚领导抗战记忆。纪录片也叙述了陈嘉庚回国定居参与祖国建设。陈嘉庚在政协会议上的讲话影像再现，向新加坡的受众展现了陈嘉庚的真实声音，人物形象就离观众更近了一步。

纪录片同时呈现了从历史到当下，人们对陈嘉庚的纪念方式。陈嘉庚历史事件的叙事和人们的纪念活动是串联在一起叙事，非但不割裂叙事情境，还画外音叙述了华中鼎力支持地铁"陈嘉庚站"的命名故事。华中师生创作了一幅画以纪念创办人陈嘉庚。画面再度回到崇福学校，小学生集体念陈嘉庚故事的教材内容。当下新加坡的会馆和学校，无论是中华总商会还是福建会馆及下属学校，都在践行嘉庚精神。福建会馆所属学校学习中华文化，不但是传承族群文化，也是人们发扬陈嘉庚办学精神的一种纪念方式。这是当下陈嘉庚记忆被"唤醒"，被打捞，被积极传播的范例。

（三）记忆建构目标：饮水思源的本地精神和认同

纪录片剧组结合口述史从各个角度评述陈嘉庚。纪录片导语对陈嘉庚的描述是"一个为了办学兴教而不惜倾家荡产的人"，同时更是"一生横跨两个世纪、三个时代，在大洪流中辗转起伏，陈嘉庚是东南亚无可争议最有威望的华人领袖，一生叱咤风云"。影片尽量完整呈现了陈嘉庚人生轨迹，探访了陈嘉庚的故乡，拍摄了大量素材，叙事时将中国故事和新加坡故事交织穿插，展现完整的历史画卷。但是纪录片的立意主要是面向新加坡观众的。纪录片开场情境和纪念活动主体的呈现都有明确的线索。纪录片要表现的是当下新加坡人对陈嘉庚的感念之情，用影像叙事说服受众陈嘉庚值得新加坡人纪念，他的精神值得新加坡社会传承。影片中反复出现的华中校门"饮水思源"四字镜头，和相关人物在采访中的言论表述，都在不断强化这个理念的重要性。尤其是在纪念活动主体呈现时，镜头推出的是新加坡的学校和朝气蓬勃的学生。感念校主的创校之恩是一方面；新加坡年轻一代在当下和未来继续传承嘉庚精神，传播嘉庚故事，回馈社会，传承华族文化，是更重要的一方面。

这部纪录片被收录在新加坡国家图书馆作为"新加坡记忆"的文本典藏。纪录片叙事是为了向受众阐释先贤精神，如纪录片中所述："陈嘉庚留下的浓荫绿树依然迎向阳光雨露。"一部好的纪录片，将人物事件本身赋予现实意义，达到启迪智慧的目的，是"有声有影"的历史记忆。

第四节　网络与社交媒体中的陈嘉庚记忆

马来西亚陈嘉庚基金会开通了网络账户,在 Facebook 上发布基金会活动,宣传陈嘉庚精神。这是唯一一个专门宣传嘉庚精神海外社交媒体。由于 Facebook 在海外是最多用户的社交媒体之一,受众当中年轻人的比例较大。社交平台传播信息的广泛性、及时性和互动性,对传播历史知识、唤起历史记忆,讲述历史故事,效果更好。

基金会账户首页设置了"我们的故事",介绍了基金会成立的缘起,简要介绍了陈嘉庚的生平事迹,说明了在马来西亚纪念陈嘉庚的意义:"陈嘉庚先生对马来亚社会各领域贡献良多,然而,在如今马来西亚却少有人提起陈嘉庚的生平事迹。如今的马来西亚为海外华人华侨重镇,住着 700 万名中华儿女,在民族情感日益稀薄、传统观念渐受世界潮流颠覆之际,如今将陈嘉庚先生——这先贤典范形象重新展现出来,传颂陈嘉庚先生伟大的精神与思想,具有特别的现实意义,更是以先生为榜样,为当今社会注入正面的价值观。"在马来西亚传承嘉庚精神的历史意义是因为陈嘉庚在曾经的南洋之地居住多年,贡献良多;现实意义则是马来西亚华人数量众多,且是海外华文教育发展最好,中华文化保存最妥的地方。现如今也不免因为代际传承和西方观念的渗入,传统精神价值受到质疑,文化生存空间受到倾轧。

基金会的社交媒体账户每日更新信息,及时发布各类传播嘉庚精神的活动,提供网络报名互动的渠道。在每一次活动结束后,将活动现场情况介绍、活动结束后的讨论反思结合在一起,并配合马来西亚本地华文报纸的报道内容进行宣传。例如纪念馆每年的主题特展,精心设计了系列活动,并配合社交媒体平台文案发布。在特展之前会先发布一场座谈会,放上本地媒体,如《马来西亚星洲日报》相关报道的纸媒版面和网络版报道链接。观展无需报名,但参加开幕典礼和座谈需要报名,报名可以在社交媒体上即时完成。相较于电话、短信报名等方式,社交媒体的即时性和互动性,让参与者节省了沟通的时间成本,也会增加受众参与此类历史文化活动的意愿。例如"先贤交辉系列"之《"游走边缘的时代巨人——林文庆"特展》,包括了展览、开幕典礼及"如何评价历史人物?——还原真实的林文庆"座谈会的信息,以及《马来西亚星洲日报》(*Malaysia Sin Chew Daily*)的报道《先贤交辉系列 5 月 26 日特展开幕及座谈 · 还原真实的林文庆》,及网络报道链接。

　　各类讲座信息,也都会通过脸书及时发布,例如"庄希泉和辜鸿铭专题两地讲座"的活动信息,除了报名链接之外,还有人物背景介绍《庄希泉和南洋华人》:"在侨界率先提出看齐,后作为中共特使,赴新加坡邀请陈嘉庚回国参政,后协助陈嘉庚筹建全国侨联"。《星洲日报》以"解密庄西泉陈嘉庚互动往事"为题刊登讲座信息,基金会脸书专页登出该报报道的照片,并附上网络连接。网络的链接功能,可充分将历史背景等信息作为活动的前情介绍,也能吸引更多受众产生对相关历史的兴趣,积极参加基金会活动。

　　马来西亚陈嘉庚基金会设置了"嘉庚学堂"、陈嘉庚常识比赛、嘉庚语录书写比赛、青少年夏令营、研习营等活动,报名和活动比赛现场都在脸书专页上播报。特别是陈嘉庚常识比赛的每阶段的赛事,都有视频的展示,并配合华文报纸《星洲日报》和《中国报》等的报道。比赛结果通过社交平台发布,也能吸引受众关注基金会专页,并互动评论。青少年的社交媒体使用黏性较高,能在平台上及时获取并分享信息,扩大活动的影响力。

　　在各类讲座、晚会等举办的过程中,脸书平台会更新照片和视频,在粉丝专页与受众互动。关注者可通过平台即时交流,提出建议和意见。除了基金会自身的活动,基金会脸书专页还会刊登与陈嘉庚记忆相关的传媒节目和信息,互通有无,形成一个共同宣传陈嘉庚精神的网络。例如刊出马来西亚电视媒体 8TV 的专栏节目《籍乡宝》第十集预告,这一集主题是陈嘉庚与伍连德,这两位的关联是"他们都是接触华侨,对马来西亚和中国,甚至是全世界都有着巨大的贡献,但却未必广为人知"。中国的节目也一样会在平台上展示,如CCTV 中文国际频道的节目《谢谢了,我的家》中陈君宝讲述祖父陈嘉庚"毁家兴学"的视频,并且多次转发,配不同的节录,以多次传播、不同侧重来加强受众对节目的关注。

　　基金会最重要的活动及奖项是陈嘉庚精神奖。该奖项的申请、评奖、颁奖等全程都在社交媒体上跟进展示。在申请阶段,社交账户的首先是告知该奖的立意和目标,再说明奖项提名的时间以及提名要求和报名的途径。陈嘉庚精神奖的设立是"呼吁社会人士见贤思齐,估计个人或团体为国家社会奉献,积极参与社会公益活动,奖励对社会作出杰出贡献的个人和团体,为社会树立正面价值"。被提名的个人和团体经甄选后会在脸书平台上展示成就和风采。

有提供视频者则会在平台上播出。最终得奖者以及颁奖晚会的主题和信息，
相应的讨论会、颁奖词等都会在脸书公布。

图 5.3　马来西亚陈嘉庚基金会 Facebook 专页图文信息

左:《向陈嘉庚看齐的庄西泉———一代侨领的南洋往事与中国色彩》讲座信息

右:第五届陈嘉庚精神奖的提名公告

图 5.4　马来西亚陈嘉庚基金会 Facebook 专页图文信息

左:节录 CCTV 节目片段

右:文章分享:《什么是真正的爱国主义——抗战中舍命报国的华侨》

海内外人士参观基金会的图片也会及时在脸书专页刊出。例如中国人大

华侨委员会、庄希泉后裔庄炎林老先生、南侨机工后裔、中国留学生、马来西亚拉曼大学中文系学生、马来西亚和新加坡的友好组织等。这些互访和参观活动，可以看出陈嘉庚纪念馆海内外交流活动的成效。越来越多与陈嘉庚历史相关的人士，知晓了马来西亚华社纪念陈嘉庚为传播嘉庚精神，先贤抗战历史作出的努力。

　　马来西亚陈嘉庚纪念馆带着先贤的传奇故事，走向马来西亚全国、扎根华人社区。基金会在社交平台上发布合作信息，欢迎有意联办先贤系列巡回展的学校或团体，与其洽谈合作事宜。纪念馆会提供全套展览与宣传材料，根据联办者的需求，进行导览员培训或提供专场讲座。这种合作联办且提供资料和培训的方式，更易引起学校、社团的兴趣。各学校、社团、博物馆等机构通过社交平台及时获得联办信息，与纪念馆接洽，方便了先贤故事的传播。

　　马来西亚陈嘉庚基金会开通 Facebook 账号，通过网络平台发布各类活动信息，建构陈嘉庚精神的传播网络。基金会利用社交媒体的互动性，吸引年轻受众关注，扩大信息传播面。这和基金会面向青少年的定位是重合的。比起阅读传统报纸和收看电视节目，青少年更多选择网络媒体接受信息，通过社交平台参与活动，方便及时分享、互动。陈嘉庚精神传播需要代际传承，就需要在契合青年人使用习惯的媒介平台上传播历史记忆，增添趣味性和互动性，增进青少年对历史和文化的亲近和了解。历史记忆和先贤精神要传承，就需要符合时代潮流，利用新兴媒体，熟悉受众的媒介使用习惯，才能通过有效的传播渠道达到传播效果。

第六章
海外陈嘉庚精神的空间记忆

　　纪念性空间所具有的双重功能：一是回溯性功能，回溯历史、唤醒记忆，尤其是非意图性纪念空间向意图性纪念空间转换之后，这种功能更为明显；二是前瞻性功能，让人们在参观纪念空间时将历史与未来勾连，形塑认同。① 空间记忆和展览纪念文本显示了当代人承接历史、延伸记忆、拓展精神空间的高度自觉。新加坡作为陈嘉庚生活了将近60年的第二故乡，保留了许多与他相关的空间场域，随着陈嘉庚纪念的兴起，新马地区新建了几处纪念馆以保存以陈嘉庚精神为代表的先贤记忆。

第一节　历史之地：怡和轩俱乐部

　　成立于1895年的怡和轩俱乐部，是新加坡华人社团中的百年老字号，在新加坡华人社会的发展过程中，具有非常重要的历史价值与地位。怡和轩见证了新加坡历史的起落沉浮，它经历了两次世界大战、全球经济萧条、新加坡独立前的三种不同政治形态，以及后来从区域贸易中心转变为现代化、全球化的知识型城市的过程。怡和轩也超越最初旨在促进社群互动和联系的社团角色，并发展成为具有经济和文化意义的历史古迹。中华总商会前主席、陈嘉庚侄子陈共存认为，作为抗战时期全南洋华人心脏的怡和轩，是新加坡唯一影响全亚细亚安全的历史圣地，也是新加坡唯一在世界历史上占有重要地位的胜迹。

　　怡和轩创办初期的会所设在监光仔内（即达士敦山 Duxton Hill）28号，

---

① 陈蕴茜：《纪念空间与社会记忆》，《学术月刊》，2016年第7期，第134-137页。

1911 年怡和轩搬迁到客纳街(Club Street,俗称翠兰亭或大门内)38 号,1925 年搬入现地址在武吉巴梭路 43 号。① 如今的怡和轩坐落之地,属于新加坡政府文保风貌旧街区。周围有同安会馆、厦门会馆、晋江会馆等,所处的区域被新加坡国家文物局（NHB, national heritage board）在 1995 年 4 月列入 Chinatown historic district(牛车水历史街区)。怡和轩也被新加坡国家文物局列为历史古迹。

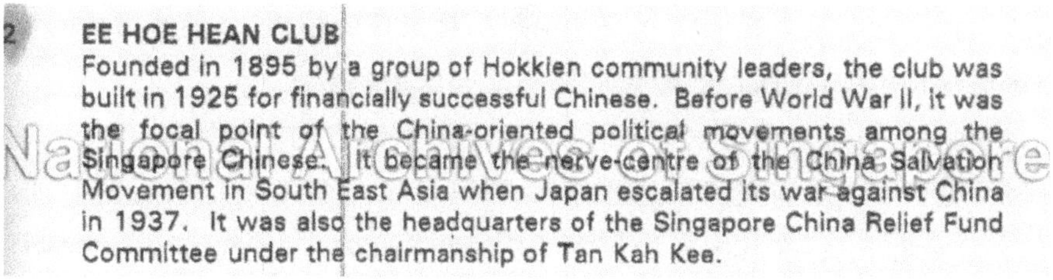

EE HOE HEAN CLUB
Founded in 1895 by a group of Hokkien community leaders, the club was built in 1925 for financially successful Chinese. Before World War II, it was the focal point of the China-oriented political movements among the Singapore Chinese. It became the nerve-centre of the China Salvation Movement in South East Asia when Japan escalated its war against China in 1937. It was also the headquarters of the Singapore China Relief Fund Committee under the chairmanship of Tan Kah Kee.

图 6.1　怡和轩被列入牛车水(唐人街)历史街区的文件(新加坡国家档案馆)

搬入新址的怡和轩,正值陈嘉庚担任主席。在他带领下,怡和轩开始进入新的历史时期,并深度介入中国社会变革,成为新马华人及东南亚华族关注中国事务的重要基地。陈嘉庚领导怡和轩俱乐部的 20 余年里,通过山东筹赈会、星华筹赈会等组织,以爱国团结新华社会各帮各派超越界限树立"南侨爱国无党派"的政治路线,既能让华人社会凝聚在一起,也能够为英国殖民政府所接受,使怡和轩成为一股在华族社会中为英国殖民政府所重视的有力的社会力量,从而有可能代表新华社会乃至整个东南亚华人社会与英国殖民当局讨论或处理有关民族主义运动的问题。

怡和轩是多位先贤工作、生活和奋斗过的地方,也是陈嘉庚最重要的工作之地、社交场所和生活空间。整栋楼存储了陈嘉庚 20 多年工作与生活的记忆。怡和轩在南侨总会成立之后,成为整个南洋华侨民族主义运动的中心。陈嘉庚自星洲赈筹会,就住在了怡和轩,因而怡和轩是承载陈嘉庚的生活记忆空间。在他的儿子陈国庆以及侄子陈共存的回忆中,陈嘉庚有每日在怡和轩办公的习惯,连过年都不回家。他们与陈嘉庚的会面也多在怡和轩。

随着新加坡华人社会转型,怡和轩俱乐部积极参与本地文教慈善事业。同时怡和轩也是新加坡华人参与中国社会运动的中枢之一。新加坡前外交部

---

① 《世纪之路》,怡和轩俱乐部官网。http://www.eehoehean.org/index.php? ctl=Web&act=history_century。

长杨荣文先生,在怡和轩成立 113 周年时致辞:"远在殖民时期,怡和轩就成为了新加坡商界风云人物的聚集场所。宏韬伟略的先贤们在这里议论时事要闻,从辛亥革命到抗日战争,从新加坡争取独立,到南洋大学的建立。"

2008 年 11 月 9 日,怡和轩会所重建落成。怡和轩重建工程的两位推动者是陈嘉庚的侄儿陈共存和怡和轩主席林清如。无论是华社还是政府,都认为重建工程是"一件值得做的事";"怡和轩是我们深具生命力的文化遗产的一部分,我希望它继续为我们注入一种承担社会责任的精神"。翻修之后的怡和轩,重现昔日风貌,在武吉巴梭街形成一道亮丽的风景线。①

怡和轩一百多年的历史中,经历了殖民统治时代的和日本军国主义者铁蹄统治,见证了一个新兴国家的孕育和成长过程。在厚重的国家历史中,怡和轩的兴衰荣辱,也尽在其中。怡和轩的建筑和空间内,一代代风云人物游走其间,为同胞命运、为民族安危、为社会进步不辞辛劳、运筹帷幄。"这里的一砖一瓦占有他们的血泪汗水,墙里墙外流传着他们生动的故事。他们的历史,是新加坡历史不可分割的一部分。"②保存怡和轩,修缮并开放参观空间,是把怡和轩作为历史文化遗产保护。怡和轩本身承担着文化传承的功能,保护怡和轩,也是一种文化传承和记忆保存的方式。

怡和轩一楼先贤馆外墙上挂着新加坡国家文物局 1995 年颁给怡和轩的碑,揭幕仪式是由时任新加坡总统王鼎昌主持的。碑文上书:"成立于 1895 年的怡和轩俱乐部是新加坡华社历史最悠久的俱乐部之一,从 1937 年直到 1942 年新加坡沦陷为止,怡和轩俱乐部是南洋抗战救亡运动的中枢。第二次世界大战后,怡和轩俱乐部继续积极参与社区服务和赞助公益事业,为华商重要的联谊组织"。旁边则挂了《怡和轩俱乐部史略》,重点陈述了陈嘉庚以怡和轩为基地,组织南侨总会,发起抗日救亡运动的历史,特别是组织筹赈大会和招募南侨机工,"怡和轩成为全南洋抗战救亡运动和民间协助防卫新加坡的枢纽"。该《史略》还叙述了怡和轩在新加坡光复之后因华人关注身份问题而积极参与争取公民权以及救灾和文教等运动。怡和轩在当下的社会定位是集侨贤为一体的华人社团。

在怡和轩的二楼会议厅墙上,挂着怡和轩历任总理/主席的名单和任职年

---

① 《三大庆典》,怡和轩俱乐部官网,http://www.eehoehean.org.
② 谢万森:《怡和轩 120 周年致辞》,《百舸争流:怡和轩 120 周年纪念文集》,新加坡:怡和轩俱乐部出版,2015 年,第 9 页。

限,以及历任主席的素描画像,画像中的各位先贤各有神韵。每次怡和轩组织
各类活动和讲座时,前来参访的人士都可以看到这些名单和画像。不举办活
动的时候,大厅就变成一个饭厅,俱乐部供应的清粥小菜正是陈嘉庚在领导怡
和轩时候定下的"规矩"。提倡节俭的他,认为家乡的地瓜稀饭美味饱腹,要求
怡和轩的会员们也用简单的饭食,以身作则反对铺张浪费。经年累月,怡和轩
形成了一种进食的仪式,也形成了一种味觉记忆。每年春节大年初一正午,中
国驻新加坡大使会带领使馆工作人员,来到怡和轩恭贺新春,在二楼大厅中一
道享用中华美食。年年如此,也成了中新友好往来的固定仪式。

　　怡和轩三楼保留了陈嘉庚任职时期设置的图书室,会员们可以在闲暇时
阅读报刊书籍。二楼是俱乐部休闲之处,设三角麻将桌供会员消遣。陈嘉庚
为培养阅读风气,特设图书馆,他自己也常在三楼阅读报刊,了解国内外局势。
陈嘉庚在怡和轩的活动和历史贡献为怡和轩增添了历史故事的传奇色彩。怡
和轩也为陈嘉庚提供了一个拓展实力的空间,是他团结和号召华社的基地,成
就了陈嘉庚在新加坡的地位。①

图 6.2　怡和轩的陈列

左:怡和轩俱乐部历史上三处地址和建筑照片

右:怡和轩俱乐部内部陈列的四驱万里行 重走南侨机工滇缅行纪念章

---

①　高允裕(时任怡和轩主席)访谈,采访人:张骊,2017 年 12 月 18 日。

怡和轩已经成为陈嘉庚精神的象征之地。2011年,南侨机工重走长征路的活动从怡和轩出发。历史上,陈嘉庚在怡和轩号召南侨机工志愿参加祖国抗战。当时,一些机工在地址上写的正是怡和轩所在的武吉巴梭43号,他们正是从这里出发前往祖国西南。马来西亚陈嘉庚基金会主席陈有信的家人,以及怡和轩前主席林清如的叔叔都是当年的南侨机工,因此他们饱含家族记忆的深情,组织了此次活动。新加坡怡和轩俱乐部、陈嘉庚基金会举办的"四驱万里行 重走南侨机工滇缅路"在怡和轩举行挥旗发车仪式。中国驻新加坡大使魏苇出席,新加坡外交部兼社会发展、青年及体育部高级政务次长陈振泉等一同出席。车队由怡和轩出发,开始了这次征程,也是为了纪念南侨机工当年从怡和轩出发前往中国云南支援抗日。

第二节 家乡记忆:华社会馆的文化廊与历史走廊

早期的地缘组织在形成华人身份认同方面有重要作用,这类会馆为其成员提供经济社会保障和情感支持。之后开始筹资办学,并引入中国本土的华文基础教育。这归功于华社组织的领导人的远见卓识,特别是陈嘉庚、李光前和陈六使,他们被新加坡社会视为"福建三先贤"①。当他们的贡献能在社会记忆中留下烙印,就会化为某个群体或阶层的社会遗产在记忆中永存。②

福建会馆的文化廊突出了地缘色彩,专门设立了中国福建省的地图标识,详细介绍了福建的风土人情,来唤起新加坡福建人的乡情记忆。在文化廊中,主要叙述了历史上福建会馆对本地华社教育的投入和支持。文化廊由郑和下西洋的福建海船开始叙述福建人南下的历史,呈现了福建会馆自天福宫时期到现代的发展之路。福建会馆的早期领袖是陈笃生、陈金钟和陈武烈。之后是薛中华、陈嘉庚、陈六使、黄祖耀和蔡天宝。文化廊按照历任次序展示了八位主席的画像和照片。20世纪前期福建会馆对南洋华社的主要贡献是主办集体婚礼、领导及支持南洋大学。展览介绍了自1906年至2012年,福建会馆的教育事业发展。1906年,道南学校成立;1912年,爱同学校成立;1915年重复学校成立;1947年,南侨小学、南侨中学成立;1953年,光华学校成立。福建

---

① 《福建三先贤》,《联合早报》,1990年12月9日,第44页。
② 柯群英:《重返祖乡:新加坡华人在中国》,香港:香港大学出版社,2013年,第6页。

会馆下属学校至今仍然运转良好,以双文化话语课程为特色,是新加坡的名校。文化廊呈现了六所学校的发展历程和文化活动,并且搜集展示了 20 世纪 50 年代企业、个人给学校的捐款,例如怡和轩前主席高德根先生在 1951 年的捐款,华侨银行在 1950 年捐赠 1 万叻币用于建设校舍的支票信函。福建会馆出版了系列书籍叙述会馆历史和贡献,把 1841 年《自由西报》所刊最早关于天福宫的报道呈献在书籍中。在文化廊的墙上,贴了这样一首诗:"一代人和一代人的脚步连成了路,有了家人的思念,就有心归宿;有了文化的联系,就有了自己永远的色彩。"

福建会馆在文化廊同时播放宣传片,分为 5 个篇章:《溯源》《人物》《教育》《社会文化》和《展望》。宣传片主要叙述了福建会馆 170 多年的发展历程、福建族群对社会的贡献及对未来的展望。在《人物》篇中,强调了新加坡华族福建人遍布各大行业,名人辈出,如李光前、黄金辉、黄廷芳、林文庆、王鼎昌、胡文虎、潘受等,为社会作出了巨大贡献,其中陈嘉庚创办了《南洋商报》以及创办华侨中学等七所学校。在《教育》篇中,回顾了福建会馆兴办华校、支持华文教育事业的历史。目前福建会馆所支持的六所学校都秉承一个校训"诚毅",强调知识与品格并重,这恰恰是陈嘉庚创办学校的精神。

新加坡宗乡联合会馆则设置了历史走廊。宗乡总会成立于 1986 年,是由福建会馆、潮州八邑会馆、广东会馆、南洋客属总会、海南会馆、三江会馆及福州会馆联合发起的,目前有二百多会员单位。其主要宗旨是加强华人宗乡会馆的密切合作,主办或资助有关教育、文化、社会等方面的活动,提高公众对华族语文、文化和传统的认识,进而推动新加坡华族文化发展、促进族群融合与文化认同。

联合会馆的设置是在政府的大力支持之下完成的,在历史走廊的展示中特别强调了这个过程。会馆的大门口,就有李光耀的题词"和衷共济"。历史走廊主要新加坡华社和会馆的发展与历史。展览内容包括六大方言群的介绍、华人传统节日与习俗以及宗乡总会走过的历史。配合历史走廊的内容,总会制作了一个移动应用程序"石叻寻梦",概括介绍整个历史走廊。不同于福建会馆的地缘和祖籍认同建构,宗乡总会致力于建构华族文化认同以及效忠本土的国家认同。

历史走廊的展览按照时间顺序,介绍了华人下南洋的历史、华人传统文化、新加坡独立过程,特别强调了新移民融入社会的过程。分为《追本溯源》

《下南洋》《分担风雨》《百年树人》《落地生根》《会馆团结》《展望未来》七个部分，以新加坡独立为时代划分。开篇叙述了华人的"过番背景"。华人身在异乡，分担风雨，团结互助，就有了各类乡缘、地缘、行业社团。这些社团商会积极投身慈善与教育事业。展览呈现了新加坡慈善医院的救助情况和华社为南洋大学筹款捐款的盛况。新加坡的华文教育推广得益于华社会馆的努力，从会馆学校到乡村学校，再到高等学府，华文学校的发展显示了华人对教育的重视。在对南洋华侨中学的介绍中，写道：陈嘉庚等人为了让华侨子弟在小学毕业后可以继续升学，完成中学教育，倡办新加坡第一家华文中学——华侨中学。

"抗日救亡"主题中，详细记述了陈嘉庚号召抗战的历史记忆。展示的照片中，有1938年南侨总会成立时南侨总会领导人的合影：新加坡陈嘉庚、马来亚陈占梅、印尼庄西言、菲律宾王泉笙和越南陈肇基。这五位南洋各地的华社领袖代表的合影，说明了当时海外华人团结一心，支援祖国抗战的决心。展馆还呈现了一张1940年南侨总会代理主席李俊承发给热心筹款人士的奖状，此时陈嘉庚正率领南洋华侨回国慰劳视察团回国考察抗敌后方和慰问滇缅公路运输队的南侨机工。文物中还有一张1941年12月陈嘉庚回到新加坡后，发给小贩同业公会的捐款收条。这张抬头印有"南洋华侨筹赈祖国难民总会"的信笺，有陈嘉庚亲笔"兹收到义捐存款一百七十二元三角"及签名。南侨总会在各地的分支机构达到85处，筹赈工作发展成了广泛的群众运动。各类劝捐活动得到了南洋华人的积极响应，在1938—1939年南侨总会捐款达1.4亿华币。历史走廊着重叙述了南侨机工的历史，展示了一张"顺利巴士有限公司"工友欢送五位南侨机工回到祖国服务的合影，正中间一位机工举着工友送给他的锦旗，上书"为国前驱"。解说词道明：抗战开始后，陈嘉庚受国民政府西南运输公司的委托，发布公告，函各地筹赈会，号召华侨机工回国服务。展览还展示了华人追讨血债大会的游行场景，以及死难者纪念碑前的悼念仪式照片。日据时期，新加坡华人因支援中国抗战被日军搜捕杀害，遇难人数数以万计。二战结束后，中华总商会负责收集遇难者遗骨，这也是在陈嘉庚的关切下完成的。遗骨被埋在了死难者纪念碑之下，成为日军迫害华人的铁证。

"落地生根"的部分，叙述了新加坡华人在后殖民时代如何从侨民转为公民的历史背景。在反殖民主义浪潮中，陈嘉庚不仅热心于祖国的救国事业，也热心于亚洲地区的独立解放运动。展厅照片呈现了1946年，印度独立运动领袖尼赫鲁来到新加坡访问,陈嘉庚陪同他出席花拉公园群众大会的图景。陈嘉庚以南侨总会主席的身份支持印度的独立运动。历史走廊还展示了新加坡华人争取公民权,登记成为公民,完成国家认同转变的历史图片。

两个华社会馆在空间纪念的建构上,都介绍了华人历史,强调了文化认同,以及对新加坡社会的回馈。在陈嘉庚记忆的叙事中,两者重点差异明显。福建会馆强调了陈嘉庚改革会馆和倡办华校的历史贡献;而宗乡会馆则强调了陈嘉庚号召抗战和支持民族解放事业的历史。前者呈现的陈嘉庚形象是地缘性乡贤和教育慈善家,后者则呈现了一个抗日领袖的形象。但两者都可看出认同的变迁。地缘认同随着国家认同的塑造变弱,又随着国家认同的坚固而变强。文化认同则在国家认同的转变后,成为了族群认同的主要表现。这几种认同,在不同时期发挥着不同的作用,相辅相成,推进华人为祖国、为侨居国、为本民族、为家乡族亲做贡献。

第三节　革命与抗战记忆:国家档案馆、晚晴园和南侨机工

(一)新加坡国家档案馆"南洋华侨机工回国抗战档案史料图片展"

在纪念南侨机工回国服务 70 周年之际,新加坡国家档案馆、中国国家档案管理局和云南省档案局共同策划,在云南和北京展出了南侨机工的历史"华之魂　侨之光——南侨机工回国抗战档案史料图片展",旨在追忆和缅怀南洋华侨机工抗日救国的历史功绩,弘扬他们崇高的爱国主义精神。新加坡的展览 *Nanqiao Jigong*: *The Extraordinary Story of Nanyang Drivers and Mechanics Who Returned to China During the Sino-Japanese War* 于 2009 年 10 月 20 日在中华总商会开幕。总共有数百份口述史和三百多幅照片展出,包括使用数字恢复和图像质量增强技术的历史照片。与之前在中国的两次发布相比,新加坡的展览通过提供历史纪录,为志愿者的故事增添了一个本地视角,突出援助中国抗战的华侨华人的背景。导览词说道:"机工对他们的祖国的一种普遍的爱推动他们放弃高薪的工作和舒适的家庭生活,甚至是他

们的生命。他们英勇的自我牺牲精神在中国的战争救援工作中发挥了关键作用。"①华人抗战历史档案参与展览,是为了让公众更好地理解并意识到新加坡历史上鲜为人知的部分,否则新加坡公众会失去这些与华人历史相关的记忆。联合展览讲述了约 3200 名南侨机工的故事——他们都是爱国主义者,大部分自新加坡和马来亚,在 1146 公里的滇缅公路上担任卡车司机和车辆维修技工。这些义士都是受了陈嘉庚的号召而行动起来。怡和轩前主席林清如回忆:"小时候对陈嘉庚的感受是威望很高,大家都听陈嘉庚的。陈嘉庚为南侨机工做了很多。南侨机工的家属都支持陈嘉庚。南侨机工境遇很惨,国民党政府对他们并无善待。"②

　　展览分为三个部分,内容包括《历史背景》《南侨总会》和《南侨机工:来自南洋的志愿司机和机械师》。《历史背景》中讲述了 20 世纪 30 年代,日本通过两条战线 ——"北方之路"(伪满洲和俄罗斯)和"南方之路"(东南亚),试图占领亚洲。七七事变激起了海外华人的爱国热情,特别是南洋(东南亚)地区。在新加坡,陈嘉庚成立南侨筹赈总会,该会获得了来自缅甸、柬埔寨、荷属东印度群岛、香港地区、马来亚、菲律宾、沙捞越、新加坡、印度尼西亚的华社支持,自 1937 年 8 月为中国抗战募集捐款。该运动获得了跨越方言群体的超帮派社群民众的支持。富人和穷人都积极捐款。学生通过卖纸花,戏剧和音乐剧团上演表演募集资金。当时中国大多数港口城市如上海和厦门已受到敌人的控制,1938 年 10 月广州的沦陷使航线几乎完全被切断。中国政府发现了从缅甸腊戍镇到中国云南昆明市的新陆路,但缺乏经验丰富的司机和机械师帮助运输重点物资供应给军队。陈嘉庚应国民政府要求在南洋选派合格机工回国效力。

　　1939 年 2 月至 8 月,9 个批次的约 3200 名志愿者回到中国。他们接受为期一个月的车辆组装和维修培训,还参加了基本的军事训练。在他们的服务过程中,生活很艰难,约三分之一为国捐躯。展览内容部分已经在昭南福特车

---

　　①　National Archives of Singapore,Access No 20091027005 ,《国家档案馆南侨机工展》,2009 年 10 月 20 日。

　　②　怡和轩前主席林清如口述史,采访者:张骊,2018 年 2 月 2 日。

厂纪念馆①的《日占时期新加坡》展览中展出,此次展览加入了新的历史材料,特别是和中国合作展出的内容,以及网上纪念馆以供未能到现场的受众体验导览内容。作为新加坡当地商业和文化景观,新加坡中华总商会是一个非常合适的展览场所——历史上新加坡中华总商会通过陈嘉庚先生在抗日战争期间为中国提供支持力量发挥了重要作用。自 1906 年以来,作为中国本土商界的重要代表组织,中华总商会是华人社区记忆的重要记录来源。

开幕致辞的新加坡国会议员马炎庆表示"南侨机工"这个展览,从构思到展出,就像它原来发生的历史一样,在地图上走了一圈。2008 年,展览的构想在新加坡倡议。2009 年 8 月在云南预展,9 月初则在北京正式举行了展览。在新加坡的开幕式,把这几个地方联系起来,象征了中新历史上的串联及紧密关系。② 展览不但促进中新双方对历史事件的了解,而且通过档案史料的分享与交流,一段值得大家共同珍惜的宝贵记忆现在又回到了公众眼前。展览包括文物与艺术作品都是很重要的交流,口述历史资料和历史经验的分享。此次展览陈列的不单只是新加坡华族社群对抗战的贡献,也包括了整个东南亚华人的投入,展现了南洋华人少为人知的无私奉献。新加坡档案馆积极探讨此展览东南亚展出的契机,推动了嘉庚精神和南侨机工奉献精神在东南亚的传播。

---

① 旧福特汽车工厂(Old Ford Motor Factory)是新加坡历史建筑,位于武吉知马路上段。建于 1941 年 10 月,是福特首家在东南亚开设的汽车装配厂。1942 年 2 月 15 日,英国驻马来亚陆军总司令白思华在此向山下奉文签署降书。1947 年,福特汽车厂在战争后恢复运营,至 1980 年 6 月关闭。2006 年 2 月 15 日被列入新加坡国家古迹,改为昭南福特车厂纪念馆(Memories at Old Ford Factory)。(Press Release by Preservation of Monuments Board on " Gazetting of Old Ford Motor Factory as a National Monument",存档日期 2011-07-25。)

② National Archives of Singapore, Document Number: 20091020, Baey Yam Keng, Opening Speech by Guest-of-honour, Mr Baey Yan Keng, Member of Parliament for Tanjong Pagar Grc and Deputy Chairman of Mica Government Parliamentary Committee, at the Official Opening of the Joint Travelling Exhibition "Nanqiao Jigong: The Extraordinary Story of Nanyang Drivers and Mechanics Who Returned to China During The Sino-Japanese War" on Tuesday, 20 October 2009, 10. 45 am at The Singapore Chinese Chamber of Commerce and Industry Auditorium (English Translation),《南侨机工图片展开幕式致辞》,Speech in Chinese,2009 年 10 月 20 日。

（二）晚晴园与南侨机工

怡和轩、天福宫、晚晴园①，这三处场所是早期新加坡华人社会中的权力空间与文化空间。前两处与陈嘉庚直接相关。而晚晴园则是孙中山纪念空间，也叫孙逸仙纪会馆。原为同盟会南洋总支部，也是孙中山在辛亥革命前策划起义之商讨地。现为新加坡孙中山南洋纪念馆。自 2009 年隶属于新加坡国家文物局，经翻修扩建后，晚晴园于 2011 年 10 月 8 日（孙中山逝世纪念日），暨辛亥革命 100 周年之际重新开放。纪念馆拥有五个新的画廊，拥有原创艺术品、原始照片，包括由孙中山先生亲手撰写的绘画和书法作品。② 展览叙事通过创意多媒体展示全新的故事情节。翻新后的晚晴园旨在重现一个世纪以前的氛围，以更全面的视角来叙述孙中山在东南亚的革命运动、新加坡华人社群对辛亥革命的贡献以及辛亥革命对本地华社的影响。晚晴园当下已承担起新加坡国家认同凝聚的责任。③

陈嘉庚曾受到了孙中山革命精神的巨大鼓舞而加入同盟会，也曾与孙中山在新加坡会面，并出资支持孙中山的革命事业。④ 在晚晴园的展览叙事中，也交代了陈嘉庚为孙中山革命汇资五万的情况，"陈嘉庚于 17 岁时南来新加坡，后在 1919 年加入同盟会并筹款支援孙中山的革命活动"。这一段叙述和配的陈嘉庚相片，是新加坡国家博物馆特许复刊，因而可看出是新加坡政府对陈嘉庚出资援助革命的历史持信任态度。展览将陈嘉庚列为孙中山在新加坡首要的"革命同志"。陈嘉庚在之后未加入党派，持政治中立，可以追溯的政治

---

① 这栋别墅于 1905 年由张永福购置，作为母亲陈宝娘女士安享晚年的居所，因而命名为"晚晴园"。张永福提供此墅为孙中山住宿，成为孙中山在南洋的革命根据地。辛亥革命前后，孙中山访问新加坡九次，其中四次住在晚晴园，在此成立孙中山同盟会分会，起草同盟会章程、设立南洋支部，并策划黄冈起义、镇南关起义和河口起义。1937 年，李光前和其他六位先贤合资购回，以保存历史价值。二战期间，馆内史料和文物遭破坏，荡然无存。1951 年，晚晴园交由中华总商会管理。1964 年重修后作为"孙逸仙故居"展示孙中山历史和日据时期罹难者文物。1994 年，晚晴园被列为国家历史保护文物。1996 年扩建并更名为"晚晴园——孙中山南洋纪念馆"。2009 年，为纪念辛亥革命 100 周年，晚晴园再度修整并增添文物，于 2011 年重新开放。

② National Archives of Singapore, Document Number：20111015001，The Sun Yat Sen Nanyang Memorial Hall Re-opens with free Entry for all and a Special Wan Qing Culturefest，2011 年 10 月 8 日。

③ 张碧君：《辛亥革命叙述与新加坡国族建构：晚晴园中的展览政治》，《台湾东南亚学刊》，10 卷 1 期（2014/10），第3-31页。

④ 陈嘉庚在《南侨回忆录》中写道：孙中山先生自欧洲回国，途经新加坡将赴上海，曾言到国内时如私人需款可否帮助，余许筹五万。其后来电告予，将赴南京需费，予即如数汇交。

党派身份就只有老同盟会会员。晚晴园第四展厅《共和之后 南洋回响》则表现南洋华社关注辛亥革命后的中国的发展，积极实践了孙中山倡导实业救国和教育救国的主张，并认为实业经济的兴起奠定了南洋华商财富的基础，使得本地华人能为筹赈救灾活动提供财力援助；同时，华社领袖创办华文学校，促进本地现代教育的发展。在展馆内播放的纪录片《孙文对今日亚洲有什么影响》中，新加坡国立大学东亚研究所王赓武教授指出新加坡华侨中学与五四运动同一年诞生，绝非偶然，文化上变革巨大。这些叙事试图说明作为新加坡华社领袖和大企业家、教育家的陈嘉庚，践行了孙中山的救国理念和道路，为陈嘉庚泽被后世的功绩找到了动机来源，即陈嘉庚是受到了孙中山的精神鼓舞。

展厅播放的纪录片中，澳大利亚阿莱德大学历史与政治学院颜清湟教授指出，在 1937 年中国获得本地华人更大的支持，在陈嘉庚的领导下，新加坡是当时抗日运动的中心。展厅中的文字补充说明，基于爱国爱乡情怀，南洋华人在 1920—1940 年代积极参与了一系列抗日救亡运动，导致本地华人在日据时代付出了巨大代价，也让本地华人在战后重新思考自己的家国归属和身份认同，渐渐由"叶落归根"变成"落地生根"。这些表述把本地华人的国家认同归因于战争伤亡，或许是在为殖民当局在日据时期的不作为找借口，而独立后的新加坡政府又努力建立新加坡国家意识，转变华人对中国的国家认同。

曾任新加坡外交部部长的新加坡国立大学李光耀政策研究中心的杨荣文教授，指出华人面对社会全盘西化的无奈，认为这是一场灾难。华人面对可能失去的族群文化的危机感，文化认同感高涨。这曾是陈嘉庚办教育时的动机。在当下的新加坡，文化认同也是华人社会探讨的显题。

在晚晴园的公园里，除了孙中山坐像、立像之外，还立着一尊群像：南洋机工纪念雕塑。雕像中的背景是著名的滇缅公路"十八盘"，弯弯曲曲的形状直观展现了当时机工们驾驶卡车运输物资的道路艰难和危险。五位人物中，有两位在修理轮胎；有一位司机站在车边，脸上充满了抗战必胜的信心；还有一位女护士在搀扶受伤的机工（见图 6.3）。

图 6.3 《南洋机工纪念雕像》,本书作者摄于新加坡晚晴园

新加坡虽是南侨机工的首发地,参与的人数也是东南亚地区最多的,但在纪念此历史事件上,较之吉隆坡迟了 66 年,比槟城迟了 62 年,比云南省迟了 28 年。2012 年 2 月,新加坡中华总商会才再度联合怡和轩俱乐部、陈嘉庚基金、新加坡宗乡会馆联合总会,发起"南侨机工纪念标志筹建小组",并议决竖立"南侨机工纪念雕塑"于晚晴园。《南侨机工纪念雕塑》碑文上所说的:"晚晴园位于历史风云现场,先后见证海外华人为国为民的奉献精神,于此竖立'南侨机工纪念雕塑'具有特殊意义。"南侨机工的壮举,是海外华侨以人力和技术进行抗日救国的典型。晚晴园作为此大历史背景的一环,起了承前启后的作用。

在雕塑旁边,还有"烈士林"和"仁心果"的树木围绕,烈士林由时任中国大陆海协会会长汪道涵题词,而"仁心果"则是由时任台湾海基会董事长辜振甫题词。① 两岸和平人士的题词共同纪念辛亥革命和孙中山,证明这是两岸和新加坡的共同记忆,也充分表明了对两岸统一的积极期待。在晚晴园的庭院的若干件雕塑作品,多数是广州美术学院设计制作的。长 58 公尺,高 2 公尺的铜铸《共同记忆之墙》由新加坡雕塑家韩少芙设计,花了三年时间铸成。这幅历史长卷刻画了 20 世纪初期,人们的衣食住行、各行各业、楼房建筑、交通概况、城乡活动,以及第二次世界大战爆发前后的抗战、反侵略和肃清的血泪事迹都象征性地在这面铜墙上体现出来。墙上解说词指出星华义勇军等为保家卫国而战,是国家重要的历史篇章,是今日的"共同记忆",说明铸造此墙的目的是当一个国家充分认识自己的过去时,就更能把握今天与未来,更懂得居安思危的重要性。

晚晴园的空间叙事承担了当下新加坡国家认同的塑造作用,还记录了华人的奋斗史和华社之贡献,通过孙中山与南洋的记忆联结,将陈嘉庚等华社领袖对社会的贡献表达为孙中山精神的实践,并为华人寻回文化认同找到一个历史解释,并且以充分积极的态度表达对了两岸和平统一的期望。

第四节　族群记忆:华裔馆与"何谓华人展"

华裔馆成立于 1995 年 5 月,集研究中心、博物馆和图书馆为一身的非营利机构,董事会由来自全球的杰出华人商界、学者及社会知名人士所组成。华裔馆于 2011 年并入南洋理工大学,坐落于前南洋大学行政楼,该建筑已被新加坡政府定为具有历史价值的国家保留文物之一。华裔馆的建筑特色鲜明,是在校园内唯一一座保留下来的南洋大学的旧建筑,拥有中国古典建筑与南洋建筑混合的风格。殖民地建筑风格的多层外廊、拱券、柱式、线脚雕饰、西方古典主义平面、砖木结构,结合中式建筑的飞檐,屋檐和檐椽均采用与坡屋顶所使用的琉璃瓦同样的蓝绿色调,脊尾的团云图案立体圆润。

陈嘉庚在创办厦门大学时也是采用了这样的建筑风格,被称为"嘉庚建

---

① 仁心果是孙中山当年在南洋从事革命活动时最爱吃的热带水果之一。经过 100 多年的风雨洗礼,加上第二次世界大战时日军的扫荡,晚晴园室内与周围事物已荡然无存,只剩下门前这棵枝繁叶茂的百年老树相伴。它与这座古老的建筑物一见证了孙中山当年的革命活动。2001 年在纪念馆修复后,前馆长冯仲汉致函海协会会长汪道涵和海基会董事长辜振甫,请两人分别题写了"烈士树"和"仁心果"。馆方把一块大石一分为二,分别刻上两人的题词,安放在草坪两端。

筑"。在陈嘉庚亲自监督厦门大学第二期建设时,陈六使也集结华社力量创办南洋大学,建成的三座华族传统复兴式建筑,包括校门牌楼、行政楼(即华裔馆现址,见图6.4)、建校纪念碑。这三座建筑于1999年被新加坡政府列为国家历史保护文物。南洋大学与厦门大学,这两所华人华侨创办的大学,有着千丝万缕的联系。两者的校训都有"自强不息",两校校园都有独特的建筑语言。"嘉庚建筑"在厦大得到了良好的保护,地位不断被提升。而南洋大学只留下了这三座建筑,作为南洋大学精神遗产保留下来。继承校址的南洋理工大学保留了云南园中南洋大学校训"自强不息,力求上进",还保留了建校纪念碑,仿造了南洋大学校门牌坊(真正的旧校门牌坊在校区之外,仍保留)。

图6.4　华裔馆

　　华裔馆内设"南洋大学校史展"和"何谓华人展",以及拥有"王赓武图书馆",在其官网介绍里,写明"本馆通过展览,图书馆服务,历史和学术文献收集,公开讲座、研讨会和国际学术会议,社会活动以及出版等途径来提升新加坡和世界范围内公众对华族历史、文化和传统的认知与理解"。华裔馆的使命即增进对散居世界各地的海外华人和华族社群的认知和了解(见图6.5)。

图 6.5　华裔馆中的陈嘉庚介绍

　　"何谓华人展"试图向大众讨论几个问题：怎样才算华人？华人的特质和判定的标准是什么？这是一个梳理华人认同的叙事展。展览认为，华人特性是随着周围不同种族的人作出比较，被赋予的不同的含义。"家"和"国"，是华人认同的两大核心。海外华人的认同有两个轴心，一个是地方，一个是国家。这种从乡村到国家的概念，来自中国重大的政治变迁。展厅按照海外移民的不同时期，阐释了每个时期海外华人华侨的特点。前期"苦力移民潮"和"妈祖、过番、矿场"等词汇紧密相连。到了后期"留学生潮"就转变为"留学、现代、民主"等词汇。两者对国家的情感有不同的认知，移居地对他们的国家意识也有很大的影响，这都影响着移民们对自身身份的认同。

　　20 世纪初，一个跨地域、团结华人的身份逐渐形成，它让接受这个身份的华人产生一种国民意识。海外华人的身份认同逐渐从建立在对家乡宗族的归属感，转移到现代构架主义建构的全新、统一的华人身份。在中国发生的大事件，唤醒并加强了海外华人对中国命运的联系。展览着重是呈现了华人华侨对中国发生的大事件的反应，以及华人华侨对民国诞生所发挥的关键作用。

这是华侨支持中国最热烈的时候,这个时期的华人侨居海外,却坚定地把中国当做祖国,对中国的认同比对居住地的认同更强烈。

展厅呈现了一张 1927 年,陈嘉庚与其他华社领袖同南来新加坡的国民党要人的合影,这是当时国民党为在海外推动民族主义和文化的任务。随后照片是 1938 年在新加坡华侨中学举行的南侨总会成立照片。随着抗战全面爆发,海外华人爱国情绪随之高涨,陈嘉庚的南侨总会领导海外华人华侨把爱国情绪转化成救国行动。1945 年,日本投降后,新加坡华人走上街头庆祝的照片,举着"祖国万岁"的巨型旗帜,显示了当时华人对祖国强烈的认同感。战后,海外华人民族主义、东南亚反殖民主义以及国家主义三者融合,冷战意识形态对立,及至周恩来在万隆会议上提出允许海外华人成为侨居国公民,海外华人的国家认同才开始转向。展厅内陈设当时海外华文学校的课本,如商务印书局出版的初中教材《本国地理》《本国史》。这些当时由中国出版的中文教材,对海外华人保存民族语言、民族文化以及对民族身份的认同延续起着至关重要的作用。

"何谓华人展"着重介绍了为抗战作出杰出贡献的华人。如新加坡烈士林谋盛、越南华人烈士叶传华、叶传英,马来西亚华人飞虎队成员何永道,以及南侨总会主席陈嘉庚。导览词高度赞誉陈嘉庚为"具备了几近完美的华侨特质",是杰出的华侨典范。虽然对陈嘉庚的身份界定为"新加坡橡胶大亨"和慈善家,展览主要呈现了陈嘉庚带领南洋华人筹赈救国的事迹。照片陈列有陈嘉庚的单人照、1921 年陈嘉庚与林文庆在厦大的合影、1938 年南侨筹赈大会后主席团的合影,以及 1949 年陈嘉庚与毛泽东在中南海的合影。照片的文字解说是"陈嘉庚与他所支持的毛泽东的合影",说明了陈嘉庚的政治认同。展览同时说明了陈嘉庚晚年回到"中国家乡集美"安度晚年,显示了陈嘉庚的家乡认同的层面。

何谓华人展通过历史的时间线索来揭示华人移民的历史背景和认同的变迁。特别展现了以陈嘉庚为代表的海外华人如何受到 20 年代初期民族主义思潮影响而激起强烈的爱国情感,发动救国运动。生动诠释了民族认同和国家认同如何与社会革命呈互为推进的关系。

第五节　命名故事：陈嘉庚地铁站

在新加坡最直观能看到"陈嘉庚"三个字的，是地铁滨海市区线上紧邻华侨中学的"陈嘉庚站"，位于武吉知马路和 Duchess Avenue 交界处。附近有许多著名的中小学，如华侨中学、南洋女子中学、莱佛士小学和国家初级学院。该车站不仅是交通设施，也是数百万通勤者生活中的一部分。

2009 年，新加坡陆路交通管理局同意采纳华侨中学董事会的建议，把华中校门前的新地铁站命名为"陈嘉庚站"（Tan Kah Kee），以纪念这位对新加坡教育发展功不可没的华中创办人。2008 年 8 月，陆交局邀请公众为滨海市区线（Downtown Line）第二阶段工程的地铁站命名，华中校门前的地铁站入围让人投选的三个名称是"公爵夫人站"（Duchess）、"华登站"（Watten）和"嘉庚站"（Kah Kee）。但华中董事会认为，陈嘉庚是华中创办人，又是新加坡先驱人物，如果只取"嘉庚"两个字来命名，无法完整反映出其历史意义，建议把该站定名为"陈嘉庚站"（见图 6.6）。新加坡街道与建筑名称局批准了这个新站名。华中董事会秘书李德龙受访时表示，很高兴当局决定采纳"陈嘉庚"这个站名："陈嘉庚对新加坡有巨大贡献，与华中的关系密不可分，新地铁站就建在华中土地底下，把这个站命名为陈嘉庚站是非常有历史意义的，也能让年轻一代的国人认识这个伟大的人物。"[①]

"纪念地名"指的是为了纪念特定的人、事、物所命名的地名，领袖、英杰的命名是常见的方式。通常命名权在政府，因而以人物命名空间是象征权力在日常生活空间里植入领袖崇拜或纪念的方式，是一种文化政治的表现形式，也是空间记忆的叙述方式。

---

① 《纪念先贤贡献，新加坡地铁站将命名"陈嘉庚站"》，中国新闻网，2009 年 6 月 17 日。

图 6.6　地铁"陈嘉庚"(Tan Kah Kee)站,2018 年 1 月 2 日摄于新加坡

但是以政治历史人物命名公共空间对于新加坡社会而言并不是一项普遍的做法。许多人主张地名的主要功能是方向标识,不适合作为空间纪念,更有直言政府不应干涉日常空间,这样的纪念方式或将导致反效果。由于新加坡在族群、宗教、政治议题上都具高度敏感度,因此在地铁站空间命名上,新加坡政府从实用主义出发,以地铁站所在的路名、区名、建筑名进行命名,例如Jurong East(裕廊东)、City Hall(市政厅)、Chinese Garden(裕华园)。以人名命名的多为殖民时期的英国官员名字,例如 Clementi(金文泰)就是曾经的英总督 Sir Cecil Clementi Smith。也有个别华族、马来族及阿拉伯人先贤的名字,并且都非全名,例如 Yi Shun(义顺)是华族先贤林义顺的名,Boonlay(文礼)则是橡胶大王周文礼的名。至今以人物全名命名的只有"陈嘉庚"(Tan Kah Kee)站。

考量到纪念地名与历史人物之间的关联性、空间与人物身份的象征关系,以历史人物名字为空间命名,可以表达国家、社会和民众对其个人的尊崇,确认政治、社群领袖不仅见证了新加坡的发展史,也创造并象征了国家记忆,象征国家精神,塑造和加强国家认同。

　　在地铁陈嘉庚站的命名角力过程中,华社积极争取以"陈嘉庚"命名华侨中学附近新地铁站,为新加坡提供了一个生动的故事,增添了一份鲜活的陈嘉庚记忆,以对抗历史的时间感导致的遗忘,有着比故纸堆更现实的教育功能。新加坡人民可以通过日常空间中的穿梭交流记住"陈嘉庚"这个名字。这个命名的故事,也传播到了中国。中新网在 2009 年 6 月 17 日以"纪念先贤贡献新加坡地铁站将命名'陈嘉庚站'"为标题报道了此事,厦门本地的生活网也发帖"好骄傲 | 新加坡地铁站将命名'陈嘉庚站'","报告一件与集美学校学子有关的大事:在新加坡,新地铁站中有一站被命名为'嘉庚站',各位集美学子,请对此事广而告之,谢谢! 骄傲!"。① 空间命名的影响力,具有显著的国际传播的效果。

　　车站各处均有白色、黄色、橙色和红色面板,灵感源自火元素。位于车站入口处的艺术作品"Resilience",由华侨中学的学生手写的彩色文字组成。新加坡陆交局邀请华中师生为这个地铁站进行艺术创作。华中以校训"自强不息"和"饮水思源"为题,创作了两幅作品。校方要求全校 4000 多名师生反思校训对自己的意义,并用文字记录,再由 1000 多名学生重写这些字句,形成水流和旭日图案。当从远处看时,这些文字融为一个抽象的太阳。华中是陈嘉庚所倡办,华中积极争取站名命名,师生又参与了站内的文化艺术创作,充分体现了华中对创校先贤的崇敬追思之情,赋予了地铁站艺术气息之余,也让来往的行人充分感受到了华校、华社对陈嘉庚精神的纪念之情,也表现了政府对此情感的尊重和赞许。这个创作活动和作品也被收入了纪录片《星洲头家2·陈嘉庚》中。

　　除了艺术作品的镶嵌,与陈嘉庚有关的展览也是必不可少的,这一空间自命名后,就成了显在的纪念空间。由华裔馆、陈嘉庚基金会、南洋理工大学等主办的"一代先贤陈嘉庚"的展览于 2016 年 11 月 18 日在陈嘉庚地铁站拉开帷幕(见图 6.7)。选址于此,就是为了让新加坡人了解地铁"陈嘉庚站"的站名来源,凸显命名的意义。配合陈嘉庚地铁站的落成,此展览旨在激励更多新加坡人去了解先贤陈嘉庚的生平,学习和发扬"嘉庚精神"。

---

　　①　《好骄傲 | 新加坡地铁站将命名"陈嘉庚站"》,厦门生活网站"逛鹭岛",http://www.xmgbuy. com/mdetail/781.html ,2009 年 6 月 20 日。

图 6.7 《一代先贤陈嘉庚》展览展板,2016 年 11 月 18 日,地铁陈嘉庚站

　　该展览主要从华侨世家、商业巨子、倾家兴学、嘉庚精神等四个方面描述了陈嘉庚先生的生平事迹。展览中将陈嘉庚描述为"新加坡发展史上最杰出的先驱人物之一",是成功的企业家,更是首任拥戴的华社先贤与社会活动家,杰出的慈善家、教育事业家和教育思想家。在"精神传承"部分,"嘉庚精神"被定义为"陈嘉庚竭一生之力推动教育,捐助慈善,其崇高精神和高贵品质",且点明这种精神不单属于华社,它超越社群,是属于整个新加坡的精神遗产。"嘉庚精神"内涵是丰富多元的,既含有陈嘉庚先生所服膺向往的轻金钱重义务、诚信果毅、疾恶好善、刚直无私的道德准则,也包括陈嘉庚先生所倡导和身体力行的艰苦创业、勤勉俭约、倾资兴学、爱国爱乡的优良品行。在"精神传承"主题中,展示了新加坡政府、华社、华校如何纪念陈嘉庚,包括自 1998 年开始陈嘉庚青少年发明奖和陈嘉庚高级学位奖的颁奖典礼、政府部长的题词(尚达曼用华文书法题词"学习先贤,与时俱进")、主宾及获奖者的讲话等。

　　从对此地铁站命名表示许可,到为在此举行的陈嘉庚纪念展进行开幕致辞,新加坡政府表现出了对陈嘉庚记忆传播的认可和推动。紧邻华中,用陈嘉庚中英文全名命名的地铁站,镶嵌华中师生创作的空间艺术作品,拥有一个命名的故事,并展出陈嘉庚历史和纪念方式,充分展现了作为媒介记忆重要组成部分的空间记忆,是如何发挥其精神传播和认同塑造的过程的系统性,以及展演了媒介记忆的"诗性"和美感。

第六节　浓缩叙事:先贤馆与纪念馆

(一)新加坡先贤馆

2008年,借怡和轩大厦重建和怡和轩俱乐部成立113周年庆,新加坡陈嘉庚基金会属下先贤馆成功开幕。先贤馆位于怡和轩俱乐部一层,馆内展出的是10多位新加坡杰出华社先贤的事迹,其中包括陈嘉庚、李光前、陈六使、林义顺等。这所纪念馆旨在为公众提供一个了解先贤生平事迹和贡献的场所,并学习先贤们为社会无私奉献的精神。时任新加坡外交部部长和怡和轩顾问,同时也是先贤馆的赞助人杨荣文先生,认为先贤馆的建立正合时宜,追述了华社先驱人物的丰功伟绩,"他们都是能舍弃自身利益,为国家社会作出贡献的伟人,他们的精神将永远鼓舞和激励年轻一代的企业家"。

先贤馆内布局分为三个空间:陈嘉庚事迹介绍,李光前、陈六使等华社先贤介绍以及怡和轩历任主席介绍。展示品以蜡像、背景板、文物手稿陈列为主。人物叙事的主线是陈嘉庚的生平,重点是他对新加坡及南洋地区作出的贡献。

先贤馆的开篇介绍语中写道:"欢迎您来到先贤馆,欢迎您跟新加坡百年先驱人物做近距离接触。在这里,新加坡华社的杰出领导人陈嘉庚、李光前、陈六使和林义顺等都一一展现他们的风采和丰功伟绩。这些先贤是促使新加坡经济繁荣、社会进步的功臣,他们为新加坡留下了宝贵的精神遗产,他们为新加坡的教育事业所作的贡献,与日月同辉,并将永远为世人所铭记。在这里,时光倒流,然而您所见的一切都是真实的。"

先贤馆大厅内竖立着一尊陈嘉庚的蜡像。陈嘉庚像身着西装,挂着拐杖,两边是他出行所用的两个皮箱。这是陈嘉庚各类塑像中唯一一尊蜡像。比起铜像来,蜡像更显肌肤纹理,栩栩如生。蜡像身后的背景板上,写着陈嘉庚的人生信条:"天下兴亡匹夫有责,身家可以牺牲,是非不可不明"。这段文字是从陈嘉庚的书信中所摘录的,按照亲笔字迹所复刻。此箴言语录也是先贤馆展示的核心精神要义。

　　以陈嘉庚蜡像为起点，先贤馆的历史叙事以中英文双语介绍徐徐展开。蜡像身旁，便是南侨机工的介绍。展板中有滇缅公路地图和南侨机工回国服务的照片。文字简介中写道：1939 至 1942 年间，为响应陈嘉庚先生的号召，约 3200 名主要为华侨的汽车驾驶员和技术工人参加了由南侨总会组织的"南洋华侨回国机工服务团"，补充了中国紧缺的卡车司机，为保障滇缅公路的国际运输线作出了贡献。"在陈嘉庚先生的帮助下，1144 名机工拿了象征性的一笔款项和一张证明书后成功返回南洋家园。没有回返的人，有的在战事中已经牺牲，有的选择留在中国。"这段文字，交代了南侨机工的结局，也彰显了陈嘉庚为这些共赴国难的志士殚精竭虑。

　　之后的叙事是按照陈嘉庚大事记进行的。在对陈嘉庚的身份介绍中，强调了陈嘉庚是新加坡华社最杰出的领导人，是一位"全面的华社领袖"。他的大半生是在新加坡度过的，为新加坡的经济繁荣和社会进步作出了卓越的贡献，尤其是倾资办学的精神，无人能及。对他的贡献，分为了工商业、社团、教育和报业四个方面。按照儒家家庭思想，首先介绍了陈嘉庚的父母和胞弟陈敬贤。陈嘉庚父亲陈杞柏在新加坡经营米业等，还热心公益事业，资助同济医院等慈善事业，为陈嘉庚在新加坡发展事业打下了经济和社会基础。他的母亲被认为是陈嘉庚儒家思想的启蒙者。胞弟陈敬贤则是陈嘉庚事业的襄助者。

　　陈嘉庚对教育事业作出的贡献被重点介绍。导览词介绍陈嘉庚一生中对社会最大贡献就是在教育方面，秉持取诸社会、用诸社会的原则，强调教育乃强国之本，先后资助创办南洋和中国的学校多达 70 多所。除了一一列举他在新加坡创办的或倡办的学校，还特别介绍了他倡办的华侨中学。彼时新加坡华文教育尚无大学，华侨中学是新加坡华文学校中的最高学府。至今，华侨中学仍是新加坡顶尖的中学之一。导览词同时强调了陈嘉庚对本地英校莱福士学院和英华中学的资助。除了教育方面的贡献，先贤馆还呈现了陈嘉庚对亚洲民族解放事业的贡献。展厅内专门一个展板介绍陈嘉庚在 1946 年 3 月在怡和轩接待印度民族解放运动领袖尼赫鲁。

　　展厅正中是实物陈设，主要是书信，有 1954 年 1 月陈嘉庚写给怡和轩同人的亲笔信、陈嘉庚言论集最初的版本，以及陈六使创办南洋大学出让土地的地契，以及李光前被清华学堂录取的名单。最有价值的是陈嘉庚的《南侨回忆录》的手稿,展厅内只陈设了一部分,但也弥足珍贵。陈嘉庚给怡和轩同仁写的信中列举了中国国内的各项发展情况,特别是集美学校的建设进展、侨生的录取情况、厦门和集美的建设情况,希冀新加坡的同仁对中国的情况予以关注,体现了他对家乡教育和社会发展的亲力扶持。

展览还叙述了陈嘉庚在中国的贡献。展厅内陈设了陈嘉庚在厦门华侨博物馆门前的合照,以及和毛泽东在中南海的合影,简单陈述了他受邀归国后为政协工作,以及在家乡集美筹办华侨博物馆等的事迹。展览以陈嘉庚逝世为句号。展厅内照片是陈嘉庚在集美鳌园的墓碑,周恩来、朱德在北京公祭大会为陈嘉庚执灵的照片,以及1961年在新加坡召开的陈嘉庚逝世纪念大会照片。为纪念陈嘉庚的光辉事迹和伟大人格,一颗小行星以陈嘉庚命名,陈嘉庚星的星座图(2007年)和新加坡华侨中学的陈嘉庚铜像照片一同被呈现,彰显新加坡人民在新世纪仍然没有忘记陈嘉庚,更加敬仰陈嘉庚。

先贤馆的展厅内除了介绍陈嘉庚,还有其他先贤的介绍。重点是李光前和陈六使。李光前是陈嘉庚的女婿,陈六使是陈嘉庚的族亲。这二人在新加坡也是地位崇高的华社先贤,在当地颇有影响力。他们继承了陈嘉庚对教育事业的理念,在新加坡创办大学、资助教育,是20世纪后半叶对新加坡贡献良多的伟人。

对陈六使的介绍主题是创建南大。导览词是"创建南大功勋永垂不朽"。图片展示了他在南洋大学"动土仪式"上的讲话和挥锄挖土的情形。展览还肯定了他作为华社领袖保护华商利益的历史贡献。作为在新加坡历史上有政治敏感性的历史人物,陈六使的巨幅照片和简介被放在先贤馆,以仅次于陈嘉庚的位置和规模叙事和展示,体现了新加坡华社对他的感怀。

展览将李光前定位为"战后华社的主要领导人",突出了他乐善好施,行事低调的品格,高度赞誉他"中华民族的传统美德集中体现在他的身上"。配合李光前身着新加坡校长袍服的照片,导览词介绍他常年热心公益慈善和文教事业,设立李氏基金回馈新马社会,资助南洋大学、马来亚大学等。展馆展示了目前在新加坡以李光前命名的建筑:新加坡国家图书馆之李光前参考图书馆、南洋理工大学的李光前医学院和李光前讲堂、新加坡国立大学的李光前大学堂和李光前翼楼、国大博物馆之李光前文物馆、李光前自然历史博士馆以及新加坡管理大学的李光前商学院。展厅还布置了他和陈嘉庚的合影,以及与陈嘉庚长女陈爱礼的婚礼照片,显示了他和陈嘉庚是亲属和战友的紧密联系。

除了陈嘉庚、陈六使和李光前三位伟人的详细介绍之外。先贤馆还陈设了怡和轩历任主席、总理,以及陈嘉庚基金会历任主席(陈延谦、陈笃山、林荫华)的介绍。怡和轩的发展史和历史贡献也在先贤馆中陈设。陈延谦曾经代理南侨总会主席,与陈嘉庚发起同美汽车公司发展家乡道路运输建设。陈笃山是陈延谦之子,继承父亲遗志。曾任中华总商会会长的林荫华是集美学校校友。加上怡和轩的诸位主席,这些华社领袖都和陈嘉庚有着紧密的联系,在支持社会文教事业、支援中华民族解放事业、支撑华社发展等都不遗余力贡献自己的力量。他们都是受到了陈嘉庚精神的感召。战后华社的领导人,也在尽力传播陈嘉庚精神。

除人物介绍之外,还设立另一个书籍展厅,展示与陈嘉庚、陈六使、李光前等相关的回忆录、言论集、专著、图片集、诗文纪念集等等。如《南侨回忆录》《新中国观感集》《南大回忆》《陈六使与南洋大学》等等。还陈列了陈嘉庚基金会获赠的奖章和荣誉等。

先贤馆的导览路线以陈嘉庚蜡像为起点,按照陈嘉庚生平大事记线索叙事,并凸显他号召南侨机工回国抗战的事迹;之后连接陈六使和李光前的事迹展;最后辅以怡和轩和陈嘉庚基金会,这两个与陈嘉庚关系最紧密的社会组织的发展脉络和领导人介绍。中庭以文物展览来展现历史真迹,拉近参观者与历史的距离。先贤馆浓缩了华社历史上领袖人物的纪念叙事,在对人物的描述中也串起来新加坡华社的历史,彰显了中华民族的爱国精神和回馈社会的宝贵品格。以陈嘉庚为核心的展览,显现了华社精英群像,是华人集体精神之写照。

(二)马来西亚吉隆坡陈嘉庚纪念馆

在马来西亚吉隆坡雪兰莪中华大会堂设立的陈嘉庚纪念馆是 2013 年 10 月由马来西亚陈嘉庚基金会所办的。这是东南亚第一家以陈嘉庚为人物主题的纪念馆,向公众展现陈嘉庚形象,让这位先贤人物重新进入马来西亚人民的视野。纪念馆不仅仅是让人们感知和思索陈嘉庚思想和精神的空间,也是一个寻找、发现和体会马来西亚与海外华人华侨发展轨迹的过程中,一个不可绕过的地方。

在纪念馆的门口,是马来西亚陈嘉庚基金会的详细介绍,包括创办缘起,是为缅怀先贤业绩,弘扬嘉庚精神,并以此为契机创建世界华人的沟通平台。

此部分列举了基金会的大事记、创会宗旨、活动纲要，具体的活动和项目，包括陈嘉庚纪念馆、嘉庚论坛、陈嘉庚精神奖、嘉庚学堂、学术研究、融入社区和支援教育。

纪念馆门厅则竖立着陈嘉庚铜像和他的追随者陈六使、庄西言、张楚坤、黄奕欢、胡愈之的群像。这实际上是一个微型特展"先贤交辉"，展现了陈嘉庚以他的人格魅力和高贵品质获得了众多挚友的支持。他疾恶好善、高风亮节、远见卓识，鼓舞了海内外华人华侨支援抗战的豪情，实现民族独立的雄心，激发了华商倾资兴学、造福桑梓。与他志同道合的华人精英，在不同的历史时期不遗余力襄助他，甚至在他逝世后继承他的精神，继续回馈社会，回报祖国。如李光前、林文庆、林义顺、陈六使，以及林推迁、叶玉堆、孙崇瑜、庄希泉、曾江水、庄明理、侯西反、刘玉水、张楚琨、胡愈之、陈文确、潘国渠、孙炳炎、萨本栋、陈村牧、黄炎培、叶澜。这些华社领袖和社会精英，有的襄助他的教育事业，有的支持他号召的南侨总会，还有的帮助他经商、出版报纸，以及维护他的安全。他们是陈嘉庚精神最直接的影响者和继承者。该部分特展通过这些人物来衬托陈嘉庚的君子品格和为人处世之道，也彰显了华社的团结。

陈嘉庚铜像背后的纪念馆常设展，一共分为8个叙事部分。第一部分是"慎终追远，情系故土"，叙述了陈嘉庚的家庭、故乡，和他出洋的故事；第二部分是"实业兴邦，诚信经营"，讲述了他从米店学商，到独立创业，成为南洋著名的橡胶大王和黄梨大王，建立起庞大的商业帝国的过程，这部分叙述强调了陈嘉庚的诚信品质和远见卓识；第三部分是"多元理念，励志图远"，依然在叙述陈嘉庚作为商业先驱不断开拓发展；第四部分是"以商养文，启迪民智"，介绍了他拓展中国和南洋的教育事业，同时创办了《南洋商报》，为新马地区的华文报业作出了突出贡献；第五部分是"倾资兴学，传承文化"，作为整个展览的重点，强调了陈嘉庚兴办华校，尤其是倡办新加坡华侨中学和创办厦门大学的传奇佳话；第六部分是"回归故里，造福桑梓"，展现了陈嘉庚晚年回到故乡定居，继续为祖国人民和海外华侨效力的故事；第七部分是陈嘉庚大事年表，按照时间线简要叙述了陈嘉庚生平；最后是"承前启后，继往开来"，是整个展览的特色和亮点，专题介绍了陈嘉庚精神奖与历届受奖人的事迹简介。展览各部分主题均配以陈嘉庚的名言：如"我毕业生以诚信勤俭办教育活动，为社会服务。对于轻金钱，重义务，诚信果毅，疾恶好善，爱乡爱国诸点，尤所服膺向往，而自愧未能达其万一，深愿与国人共勉之也"，"教育为立国之本，兴学乃国民天职"，"宁可变卖大厦也要支持厦大"，"教育是千秋万代的事业，是提高国民文化水平的根本措施，不管什么时候都需要"。在每一主题展板都醒目标明陈嘉庚精神的宗旨，也是陈嘉庚历史贡献的概括："倾资兴学，传承文化；倡导新学，创办大学；弦歌不辍，止于至善"。展厅也展示了部分实物，如厦门陈嘉庚纪念馆捐赠的陈嘉庚《南侨回忆录》的部分手稿、马来西亚新山苏宗钦先生捐赠的《南侨回忆录》的首版和新加坡符懋濂先生捐赠的《新中国观感集》，新加坡林孝胜先生捐赠的陈嘉庚公司便签、信封和收据发票原件。

相比较厦门集美的陈嘉庚纪念馆，吉隆坡的陈嘉庚纪念馆空间并不大，文物和一手资料较少，但是很好利用了展览空间进行浓缩叙事。三面墙上是展板，一面是舞台，中间是活动空间，方便参访者在听讲解看展之后，进行互动交流，加深对陈嘉庚事迹的理解。配合展板上的图片和文字叙述，墙上还设置了闭路电视播放纪录片和宣传片。宣传片播放的是陈嘉庚基金会的创办过程、陈嘉庚精神奖的获得者介绍和颁奖晚会盛况，以及南洋华人"过番史"纪录片。参观者可以补充在课堂上获知历史知识的不足，让学生通过社区学习的方式，接触陈嘉庚语录，让陈嘉庚精神实践在当下。前来参访者还有南侨机工后代、南洋大学校友、共青团中央、厦门海外联谊会、马来西亚各州华文小学、独立中学、社会团体以及日本友人。参访者在留言簿上表达感念之情，有人写道"这是中新马共同的记忆"。

第七章

陈嘉庚海外媒介记忆的特征

第一节　陈嘉庚故事的新闻聚焦

（一）支持孙中山革命

陈嘉庚支持孙中山的史料主要是加入同盟会、与孙中山面谈，并在辛亥革命爆发后，应孙中山的要求汇了 5 万元支持革命事业，随后又支持了福建革命政府，《海峡时报》在 1930 年对陈嘉庚的访谈中，就以"孙中山避难处：新加坡没有革命的背叛者"为小标题，详述了陈嘉庚对孙中山三民主义精神的领会和对同盟会、辛亥革命以及孙中山本人的支持和襄助。

1985 年，《联合早报》在叙述道南学校的建校历史，阐释了 1900—1919 年华人兴学的风气。当时中国政局发生重大变化，孙中山等革命党南下鼓吹华人兴学，虽出于政治目的，但都在客观上促进了华校的发展。[①] 1986 年，《联合早报》以"陈嘉庚和孙中山"为题，回忆陈嘉庚加入同盟会和见面的情况。主要材料源于厦大历史学者《出洋记——陈嘉庚外传》，写道陈嘉庚是在好友林义顺和陈楚楠的影响之下，同情革命，关注同盟会。1910 年，陈嘉庚与胞弟陈敬贤在晚晴园举行入盟仪式，陈嘉庚写下盟书并宣誓画押。

文章还阐释了陈嘉庚资助孙中山革命的原因和贡献。1911 年同盟会成员与福建会馆负责人在天福宫成立福建保安会，以支持福建省的革命军政府

---

① 《福康宁山下两名校——英华与道南学校》，《联合早报》，1985 年 11 月 11 日。

维持地方治安,恢复社会秩序,陈嘉庚被推选为会长。同年 12 月 15 日,陈嘉庚与孙中山会面于新加坡。孙中山在辛亥革命爆发在美国争取各国对中国革命的支持,准备向华侨筹款以建立新政府。陈嘉庚以同盟会会员及福建省保安会会长身份与孙中山会面。孙中山当时问陈嘉庚为福建省革命军政府筹了多少钱。陈嘉庚说一个月以来已经汇出 20 万元。孙中山赞许陈嘉庚十分能干,并且问陈嘉庚,待他回国后组织中华民国政府后,陈嘉庚是否能帮他筹款。陈嘉庚一口答应。[①] 孙中山出任中华民国临时大总统后,电报新加坡同盟会,陈嘉庚立即汇款五万国币给孙中山。这五万国币的捐款也被陈嘉庚记录在了《南侨回忆录》里。

陈嘉庚对孙中山一直十分敬佩,常以"总理"和"先总理"称呼之。在他领导的南侨筹账大会时,会场主席台正中必须悬挂孙中山的肖像,上书"天下为公"。相关的纪念馆,如先贤馆和晚晴园也都认可这段史实的存在。在各种展览中,还呈现了陈嘉庚和孙中山的"合影"和油画。实际上二者并无合影留存,在目前发现的史料中没有这样的"照片"。人们为了把二者联系起来,意图"还原"历史场景而把二人照片拼贴而成,油画也是基于一种想象而构图的。

陈嘉庚同情革命、资助孙中山革命、加入同盟会是有档案记载的历史事实。二人见面的故事,细节经过演绎,烘托了孙中山的革命精神感染海外华人的历史背景。新加坡的媒介记忆把两位革命伟人联系在一起,试图证明新加坡对中国革命作出的巨大历史贡献和中国革命海外根据地的地位。

(二)倾资兴学:倡办华侨中学

虽然创办厦门大学让陈嘉庚的声望在教育界达到顶峰,但在新加坡的媒介记忆内容中,陈嘉庚倡办华侨中学才是陈嘉庚在新加坡首要的教育贡献。

华侨中学 1919 年创办,是陈嘉庚联合了新马 16 所华校倡办的,他本人捐款 3 万叻币以作示范。当时的华校只有小学,华文教育的层次较低。很多华人为了求学还要回到国内中学如集美师范,继续深造。华中的创办是南洋华社欢欣鼓舞的一件大事,在族群文化传承和母语教育上有了结构性的提升。华中的办校情况和每年的校庆纪念,都是报刊的常设议题。华中校庆的"万人宴"的报道,从筹备开始就会受到媒体关注。

---

① 《孙中山与陈嘉庚》,《联合早报》,1986 年 11 月 9 日。

1978年,《南洋商报》刊载《华侨中学》一文,叙述了陈嘉庚与1918年6月,联络了养正学堂等16校,发起筹办华侨中学,并在之后采购武吉知马橡胶业作为"环境幽静,适宜读书"的新校区。回顾了创校历史后,文章指出"自强不息的华中,将继续为国家培养英才,为邦国谋福利"。对华中的报道,也离不开爱国主义精神的宣扬。1979年,《南洋商报》继续刊载《南洋华侨中学简史》,把创办者陈嘉庚的照片配在文字后面。文章叙述了陈嘉庚、李光前和陈共存三人对华中的历史贡献。陈嘉庚虽然只是"倡办者"之一,但在华中享有"校主"的待遇,在媒体纪念文章中,与创办者无异,"倡办"与"创办"两词经常混用。无论是歌颂陈嘉庚的兴学精神,还是追溯华校发展史和新加坡教育发展史,都会提到陈嘉庚创办华中。而新加坡国家博物馆在新加坡历史的展馆叙事里,提到陈嘉庚最重要的贡献也是创办华中和其他会馆学校。这是新加坡官方叙事中,认为陈嘉庚对本地最重要的贡献,也是可以抛却"政治争议色彩"的历史贡献。

随着华中在新加坡教育系统中的地位提升,尤其是作为政府"特选中学",其母语教育的教学内容和文化特色,经常有新闻见诸报端。华中纪念陈嘉庚、李光前等创校先辈的活动,都会被媒体记录。1998年,媒体报道了华中设立的"华岗剧场"的首次表演,即大型史诗剧《陈嘉庚》的筹划、考察、排练和售票信息、演出盛况。2009年,华中为推动武吉知马校区地铁站以陈嘉庚命名,联名致信政府。华文报和华社积极推动并支持,《联合早报》上并未刊出反对的读者意见,而英文报纸《海峡时报》上则刊登了持续一周的读者来信,持不同立场的人为地铁站是否应该以陈嘉庚命名而辩论。在《星洲头家2》的《陈嘉庚》上下集中,华中也是作为一个纪念的场域出现在纪录片的开头和结尾,中间穿插了华中师生的文化成就和文艺活动,特别是华中学生在陈嘉庚铜像前致敬的画面。华中作为本地精英学校,得到政府的高度重视,李光耀等领导人都访问过华中,肯定华中为国家培养人才的理念。华中的校训是"自强不息",和厦门大学校训一致,但校门上"饮水思源"四个字,成为了华中在践行的口号,也成为新加坡官方和民间都在呼吁的一种感恩回馈的精神。"饮水思源"成为陈嘉庚精神在本地阐释的重构。

(三)抗战侨领:南侨总会的历史

1. 讨汪事件

1938 年 10 月,当陈嘉庚从路透社的报道中得知"汪精卫发表和平谈话"的消息后,向汪本人连发了五个电报,指出其错误,但却没有结果。因此,陈嘉庚决定在当年 10 月 28 日召开的第二届国民参政会上提交一份提案以示抗议。原文为三个提案:"参政会,渝。议长秘书公鉴东电,悉庚因事未能赴会甚歉兹有提案三宗乞代征求参政员足数同意并提请公决:一、日寇未退出我国土之前凡公务员对任何人谈和平条件概以汉奸国贼论;二、大中学校在抗战期间禁放暑假;三、长衣马褂限期废除以振我民族雄武精神。陈嘉庚叩首。"①这份提案是由大会秘书处拿到会场征求意见,联名签署者十分踊跃,加上陈嘉庚一共是 20 人。后陈嘉庚将其中的"讨汪电报"发给福建新闻社,写为:"在敌寇未退出国土之前,公务人员任何人谈和平条件者,当以汉奸国贼论"。1941 年邹韬奋在香港《华商报》上发表的连载文章《抗战以来》中的《"来宾"开炮》,将此电报浓缩为"敌未出国土前,言和即汉奸",并将之誉为"古今最伟大的一个提案"。

1939 年 7 月 15 日,《海峡时报》以"中国没有言和"为题报道了陈嘉庚发电报声讨汪精卫绥靖言论。在对讨汪电报对英文翻译中,说的是"最后,允许我敬告各位公务员,敌人仍然留在我们的土地上,任何人胆敢讨论中日和平,会被八百万海外华侨所谴责"。②《海峡时报》在这篇英文报道中,强调了海外华人对汪精卫言论的斥责态度。在四个月后又登出陈嘉庚谴责汪精卫的叛国行为,警告日本人对叛徒的贿赂决不会削弱中国的抵抗。

在新马地区的陈嘉庚纪念展览叙事中,电报提案总会被置入陈嘉庚号召抗日的故事中,表明陈嘉庚支持抗战,反对绥靖的决心。展览使用的电报版本通常是陈嘉庚手书寄给福建新闻社的稿件,即"在敌寇未退出国土之前,公务人员任何人谈和平条件者,当以汉奸国贼论"。

2. 卖花筹赈

《海峡时报》刊出当战争爆发时,陈嘉庚以怡和轩为总部,倾力号召东南亚

---

① 《陈嘉庚"最伟大提案"电报原稿在南京发现》,台海网,2007 年 8 月 10 日。

② No Mediation in China, *The Straits Times*, 1939.7.15.

支持中国抗战。由于殖民政府不允许华侨参与国内政治,所以"南侨总会"是以"筹赈祖国难民"的理由获准的。报刊通过亲历者和旧时新闻回忆往昔筹赈的丰富多样的形式,比如球类比赛、"一元一砖"运动、义演义卖、司机义驶、理发师义剪、三轮车夫义踏等。卖花筹赈则是妇女儿童最积极参加的活动,除了花农贡献的鲜花,大部分是学生们自己扎的纸花,搭巴士在新马各地募捐。

南洋华侨抗日的媒体记忆中,卖花筹赈最为鲜活的记忆,源于一首《卖花词》的传唱。《卖花词》是当时南洋的学生和一些舞女参加筹赈活动时唱的小曲。这首歌是名作曲家夏之秋所作。他在陈嘉庚的安排之下,率领武汉合唱团到新马巡回表演,为抗战救亡筹款。当时还写了《思乡曲》《最后的胜利是我们的》等歌曲。歌词则是陈嘉庚的秘书,诗人潘受所写:"先生买一朵花吧,先生买一朵花吧,这是自由之花呀,这是胜利之花呀,买了花呀,救了国家呀!先生买一朵花吧,先生买一朵花吧,不是要你爱花,不是要你赏花,买了花呀,救了自家呀"①,"你一角,我一毫,涓涓滴滴积成江河变成怒潮,只要你有多少捐多少……寄到前方去,买子弹,买枪炮,赶走强盗。到那时吐气扬眉,誓把中华保。"②这首词再后来被南洋大学筹建卖花活动所借用,学生们改了歌词:"这是教育的花呀,这是成功的花呀!买了花呀,建了南大呀!"③

《联合早报》的一位作者去拜访了曾经参加的卖花筹赈的一位老人。除了那段卖花词,老人还重现了当时卖的"花"的样子,是一朵铅丝绑成的纸花,当时的学生都手工制作纸花,唱着卖花词去筹赈。除了学生,还有舞女参与卖花。报纸刊登了一篇《菊英姐妹卖花》的回忆文章,体现了当时南洋地区的各阶层都主动联合起来,为筹赈抗日尽一份自己的绵薄之力。

《卖花词》的创作背景和传唱场景,无不感人至深;而跨越十几年,《卖花词》改变后为南洋大学筹款也起到了重要作用。同时参与两次卖花筹赈的华人,不仅体验了爱国主义和民族主义的教育,也留给了后代宝贵的口述史记忆。

3. 南侨机工

《海峡时报》在 2012 年刊载了一篇纪念文章——《二战纪念碑》,不但详细

---

① 《年末怀人:2017》,《联合早报》,2017 年 12 月 20 日。
② 周维介:《再谈文化大坡》,《怡和世纪》,2018 年,总第 37 期,第 59-69 页。
③ 《看电视剧〈和平年代〉引起回忆,〈卖花词〉60 年》,《联合早报》,1997 年 9 月 13 日。

解释了南侨机工的历史背景,还记录了一位南侨机工的后代的口述史。报道阐释了滇缅公路的历史作用。在战争爆发后,中国于 1939 年 1 月开辟了一条从缅甸到昆明的跨境运输补给路线。全长 1146 公里的公路,是中国海岸线运输港口陷落之后唯一的运输公路。货物从仰光通过腊戌转运到中国境内,一路上需要穿越丛林和山岗。由于缺乏有经验的司机和机工,中国政府向东南亚求助,要求陈嘉庚招募人员。"1939 年 2 月 7 日,新加坡华文报纸刊登一则启示,招募司机去祖国服务(serve in the motherland)","申请人需要承诺自己对中国的忠诚"。马来亚同样发布了招募信息。数千人前往中国,成为历史上的"南侨机工"。其中有一位叫白清泉,他的后代对记者说,他的祖父在中国出生,为祖国而战是那一代人的想法。另一位在新加坡出生的机工何杨海(音)的女儿回忆父亲报名当机工并没有告知家人。该报引用《联合早报》的报道,当时 3226 名机工里面,706 人来自新加坡,有 4 位女性,还包括一些印度人和马来人。1939 年 2 月 18 日,在一场场面浩大的欢送会后,第一拨 80 位机工由白清泉带领,开发前线。其余人在接下来的六个月内陆续前往。接受了军事训练后,三年内这些机工不断在穿梭在滇缅公路上为中国军队运输物资。《联合早报》刊登了南侨机工中的一位"花木兰"林月娘的故事特写,给南侨机工的故事增添了巾帼英雄的传奇色彩。[①]

新加坡国家档案馆在 1980 年专门录制了南侨机工的口述史采访。白清泉等机工回忆了当时的艰难岁月。当时不仅吃睡在车上,日本飞机还频繁俯冲下来扫射运输车。1942 年,当日军占领仰光后,滇缅公路被切断,机工也就被遣散了。活着回到南洋的机工大约千余人。陈嘉庚向国民政府要求遣散费,但政府并未能如愿拨给。陈嘉庚来到吉隆坡参加大会接受采访,声明为了 1400 名南侨机工的安置问题,国民政府曾允诺出资 500 万美元。陈嘉庚宣称那些离开马来亚的家前往祖国服务的机工,对中国的贡献远超金钱的援助,但他们至今没收到中国政府的帮助。[②]

关于南侨机工的历史,在 2008—2013 年是报道的高峰。此时正值华社积极呼吁纪念南侨机工,建立纪念雕塑、纪念碑的时期。在华社的强烈呼吁下,南侨机工的雕像在晚晴园落成。南侨机工的展览也在中新两国档案馆的合作

---

① 《从个人角度诠释二战对新加坡人影响:国家博物馆增设二战展览》,《联合早报》,2012 年 9 月 27 日。

② Tan Kah Kee Attacks China's Govenment , *The Straits Times*, 1946.6.17.

之下成功举办,这段历史记忆的纪念也获得了官方的认可。与此同时,华社又在媒体上发文,要求同在抗战时期的星华义勇军也应得到政府竖碑纪念。

4. 星华义勇军

从南侨机工的历史被政府所认可和纪念之后,华社又开始呼吁打捞星华义勇军的英雄记忆。新加坡沦陷前,殖民政府总督召集 60 位华社领袖,并指定陈嘉庚组织一支华人军队以打击日军,守卫新加坡。总督特别命令征用晋江会馆,作为星华义勇军的集中地和动员总部。这支部队属于非正式军队,是游击队性质,缺乏武器装备。他们在 1942 年 2 月 5 日被送往前线。他们在莎琳汶海滩、武吉知马、兀兰与克兰芝抗敌。1942 年 2 月 15 日新加坡沦陷,星华义勇军解散,从成立到解散只有 13 天。比起林谋盛这位被高调纪念的抗日烈士,星华义勇军的将士们被政府选择性遗忘,没出现在课本中,没有专门的纪念馆、纪念碑。

在新加坡,与二战历史有关的纪念馆、纪念碑为数不少,包括日本占领时期死难人民纪念碑、英军的阵亡纪念碑、林谋盛纪念塔、鸦片山战役纪念馆、旧福特车厂、樟宜监狱博物馆、福康宁山英军碉堡等,以及最终设立在晚晴园的南侨机工雕塑,但没有一处是纪念星华义勇军的。国家文物局在 1995 年为纪念二战结束 50 周年,曾列出 11 处二战遗址,并立碑纪念,其中包括日军登陆处、樟宜海滩日军大检证的屠杀地点、印度国民军纪念碑遗址等,但令人遗憾的是,星华义勇军曾浴血奋战过的地方和义勇军总部等,都没有被列入官方的二战遗址。[①] 只在曾经作为星华抗敌动员总部晋江会馆门前竖立了二战纪念碑。华社希望恢复纪念南侨机工之后,也能恢复纪念星华义勇军,从"保卫本土"的角度来说,星华义勇军的历史完全值得被新加坡民众所认知和纪念。自2005 年起,媒体就在呼吁竖立星华义勇军纪念碑。2012 年《联合早报》发表社论,呼吁正视星华义勇军的抗日历史功绩有利于爱国主义教育:"当时的海外华侨不仅爱祖国,也爱世代生活的家园。不仅有南侨机工,还有 1942 年,浴血奋战 13 天,死伤无数的星华义勇军。缺乏装备,视死如归,他们勇于牺牲,无私奉献的高贵品格,正是培养新加坡人爱国主义情操的精神源泉。这是新加坡人保家卫国的历史,'不是他们的历史'。"[②] 呼吁建纪念雕塑在新加坡社会

---

① 《谁来为星华义勇军立碑》,《联合早报》,2013 年 4 月 10 日。
② 《从南侨机工想到了星华义勇军》,《联合早报》,2012 年 8 月 18 日。

没有得到回应,《联合早报》再刊文,强调国家民族的历史是由英雄的名字串联起来的,英雄的精神是国家民族的灵魂,缺少英雄精神的国家,不可能成为一个独立的国家。丧失英雄灵魂的民族,也不能成为一个伟大的民族。① 对于星华义勇军的记忆打捞,更突显华人对新加坡的保卫,以及殖民政府和英军对新加坡的放弃,这也是战后新马人民反殖民谋独立的重要原因。

5. 战后致电杜鲁门

陈嘉庚于 1946 年 9 月 11 日以"南侨筹赈祖国难民总会主席"的身份给当时美国总统杜鲁门、参众两院和美驻华特使、大使等发电文,要求美国政府改变对华政策,不再支持国民党打内战,电文中先说明中国人民爱好和平,"信奉孙中山革命遗教,主张建立民主国家",但遭遇了军阀内战和日本侵华。陈嘉庚希望美国政府不要步日本后尘,意图分裂中国,他希望美国政府能明白蒋介石政府"腐败专断、狡诈无信,远君子亲小人,所任用官吏,贪污营私、声名狼藉,以致民生痛苦,法纪荡然"。陈嘉庚以亲身经历证明共产党廉明获得民心且政权牢固:"延安中共辖地,民主政治已见实施,且中共或民众拥护,根深蒂固,不但国民党不能加以剿灭,任何外来金钱武器压迫,亦不能使其软化"。他明确要求美国撤走一切驻军和武器,不再援助蒋政府,"使中国内战得以终止,人民痛苦得以减少"。陈嘉庚还特意强调了美国如果响应他的号召,则会获得全世界爱好和平人民的拥护。

新加坡媒体刊出了此文,并且刊登了美国政府表示收到此电文的回复。此事件在南洋引起了轩然大波。各方登报阐明立场,引起了一场舆论战。新马华社立刻作出反应,根据自身的政治立场,在华文媒体上刊发声明。1946年 9 月 25 日,《南洋商报》刊载《陈嘉庚通电事件 马来亚各界反应》,报道新马华社闻讯"群情骚然",马六甲中华总商会以及其他 66 个侨团代表,近二百人召开大会,现场秘书以国语、闽语和粤语朗读陈嘉庚电文,并且表示反对:"对陈氏擅自代表南洋华侨,滥用南侨总主席职权,咸深不满,一致通过否认陈嘉庚通电决议"。之后,广东会馆、中山会馆、番禺会馆等广东籍宗乡会馆和星华音乐剧社等向美政府发电文,抨击陈嘉庚"欺世盗名""离间友国"。② 而另一方是陈嘉庚的支持者,如新加坡怡和轩、福建会馆、(马来亚)巴生民盟、新青分

---

① 《星华义勇军英雄还要等多久》,《联合早报》,2013 年 3 月 30 日。
② 《各社团联电美总统 否认陈嘉庚电文》,《南洋商报》,1946 年 9 月 21 日。

团和厦大、集美校友会。厦大、集美校友会举行校友代表联席会意思,对校主陈嘉庚通电表示赞同和拥护,"谓非常正确,可以代表南洋华侨,全场一致通过,热烈拥护""陈嘉庚先生就是中国老百姓的代言人,过去揭发汉奸卖国求荣的阴谋,现在为了实现祖国和平,减少人民痛苦而大声疾呼。过去他是抗战爱国锄奸的民族战士,现在是重建中国一位不可少的国民代表"。民盟等表示此次通电行为是"目前祖国起死回生的急救办法""先生之伟大,特专函致敬"。到了 1946 年 10 月,新马地区华人逾 3 万人签字要求美军撤出中国。可见陈嘉庚通电在新马地区的号召力和海外华侨华人希望祖国和平的愿望。此次通电事件,是继 1938 年的"电报提案"后,又一次引起了海内外的舆论风潮。与讨汪电报不同的是,战后新马华社在国内政治的立场上有了分歧,以至于陈嘉庚通电杜鲁门事件被后来解读为"分裂华社的行径"。在这舆论风波的背后,也有国民党在南洋的舆论操纵行为。华文报刊表现出了前所未有的舆论分歧。但并非陈嘉庚的言论引发了华社分裂,实则是立场分裂导致的舆论对抗。而处于隔岸观火的《海峡时报》也高度关注了这场舆论风暴,"华人抗议给杜鲁门的电报,给陈嘉庚施压。抗议风暴针对陈嘉庚以东南亚华人名义给杜鲁门发电报。他以旧南侨总会主席的名义引发了华人的愤慨。人们认为这会让外国误以为南侨总会仍然存在。陈嘉庚已经不是第一次用这个名义了,之前是祝贺尼赫鲁。陈嘉庚最近的行为显示他的共产主义倾向越来越明显了。"紧接着,《海峡时报》又刊登了陈嘉庚对此的回应,"陈嘉庚回复了四点。陈嘉庚坦诚南侨总会已经超越了原有的筹赈捐款的范畴。针对为何用南侨总会的头衔,他说 60 多个东南亚筹赈会,35 个在荷属东印度,7 个在马来亚,还没有恢复运作。我希望这个事件足够能充分反映,我是不是主席,能不能代表总会,以及总会能不能代表东南亚海外华人"[①]。英文报《海峡时报》都对此连续刊登了十篇报道,可见当时此事件的影响力已经远超华社,而引起到了整个新加坡对此的关注。

6.大检证

"大检证"是日据时期,日军为搜捕抗日领袖和抗日分子的集体搜查和残杀新加坡华人的行动。1942 年 2 月 15 日,日寇南侵,新加坡沦陷。18 日,日宪兵挨家驱出华族居民,令分四区集中露宿于街头,男女老幼均不得免。第三

---

① Tan Kah Kee Responds to Criticism,*The Straits Times*,1946.9.26.

天开始检证。通过者发给小纸片上印一紫色"检"字,凭纸放行。被扣留者,家人苦等杳无音讯,终日挂肚牵肠。日本投降,战事结束,始知全已遇害。"新加坡大检证",与菲律宾大屠杀、南京大屠杀同列,为二战期间日军屠杀平民三大惨案之一。1945年9月,英随军记者博比·杰克逊报道,"大检证"遇害平民达5万人;《星洲日报·总汇报》社论,引述日据时期《彼南日报》数字,遇害者更达7万余人。① 陈嘉庚在战后回到新加坡后写了《大战与南侨》。据估计,死伤人数10万,但是统计出来的数据却只有46801。②当时《海峡时报》说:"根据日本媒体报道,10万陈嘉庚的追随者被杀。"③陈嘉庚认为,这种偏差的原因是或因全家遭难或原属单身,或者大人受难只余儿童,均无从填报,或认为无甚用处,不欲填报。新加坡的媒介记忆里,是一段本地战争史上日军对其负的"血债"。

　　新加坡的媒体在不断搜集一些亲历过"大检证"的口述史或者听幸存者讲述过的故事。虽然都是描述细节的短篇回忆,但是可以印证出当时华人遭遇的大劫难。从采访到的或自述的口述记忆来看,虽然华人在当时被严格盘查,但是没有人出卖陈嘉庚。不止一个人提到日军盘查时有福建人帮忙翻译,用福建话盘问华人是否认识陈嘉庚,以及是做什么行业的。如果答复做报业、印刷业的,则被怀疑是经营抗日的报刊而被捕。为躲避搜捕的华人,会躲进印度族裔的家中,因为印度当时是日军同盟,日军不搜查印度家庭,因而印度族裔在当时也保护了不少华人幸免于难。

　　在媒介记忆的口述史中,有人亲历朋友被抓,有的叙述了自己或父母亲人如何侥幸逃脱。④ 回忆的背后,是不堪回首的往事。这种悲伤,还被人们用小说、诗歌的形式来表达。1997年播出的电视剧《和平的年代》里也专门有一篇《沦陷岁月》演绎了"大检证"时,日军统治的悲惨岁月。战争记忆和苦难记忆在"大检证"的口述史文章特别引人注目。这段往事也是激起华人民族团结的重要动因。由于战后新加坡政府未能向日本追讨这段"血债",华人的牺牲未获得赔偿。1976年,《南洋商报》回顾了中华总商会主席黄奕欢秉着陈嘉庚的嘱托⑤,于1962年发起"追讨血债运动",收集死难者遗骨,1963年,总商会号

　① 林康:《卜算子——哀"大检证"》,《怡和世纪》,2013年,第23期,第32页。
　② 《日军大检证人数之商榷》,《联合早报》,1983年6月3日。
　③ Indemnity For Relatives Of Massacre Victims Suggested , *The Straits Times* , 1946.1.25.
　④ 《大检证如同鬼门关不死也被羞辱一番》,《联合早报》,1995年7月24日。
　⑤ 《黄奕欢先生——黄奕欢先生与陈嘉庚先生》,《联合早报》,1985年11月4日。

召成立"各民族联合行动委员会"组织 10 余万人游行,催请政府设立死难者纪念碑。碑铭乃 1965 年诗人潘受应总商会会长孙炳炎的请求,又经李光前先生的敦促写下的。潘受获知此碑铭的华英文稿,都要全部刻在纪念碑的基层四周。可是"等到纪念碑揭幕,却只看见碑名,没有记述事件的文字,原因就不得而详"。

无论是华文报纸还是华文期刊,都努力还原大检证的历史场景。尤其是华文期刊,如《怡和世纪》,历史学者刊登相关研究,比报纸更多一些讨论的空间。"1942 年 2 月 13 日至 1945 年 8 月 18 日,新加坡在日本军占领下是一段悲惨的黑色岁月——鞭挞、侮辱、奴役、搜刮,种种迫害之余,占领军还借名'检证',秘密屠杀了一批又一批算不清的非武装人民。"①在报道中华总商会收集死难者遗骨时,还配了死难者的遗骨和遗物的图片。新加坡电视台制作播出了《和平时代》,这部剧的播出引起了亲历那段抗战的老人的回忆,在采访中讲起往昔"市民仓皇逃难""大检证""卖花筹赈"的过往。卖花筹赈的媒介记忆,尤其是口述史的及时录制和刊登,是对华人抗战史的保存和珍藏,也是把这段珍贵而生动的历史片段固定成媒介记忆传播给年轻一代,让年轻人勿忘历史,看清华族来路,提升族群认同。

(四)慧眼识人:知心翁婿的相遇传奇

从李光前在新加坡商业成功,获得社会声望开始,报刊就开始叙述他和陈嘉庚的相遇传奇。《海峡时报》在 1939 年报道海峡殖民政府授予华人太平绅士荣誉称号,道出了李光前的奋斗之路:"45 年前厦门出生的(实际上是泉州南安)李先生 7 岁就到了新加坡,在陈嘉庚公司开始了他作为经理人的事业"。1985 年《联合早报》刊出报道纪念李光前,详细叙述了这个故事:"1916 年,当时著名的树胶商陈嘉庚打算直接把树胶卖给欧美商人,因此需要聘请通晓英语的职员主持销售部门。他看中了李光前,直接向庄希泉说项,将李光前聘请过来"。② 2017 年,《联合早报》以"千里马和伯乐"形容陈嘉庚遇到李光前的情形,强调陈嘉庚对李光前的知遇之恩和重点栽培,使得李光前个人条件逐步具备和完善,既学到了管理经验,又看到了弊端,为之后自立门户奠定了基础。

陈嘉庚与李光前的相遇故事也已经传为美谈。作为介绍人的陈六使,在

① 柳舜:《潘受敲起警钟》,《怡和世纪》,2014 年第 21 期,第 64-65 页。
② 《稳扎稳打量力而行——李光前的经商态度》,《联合早报》,1985 年 1 月 13 日。

涉及陈六使的历史记忆时,总会提到陈六使介绍陈嘉庚与李光前认识的故事。在新加坡华侨中学的校园话剧《陈嘉庚》中,这一幕也是重点的表演。在短剧中,华中学生以闽南话和华文演绎陈嘉庚遇到年轻彬彬有礼的李光前,李光前主动借伞给他。陈嘉庚看到李光前能说流利的英语,立刻看中这个年轻人。这个故事被生动演绎为"投我毛毡,报之雨伞",在媒介对李光前的生平叙述里也是必定出现的桥段。

这个传奇故事的反复叙述和戏剧化演绎,是根据历史事实上的加工。这个故事串联了两位先贤的人生经历和精神品格。凸显了陈嘉庚的慧眼识人和对李光前的知遇之恩,以及李光前的知恩必报。这个故事既反映了李光前有热心诚实的品格和出类拔萃的经营能力,也说明了陈嘉庚的远见卓识。

第二节 侨领记忆的集体塑造

华族先辈梯山航海、筚路蓝缕,建立了具有影响力的华人社会,对祖籍国和所在国的建设与发展作出了不可磨灭的贡献。先贤之业绩,即先辈建构的坚实记忆。陈嘉庚作为东南亚华社的领袖,激发了华社倾资兴学、造福桑梓,也鼓舞了海内外华人华侨支援抗战,实现民族独立。他善于交友、为华社拣选人才,在他身边亦有一群支持者和追随者。在不同的历史时期,他们受到陈嘉庚精神的鼓舞,视陈嘉庚为伯乐和榜样,不遗余力为国家、为社会作出不朽贡献。最典型的是陈嘉庚的女婿李光前、族侄陈六使和学生林连玉。三人皆为南洋著名的华人领袖,但有关他们的记忆跟随宏大历史叙事沉沉浮浮,各不相同。

(一)"光前裕后":李光前的南安精神

李光前作为新加坡华社又一重要的领袖,也是新加坡著名的慈善家、教育家和企业家。他深得陈嘉庚精神之嫡传,积极回馈社会。他受过西方高等教育,英文流利,视野广阔。二战后,他带领了战后的华商和社会团体,走向去殖民化的道路,向英殖民政府争取到了大众渴望的新加坡公民权和更多的华文教育资助。他强调立足本土,大力资助华社教育与文化,包括一次 100 万新元作为南洋大学创建经费。在 1962—1967 年还出任新加坡大学第一位本土校长。李光前的"本土意识"赢得了当局的好感,因此在新加坡,一直受到官方推崇。

早在 1930 年,李光前就以父亲李国专的名字成立"李国专基金"。1952年他捐出自己大部分的财产,设立的李氏基金,是新加坡最大的慈善机构。1985 年,《联合早报》在刊登李氏基金的动态的时候,采访了李氏基金的主席李成枫的回忆,他说父亲李光前乐于捐款是"受陈嘉庚影响"。[1] 当陈嘉庚的树胶厂收盘时,转租给李光前,陈嘉庚要求李光前每卖出若干吨树胶,就要捐出若干资金资助厦门大学和集美学校的建设。李光前看到陈嘉庚倾资兴学而深受感动。1990 年联合早报在《福建三先贤》文章中说李光前"深受岳父热心教育、毁家兴学的精神所影响"。

李氏基金在新马地区和中国广泛开展慈善事业。到 2016 年李氏基金共计捐资新加坡、马来西亚和世界各国的公益事业达 7 亿多元新币。[2] 1992 年,获得新加坡总统授予"公共服务星章";1993 年,又获得新加坡国家福利理事会授予第一个福利团体的最高荣誉奖"余炳亮"奖。2011 年 1 月,李氏基金向南洋理工大学医学院捐赠 1.5 亿新元,用于建立李光前医学院。这是迄今为止,企业或慈善团体对教育机构捐款总额的最高纪录。李氏基金接着又拨款500 万新元给新加坡保健集团器官移植服务中心,以扩大移植服务范围。2005 年,李氏基金捐给新加坡国立大学 3000 万新元;2004 年,捐赠 5000 万新元,用于建立新加坡第三所公立大学——新加坡管理大学。2003 年,为新加坡国家图书馆捐赠 6000 万新元。除了这些,李氏基金还向其他医疗、教育、科技、文化等事业提供了不计其数的巨额款项,每年捐资安老院、孤儿院、医院等。

李氏基金积极捐助华校,资助马来西亚南方学院创办经费,还有马来西亚槟城菩提独中迁校双溪赖之建校经费、吉隆坡旺沙玛珠华文小学开办经费(2014 年)、关丹中华中学开办经费(2014 年)、吉隆坡南益华小建校基金等等。自 1980 年起,李氏基金就和香港李氏基金合作,先后捐资给厦门大学、集美大学、华侨大学、南安梅山光前学村、泉州华侨历史博物馆及其他中国内地公益事业达两亿多元。教育事业更是占了全部捐款总额的 75%,可见李氏家族对教育的重视。

---

① 《南益集团股权半数拨归李氏基金》,《联合早报》,1985 年 1 月 5 日。
② 《李氏传奇》,《联合早报》,2017 年 10 月 21 日。

　　李光前之子李成义曾表示:"提升教育和学习是李氏基金的基本目标。在新加坡,我们希望国家的未来——我们的年轻人能够在知识经济中做好准备。我们愿意支持他们实现愿景,有朝一日为国家作出贡献。"李光前的后人继承了他低调行事的风格,李氏基金在教育慈善事业上贡献良多,却不进行任何主动的宣传。

　　2014年,李氏基金获得马来西亚陈嘉庚基金颁发首届"陈嘉庚精神奖"。评委授奖词写道:"李氏基金创立六十余年以来,秉承创办人李光前先生生前所标举的'取诸社会,用诸社会'的公益精神,并本着中华文化的'人饥我饥,民胞物与'的淑世襟抱,长期并行之以恒地筹资捐助教育、文化、慈善等机构及个人,不图光环荣耀,而达致润物无声的宏效,允称誉为华人社会公益慈善机构之楷模。兴学办教,提升素质,正是陈嘉庚精神的核心内容,陈嘉庚基金颁授陈嘉庚精神奖予李氏基金,允称实至名归。"[①]东南亚华人认为"嘉庚精神"和"李氏基金"是中国海内外相互辉映的两颗不朽星辰。确切地说是李光前的"南安精神"与嘉庚精神一脉相承,本质都是爱国爱乡,回馈社会,泽被后世。

　　陈嘉庚与李光前虽是翁婿关系,齐心协力经营企业、办教育、做慈善、领导华社。但在新加坡,两人被认可的程度却不相同。李光前受中英文教育,以新加坡为效力对象,还被任命为新加坡大学首任校长。而陈嘉庚却引起不少争议,甚至一度成为敏感的话题。但后来政府也逐渐意识到陈嘉庚为新加坡留下的丰富文化和物质遗产,已不仅仅是华族社群受惠,而是整体意义上的新加坡社会都从中获益。如今,在新马地区的先贤纪念中,李光前与陈嘉庚的形象经常同时出现,是华社先贤和"星洲头家"的典型代表,也是侨领群像中最突出、关系最紧密的两位人物。新加坡官方纪念陈嘉庚的开端,就是2008年在国家图书馆举行的"承前启后 继往开来:陈嘉庚与李光前事迹展",李显龙在致辞中感谢他们齐心协力为新加坡的发展奠定了稳固的基础,也从侧面反映出新加坡官方在对待陈嘉庚的态度上有了缓解,开始从大历史的语境中去认可陈嘉庚对新加坡的贡献,而不是一味踟蹰在陈嘉庚的国家认同上。新加坡社会认为两位先贤的精神一脉相承,《联合早报》的社论就曾指出:"李光前提供了另一种企业与公益结合的范式:设立了李氏基金。李氏基金与陈嘉庚逝世后由后人设立的陈嘉庚基金,目前已成为新加坡社会公益和教育事业的基

---

　　① 《先贤交辉巡回展——你想要多了解李氏基金吗?》,马来西亚陈嘉庚基金会官网,2016年5月27日。

石。两大基金鼓励科技创新,鼓励年轻有为者创造务实的企业,当然,也鼓励着真诚、坚毅,饮水思源与回馈大众的精神。"①

(二)陈六使的"南大精神"

陈六使被认为是陈嘉庚之后的南洋华侨领袖。陈六使是陈嘉庚的族侄,年少时南下新加坡,在陈嘉庚的树胶厂工作,后自创公司,成为大企业家。他常年追随陈嘉庚左右,深受陈嘉庚的影响,对华文教育和华社发展以及中国的变化都保持高度的关注。在新中国成立后,陈六使的认同转向新加坡本土,积极投入本地的政治生活,为华族争取公民权和平等的社会地位。陈六使接替陈嘉庚出任怡和轩俱乐部主席,带领华社将目光的焦点转向本土。陈六使于1955年倡办南洋大学,即新马地区第一所华文大学,也是中国本土以外的第一所华文大学。由于他鼓励南洋大学学生积极参与政治选举,被当局褫夺了公民权。"陈六使"这个名字,也成为新加坡公共社会中的隐藏话题。陈六使一生浮沉及南洋大学的兴衰交织成新马历史沉重的篇章。但在华社以及南洋大学校友心中,陈六使以及他代表的"南大精神",永远是一座丰碑。

南洋大学是华族百年历史发展的必然结果。高等教育对社会发展的影响力高于基础教育。陈嘉庚在家乡厦门创办了厦门大学而为世人敬仰,但在南洋地区曾被"诟病"未曾创办一所大学。而陈六使继承陈嘉庚兴学的精神,筚路蓝缕创办南洋大学,"为本邦造就专门人才"②,则为新马华社所称道。创办南大也是新马历史上重要的社会事件,其影响远远不止于办学本身。实际上,陈嘉庚对南洋大学的创办和建设,保持着高度的关注。当他回归祖国,他的儿子陈国庆以及新加坡友人一直通过搜集剪报和信件告知他南大的有关进展。在筹办之初,陈六使还请陈嘉庚代为购买图书馆所用之图书等。陈嘉庚对南大的发展了然于胸,并根据自己在中国办大学的经验,在招生规模、礼堂建筑等方面提出建议。③

南洋大学的校训"自强不息,力求上进",与陈嘉庚创办的厦门大学的校训"自强不息,止于至善"颇为相似,也可以看出陈六使对陈嘉庚精神的追随和崇

---

① 《社论:向一个划时代大慈善家致敬》,《联合早报》,2010年6月18日。

② 《创立南洋大学宣言》,《南洋大学创办五十周年纪念》,新加坡南洋大学校友会,2005年,第32页。

③ 陈嘉庚致林崇鹤、潘国渠亲笔信,1955年5月22日,转引自周兆呈:《语言、政治与国家:南洋大学与新加坡政府关系,1953—1968》,新加坡:世界科技出版社,2012年,第72-73页。

敬。"南大精神"是华族在高压逆境中,为维护民族文化、追求平等权利所展现出来的浩然正气。"南大精神"也是一种自发的自觉的兴学精神,尤其是在特殊环境下,追求母语教育的特殊精神表现。南洋大学的创办是新马地区破天荒的巨大教育工程,华人出地出钱,上自富商巨贾,下至贩夫走卒,千辛万苦,百折不挠地把大学建立起来。在陈六使及李光前的号召下,由新加坡中华总商会、马华商联会带头公开支持建校的各种社团多达 279 家。华族子弟可以在殖民地时代得到完整的华文教育。南大成长的艰难,毫不亚于创校的过程。陈六使为了维护南大、改进南大,也为了争取南大学位被政府承认,和确保南大的大学身份不变质,殚思竭虑,表现出坚韧不拔的毅力和凛然不屈的精神。陈六使对南大爱护备至、呕心沥血,赢得广大民众的尊敬和爱戴。

陈六使逝世时,华社为其举办了隆重的葬礼。南大师生将写有南洋大学的校旗覆盖在他的灵柩上。挽联上写道:"经济责成大业,教育则立大功,生可谓荣,死无憾也"。六千多人为其送行。1974 年,陈六使家属捐资 50 万新元予南洋大学,设立"陈六使奖学金基金",李氏基金随即响应,共筹 92 万余新元。是年 6 月,南大理事会在行政大楼举行创办人陈六使先生铜像安置礼,以表彰他创办南大的功绩。

细数从陈嘉庚到陈六使的历史贡献,是从"嘉庚精神"到"南大精神"的一脉相承与发扬光大。这种精神感召引导着后人接过前人的衣钵,投入对社会的贡献、对国家的反哺以及对文化认同的坚持。新马地区对陈六使的纪念,与对陈嘉庚的纪念也是紧密联系在一起的。在新加坡陈嘉庚基金会先贤馆内,有对陈六使的生平叙事。马来西亚陈嘉庚纪念馆,也办了陈六使特展。《南大精神领航人陈六使》,配合世界现代简史和陈嘉庚的生平事迹,呈现出陈六使毕生经历,特别是他所经历的重大事件的时间轴。

陈六使的故乡集美,在陈嘉庚纪念馆对面的"文确楼"内,设立了"陈六使、陈文确纪念馆"。陈氏后裔积极搜集南洋大学、中正中学、道南学校、崇福学校、光华学校、爱同学校、南侨女中等的有关图片及文稿,充实资料,从家族纪念馆过渡到 20 世纪中叶新马华教先驱纪念馆。纪念馆内还设立了"嘉庚邮局",出售陈嘉庚纪念邮票信封等。二位先贤都是集美陈氏族人的骄傲,也是新马地区叱咤风云的社会贤达和华侨领袖,了解陈嘉庚故事以及嘉庚精神的同时,也很有必要了解陈六使及南大精神,方能深入了解历史风云变幻中,砥砺前行的民族英雄,是如何推动了社会前进,发扬民族精神。

(三)马来西亚华教"族魂"林连玉

林连玉(1901—1985),是马来西亚前华校教总主席、伟大的教育家、社会活动家。他争取马华公会首任会长陈祯禄爵士的合作,挫败了殖民政府意图消灭华文教育的阴谋,被马来西亚华人社会誉为"族魂"。作为一位秉承及发扬华族传统文化精神的人物,他是马来西亚华社一个不可动摇的精神典范。马来西亚教总、董总、大会堂等十五华团特设立"林连玉基金"和林连玉纪念馆,以纪念他对民族、国家的贡献。

林连玉是集美校友。他入学的故事是这样描写的:"陈嘉庚正在扩充他私立的集美学校师范部。林连玉先生好奇心动,要测验自己的学力,便去报考。结果在一百四十多名考生中,考到第六。因为肄业师范,一切免费,家长不必负担,他的父亲就答应他弃商就学了。"①他就读集美师范第五组,也叫本科师范,成绩优异,凡是名人到校演讲,学校当局必定派他当记录员,记录他们的演讲词,登在校刊上。他在毕业后留校任教,成为国文科教员。

林连玉向校主陈嘉庚直面谏言的故事颇为动人。他在集美教书的第二年未终,也就是蒋介石北伐,党军入闽的时候,有几个所谓随军党代表,到校鼓动风潮。校主陈嘉庚震怒,宣布停办集美学校。林连玉 1927 年初到马来亚。他先到新加坡,谒见陈嘉庚先生,作一席长谈,为母校请命,终于说服校主,复办母校。②与校主陈嘉庚之间这番交谈和他在集美学校就读与工作的经历,使其对陈嘉庚充满了敬佩,也继承了陈嘉庚兴学和爱国的精神。

林连玉除了振兴华文教育之外,还领导为华文争取公民权的运动。1964年,林连玉被马来西亚政府褫夺公民权,与在新加坡办南洋大学的陈六使遭遇何其相似。语言、教育、华族文化都成了政治问题。1985 年,林连玉去世,马来西亚华社万人为其送行,将其视为民族英雄。

第三节　新马社会陈嘉庚记忆的建构与时代变迁

在既定社会历史条件下,媒介记忆不断凝固对往昔的认知,并不断翻新,

---

① 《族魂林连玉》,吉隆坡:马来西亚林连玉基金会出版,2001 年,第 24-45 页。
② 吕风:《"族魂"——林连玉先生传略》,马来西亚林连玉基金会官网,2015 年 11 月 1 日。

加以当下的社会认知,并保存和流传下去。陈嘉庚精神的海外传播,从时间长度来看,体现了媒介记忆的传播经历了记忆的凝聚—沉淀—复活—再生这个过程。随着中国政治和社会环境的变化,以及东南亚殖民地独立运动的兴起,新马建国后国际国内的政治和社会环境的变化,陈嘉庚记忆在新马地区几经变迁沉浮。根据新马地区和中国的时代变化,陈嘉庚的海外媒介记忆变迁总体上分为四个时代:海峡殖民地时期;新马独立后至20世纪70年代末;20世纪八九十年代,中国改革开放至中新建交;以及21世纪中国与新马地区交往日益频繁时期。随着政治时局和国际环境的变化,陈嘉庚媒介议题和纪念活动都体现了着鲜明的时代特色和内涵变迁。

(一)后殖民地时期:陈嘉庚成为南洋"活着的记忆"

至新马独立之前,海外华人仍然认同祖国。陈嘉庚通过家人和怡和轩的同事对马来亚保持关注。南洋媒体对陈嘉庚的报道聚焦于他在中国的活动,特别是针对海外华侨的呼吁和号召。当时仍有不少华人期盼他且相信他会回到马来亚,继续带领华社。因此,新加坡报纸坚持报道陈嘉庚的行踪和动向,采访陈国庆以确认陈嘉庚回新加坡的时间。

当确认陈嘉庚不再回到新加坡之后,陈嘉庚即为南洋地区活着的记忆符号。不同于其他英雄人物去世之后成为记忆符号,陈嘉庚在离开新加坡回到中国之后,空间上的距离感使得新马民众开始回忆他对新加坡所作的贡献。"pioneer"一词,在《海峡时报》上就有两种寓意:一为先锋,一为先贤。前者在陈嘉庚生前就开始使用,后者则对应陈嘉庚逝世之后的称呼。新加坡媒体,无论是华文媒体还是英文媒体,都肯定陈嘉庚对新马地区所做的贡献,尤其是商业和社会文教事业方面。20世纪五六十年代,新加坡的媒体越来越少谈及陈嘉庚。《海峡时报》在20世纪50年代,对陈嘉庚的称谓从"新加坡慈善家""新加坡富商"转为了"前新加坡慈善家"和"前新加坡富商"。在报道殖民政府新一届"华人参事"的名单公布时,《海峡时报》还用了"抹去红色斑点"来形容殖民政府对陈嘉庚的排斥态度。事实上,陈嘉庚移居回中国,本身就不再参与新加坡本地事务,自然不会被列入名单。这样的描述只是为了凸显陈嘉庚的中国身份。战后,受到抗日运动启发的海外华人站在了反殖民主义运动前沿。海峡殖民政府对反殖民主义有强烈的警惕,对曾经领导海外华人抗日的陈嘉庚也存有戒心。加之海外华人在国共分裂后也形成了政治立场的对立局面,

华文报纸对陈嘉庚的报道,也呈现议题减弱的趋势。但是陈嘉庚对海外华侨
的发声仍被新马地区的媒体所关注,这时期陈嘉庚的言论仍对海外华人有较
大影响力。

(二)新马独立后至中国改革开放之前:被"国家意识"过滤的陈嘉庚记忆

20世纪六七十年代,是新马地区加强国家意识塑造的主要时期。尤其是
新加坡。加之冷战思维,新马地区出于对共产主义的警惕,与"返回红色中国
的陈嘉庚"拉开距离。1961年陈嘉庚逝世,新马华社在高调举办追悼活动之
后,陈嘉庚记忆就进入了民间记忆的阶段。虽然大众媒介选择了议题的沉默,
但是华社依然保持着对他的纪念,通过设立陈嘉庚奖学金,以奖学金的发布和
颁奖活动来登上媒介,保持"陈嘉庚"这个名字在民间的曝光度和记忆度。此
时华文教育被牵扯到政治斗争中,南洋大学和华校的存废是新加坡政府与华
社之间的矛盾。政府推动英文成为教学媒介语言,加速了华文的低落,导致陈
嘉庚等先贤故事的传播语言和空间被压缩。

这个时期,是新马两地建构国家意识,树立国家认同的关键时期。尤其对
于新加坡来说,独立建国后强力塑造"新加坡人的新加坡",淡化族群与母国的
情感。因此,新加坡极力推崇具有本地认同的社会贤达,如李光前。华社纪念
陈嘉庚的时候,总要借助李光前的影响力。媒体在叙述李光前的历史贡献时,
总会顺带提到陈嘉庚。新加坡在建构国家历史时,在历史课本中过滤了陈嘉
庚的信息,这使得"建国一代"(20世纪60年代前后出生的人),自青少年时期
就无法从官方渠道获知陈嘉庚的历史。这也是陈嘉庚后人对家族记忆的遗忘
的原因。由于中新彼时尚未建交,冷战因素和新加坡国家意识的交织,媒介语
言的改变,华文教育受压制,两国之间也无法形成对陈嘉庚纪念的互动往来,
陈嘉庚记忆在这个时期,是最为沉寂的时期。

(三)中国改革开放之后陈嘉庚记忆的唤醒

1976年,李光耀首次访华。1978年,邓小平访问新加坡。1979年,中新
签订贸易协定。1985年,李光耀再次访问中国。20世纪80年代,中国改革开
放渐入佳境,与新加坡之间关系有了新的转机。海外华侨华人回故乡和祖籍
地投资创业。新加坡的媒体此时紧密关注中国的变化,也开始在这种往来中

增进对中国以及华侨华人历史的了解。华社此时开始活跃,华社领袖积极带领华社纪念陈嘉庚。20 世纪 80 年代,新加坡华社庆祝陈嘉庚诞辰 110 周年,并且报道了中国的纪念活动。福建会馆等积极纪念华人先贤,为陈嘉庚、李光前和陈六使塑造铜像,歌颂功绩。媒体也配合这些纪念活动,发表相关报道,回溯陈嘉庚历史贡献。《联合早报》等不仅报道对陈嘉庚基金会的各项纪念活动,还更着重于梳理与陈嘉庚相关的口述史以及华社会馆和陈嘉庚所办华校的历史。此时临近中新正式建交,新加坡媒体的记者跟随李光耀等新加坡政要的访华活动对中国逐渐有了更多的了解。《联合早报》记者到厦门去参观厦大、集美学村,瞻仰陈嘉庚故居、鳌园。1986 年刊登《在陈嘉庚的故乡——厦门印象拾零》系列报道,向新加坡读者介绍陈嘉庚在中国的经历和办学成就。《海峡时报》作为英文媒体,向已经形成英文阅读习惯的新加坡受众传播陈嘉庚记忆。该报以"传奇"为题记刊登描述陈嘉庚的人生和历史贡献描述的长文,详细描绘了陈嘉庚的一生,形容陈嘉庚是"一个有争议但是最无私关心大众华侨"和"华人爱国者"。同时还配合各项陈嘉庚纪念活动,刊载了世界知名学者王赓武等对陈嘉庚历史地位和贡献的正面积极的评价。随着 1989 年华侨中学 70 周年大庆活动的纪念报道,新马地区的陈嘉庚记忆传播在此时期渐入高潮。

(四)20 世纪 90 年代:中新建交后的纪念高潮

1990 年 10 月中新建交,至此,中新两国关系进入了新的历史时期,在文化交流随之日渐紧密。1990 年,亚洲研究学会出版《陈嘉庚——华侨传奇人物》,这本陈嘉庚的英文传记在海外发行,使得受英语教育者也能通过历史研究了解陈嘉庚生平事迹,特别是他在新马地区的活动和功绩。与之配合的,是《南侨机工回国抗日史》出版,挖掘了那段被遗忘的海外华侨抗战史。1991 年,新加坡纪念陈嘉庚逝世 30 周年,陈嘉庚小行星命名,陈嘉庚国际学会成立,为陈嘉庚精神的国际传播拓宽了渠道,各种奖学金颁奖活动和学术讨论活动举行,深入详细地讨论了陈嘉庚在新加坡的历史地位和国际影响。1993 年,是陈嘉庚创办集美学校 80 周年,也是李光前诞辰 100 周年,厦门举办的纪念活动和新加坡的纪念活动都登上了媒介报章。1995 年,为纪念反法西斯战争胜利及新加坡光复 50 周年,纪念南侨机工以及新华抗日动员会的回忆文章和纪念活动都是媒介的重要议题。

20 世纪 90 年代,也是媒介采用影视化手段展现历史记忆的高峰,有关陈嘉庚及相关人物、历史的话剧、广播、电视剧、纪录片连续推出,通过华文频道播送给大众。1991 年,华侨中学推出"华岗剧场",首部话剧《陈嘉庚》在维多利亚剧院和福建会馆下属五所学校公演,使华中校友和社会人士有机会认识一代伟人倾资兴学的精神。学校考虑把这部剧每年演绎给新生看,让学生了解学校创办人与学校历史。华中学生倾情演绎不同时期的陈嘉庚,着重表现陈嘉庚受到人民拥戴。全剧以新加坡沦陷后,日军搜捕陈嘉庚,直到日军投降后,陈嘉庚的行动和作为,其中穿插了陈嘉庚在印尼玛琅避难的场景。① 为演好陈嘉庚,华中学生特意翻阅史料,并到厦门集美参观陈嘉庚故居和鳌园。② 华中还规定所有学生必须阅读该剧剧本。同年,电台开设"狮城旧事"栏目,连续 8 周,推出新马先贤系列,每期播讲一位历史人物,以及相关的地方历史。陈万发主讲《陈嘉庚与福建会馆》,讲述陈嘉庚改革福建会馆,消除帮派之争的故事。吴华主讲《抗日基地与怡和轩俱乐部》,讲述陈嘉庚以怡和轩为抗日基地,号召南洋华社组成南侨筹赈总会,支援祖国抗战的历史。1993 年纪录片《先贤列传》在新加坡 8 频道播出,其中第五集是《倾家兴学陈嘉庚》,重点描述陈嘉庚兴学兴教的义举和无私奉献的精神,强调陈嘉庚办学是"在事业巅峰时期,作出惊世骇俗的决定"。这部纪录片使用"搬演"的方式,穿插了珍贵的档案影片,重现陈嘉庚的风采。1995 年,武汉话剧院来到新加坡,公演大型话剧《烽火江河情》,重演南侨筹赈时期的《放下你的鞭子》等剧目。1996 年,8 频道《星期二特写》播出《太平洋战争五十五周年特辑——南侨机工之热血年代》。1997 年,新加坡推出华语电视剧《和平的代价》,剧情描述了陈嘉庚和林谋盛的爱国事迹,分为四个部分,其中"山雨欲来"讲述了陈嘉庚以南侨总会主席身份号召支援抗战的故事,"沦陷岁月"则再现了日军"大检证",搜查陈嘉庚和抗日分子的历史。这部电视剧引起了很多事件亲历者的回忆和感触,相关的口述史文章被刊载在《联合早报》上。1998 年开始播放历史纪录片《陈嘉庚》,以及《纪念孙中山》和《陈六使》。1999 年,再次推出历史题材电视剧《出路》,展现陈嘉庚温文儒雅的风范。影视人物形象的生动性起到对陈嘉庚记忆的唤起有很大的推动作用。华族青少年在影视剧的观赏过程中逐渐了解陈嘉庚的历史贡献。这些历史剧在主题叙事中凸显了华族抗日和新加坡建国的艰辛,以此

---

① 《华中学生扮演陈嘉庚》,《联合早报》,1991 年 8 月 4 日。
② 《筹演陈嘉庚 华中学生赴福建考察》,《联合早报》,1991 年 5 月 15 日。

激发观众的历史感,通过追溯历史增强国民的凝聚力,塑造更强的国家认同。

(五)21 世纪后的官方褒扬的跨区域"共同记忆"

　　进入 21 世纪,东南亚和中国的区域经济合作飞速提升。《海峡时报》发文,以《东南亚在中国可获更多的机会》为题,声称"东南亚与中国可以在经济领域相互获得安慰,就像东盟利用经济来提升集团的团结一样"①。中新、中马之间经济、文化交流紧密。陈嘉庚作为新马社会的共同记忆,如"文化大使"般受到了官方和民间的尊崇。2002 年,陈嘉庚基金会成立 20 周年,陈嘉庚生平事迹展在新加坡展出,展览分为 17 部分,重点介绍了陈嘉庚创办资助多所学校始末,创业成就和创业精神;领导南洋华侨抗日的贡献,是新加坡有史以来最盛大的陈嘉庚事迹展,强调陈嘉庚"富甲一方,勤俭朴素,家财万贯,尽倾办学"。② 2003 年,举办纪念陈嘉庚诞辰 130 周年纪念活动,也报道了中国的纪念活动。2005 年,新加坡配合厦门设立陈嘉庚纪念馆,通过媒介向社会发出征集陈嘉庚生平相关文物的号召。2008 年,新加坡图书馆和陈嘉庚基金会合作,开放为期一个月的"承前启后,继往开来——陈嘉庚与李光前事迹展",新加坡总理李显龙到会致辞,高度赞誉陈嘉庚和李光前为新加坡发展作出的历史贡献以及对后人的垂范作用。自此,新加坡官方对陈嘉庚的历史地位和贡献做了完全的肯定和褒扬。同年怡和轩三大庆活动,把陈嘉庚纪念活动推向高潮。先贤馆设立,是海外第一个以陈嘉庚为主体人物的纪念馆。2009 年,《联合早报》发文《苦等了 50 年的重视》,来总结对陈嘉庚在新加坡作为一个历史记忆符号的沉浮,终于得到了新加坡的官方肯定。同年,中新共同纪念南侨机工,向公众展示这段宝贵的二战记忆。之后,马来西亚华社积极参与其中。马来西亚积极加入纪念陈嘉庚、弘扬嘉庚精神的队伍中。在与新加坡华社共同发起了"重走机工路"的活动后,马来西亚陈嘉庚基金会正式成立。基金会从历史档案中发掘陈嘉庚与马来亚的相关资料,向马来西亚华社传播"马来亚的陈嘉庚",将马来西亚华文教育与嘉庚精神相联结,强调华文教育和族群文化保持的重要性。马来西亚陈嘉庚基金会的活动热情高涨,与华文小学和独立中学共同举办嘉庚语录知识竞赛等活动,从青少年抓起,巩固嘉庚精神宣传效果。

---

① More opportunities for S-E Asia in China, *The Straits Times*, 2001.9.19.
② 《弘扬为国与兴学精神 本地最大型陈嘉庚展七日起举行一星期》,《联合早报》,2002 年 9 月 2日。

第四节 陈嘉庚记忆的争夺与重构

（一）记忆主体的争夺

1. 媒体立场的对抗：共产主义陈嘉庚还是华社先贤陈嘉庚？

《南洋商报》作为目睹过往的历史见证媒介，在 20 世纪 30—50 年代初追踪了陈嘉庚的动向。在胡愈之的带领下，《南洋商报》成为不分党派，团结抗日的舆论先锋。战后，《南洋商报》则是倾向于国民政府的立场，刊登了许多反对陈嘉庚的社团言论，尤其是在陈嘉庚致电杜鲁门事件时，引发陈嘉庚是否能继续代表南洋华侨的争论。陈嘉庚作为无党派人士，亲共反蒋的立场非常鲜明。《南洋商报》记录了当时南洋华社的政治立场纷争和纠葛。由于《南洋商报》后期偏向于国民党政府的政治立场，因此在媒介版面中多刊登国民党支持团体对陈嘉庚的斥责言论，这些言论中视陈嘉庚为共产主义分子。《南洋商报》同时也刊登陈嘉庚支持者的言论，厦大校友会等社团表示陈嘉庚代表的是全体海外华人，是为了全体华人的利益，而非分裂华社。

《联合早报》作为一家战后成立的报纸，并且成立时正逢中国改革开放初期，对陈嘉庚的定位始终站在新加坡本土先贤的角度，未曾涉及意识形态的立场。由于中新关系在 20 世纪 80 年代之后持续走好，陈嘉庚相关的报道中，也逐渐淡化政治色彩，将陈嘉庚记忆作为两国的"共同记忆"进行传播。

《海峡时报》作为一份自 19 世纪末开始关注陈嘉庚的英文报纸，并且是经历了多个重大时代变迁的媒介，对陈嘉庚的立场则有鲜明的时代特色。海峡殖民政府一直警惕和反对来自中国的政党在新马的政治活动。殖民政府与陈嘉庚的良好合作，包括要求陈嘉庚组织星华抗敌动员会，都是基于陈嘉庚是无党派人士。但从陈嘉庚准备回中国开始，《海峡时报》就开始在报道中描述他为"红色中国"或"共产主义中国"所服务。基于战后的东南亚反殖民的独立呼声，殖民政府极为警惕共产主义风潮对新马的影响，意图消除华社领袖的政治影响。陈嘉庚此时是典型的"红色符号"，在报道中从"共产主义的同情者"变成了"共产主义政府成员"和"中国共产党成员"。实际上陈嘉庚从未加入共产党，是无党派人士。而海外媒体出于本地殖民立场的需要，就刻意"赋予"了陈嘉庚一个政党身份。

怡和轩创办的华文期刊的《怡和世纪》，基于历史上怡和轩是陈嘉庚的活动中心以及陈嘉庚最忠实的拥护团体之一，对陈嘉庚的历史贡献和地位都持积极肯定的态度。在刊物文章中则更强调陈嘉庚作为华社领袖的地位，淡化政治色彩。只有左翼人士傅树介，即陈嘉庚的外孙，在回忆外祖父的文章中（也是他回忆录的其中一部分），评述陈嘉庚是社会主义者。而《怡和世纪》是以华社社区媒介的定位和立场，但更多以华社领袖来标记陈嘉庚，以期以陈嘉庚精神来号召华社团结。

2. 从"中国的陈嘉庚"到"新加坡的陈嘉庚"

新马地区对陈嘉庚的认同变迁，从"来自中国（福建或同安、厦门、集美）的陈嘉庚"到"新嘉坡（新加坡旧称）海峡公民陈嘉庚"，再到"中国（共产主义政府）的陈嘉庚"，最后再次回归"新加坡的陈嘉庚"。这种变化与政治时局和国际关系紧密相连，也与陈嘉庚生前的活动和个人迁徙直接相关。

在殖民地时代，和大部分下南洋的华人移民一样，陈嘉庚是中国国籍。彼时的华社因祖籍地和方言分为不同帮派。祖籍地身份更为明显和直观。《海峡时报》在关注陈嘉庚早期的商业和慈善活动时，强调陈嘉庚是来自福建，或者集美的企业家、富商和慈善家。因陈嘉庚意图发展船运，购买了两艘货船，而获得船运执照必须是英籍民，因此陈嘉庚也加入了海峡英籍。因此，在英文报《海峡时报》中，也时而会以海峡殖民地公民（the Strait's citizen）来称呼陈嘉庚。尤其是陈嘉庚获得殖民当局"太平绅士"称号，并加入华人参事局之后，就成为媒体中的"本地精英"，而非来自中国的"他者"。到了战后，《海峡时报》的标题中出现"共产主义中国的陈嘉庚"。当陈嘉庚回到中国后，声明放弃英籍民身份。此时，陈嘉庚在新马地区的媒体中，又再次变回了"中国的陈嘉庚"。当新加坡独立后塑造国家意识、建构国家历史时，"本地先贤"就不再有陈嘉庚的名字，以防止"中国人"陈嘉庚影响本地华人的国家认同。

当南洋大学和华校进入历史之后，不再担心华人的效忠后，陈嘉庚又成为显在的"新加坡历史"的参与者和见证者，记忆在民间逐渐复苏。当中新建交，两国关系稳定，"中国的陈嘉庚"这种称呼开始消失。新加坡的媒体在标题中开始运用"我们的陈嘉庚"，从"前新加坡富商、慈善家"逐渐变化为"我国先贤陈嘉庚"。《联合早报》在报道中国纪念陈嘉庚的活动时，宣称"陈嘉庚是我国唯一一位被中国纪念的先贤"。① 这种媒介表述的变化,说明新加坡不再纠结陈嘉庚的政治认同,将他纳入了本地的历史记忆,承认了他在新加坡历史上的地位和为新加坡作出的多方面的贡献。尤其是进入新世纪,新加坡社会在东西方文化的碰撞中,担忧年轻一代没有奉献社会的精神驱动力,于是媒介召唤先贤精神,尤其是华文媒介。陈嘉庚的故事便成为"新加坡故事",用以引导年轻一代饮水思源。中新关系稳定之后,当陈嘉庚纪念活动成为跨国文化历史交流的桥梁,陈嘉庚记忆也就成了跨区域的共同记忆,媒体在描述陈嘉庚时也就不再区分"中国的"还是"新加坡的",更多强调是"共同的精神遗产"。

3. 从民间到政府推动嘉庚精神,媒介记忆传播运动的浪潮

新加坡从移民社会到公民社会的结构,要经过一场漫长的建构过程。一个族群的记忆传承和社会文化建构需要庞大和完整的公共机构和政治权力的支持。华社一直以来都是纪念陈嘉庚、传承嘉庚精神的中坚力量。历史上与陈嘉庚休戚与共的福建会馆、怡和轩、中华总商会,以及为纪念他专门成立的陈嘉庚基金会等,不遗余力弘扬嘉庚精神,传播陈嘉庚记忆。陈嘉庚所创办和资助的华校,也通过教育体系向青少年讲述陈嘉庚的故事,在官方历史教育之外,补充先贤历史,再现陈嘉庚等华社先贤的奋斗史。华社和教育界的领袖们认为,讲述先贤生平故事可以让青少年感受新加坡精神价值的影响力——例如陈嘉庚的诚毅精神。在陈嘉庚在新马华社中的民间记忆未曾断裂,家庭成员口口相传,使得华人群体或多或少知晓陈嘉庚的事迹。民间记忆的连贯有利于官方记忆的重拾,为官方记忆提供叙事版本。民间记忆也更广泛,更生动,更具故事性,更易传颂。陈嘉庚记忆的媒介叙事,尤其在华文媒介上,将民间记忆的口述史和官方的褒扬称颂结合在一起,推进陈嘉庚精神的宣扬。

1961 年,在陈嘉庚逝世纪念大会上,中华总商会募集悼念金,成立陈嘉庚教学金,每年为学业优秀的学子提供奖学金资助。自此开始,新马华社就开启了以资助教育为主的纪念方式。用这种回馈社会的纪念方式,是在政府的许可之下的,也避开了所谓"政治敏感",即便是在 20 世纪六七十年代,陈嘉庚奖学金也没有停止颁发。陈嘉庚奖学金基金后在 20 世纪 80 年代改为陈嘉庚基金,增添了青少年发明奖和教授基金等。青少年发明奖常获新加坡的总统等政治领袖颁奖,可见新加坡社会对创新发明的重视,符合新加坡打造现代化城

---

① 《中国发行陈嘉庚纪念邮票》,《联合早报》,1991 年 3 月 10 日。

市的发展理念。2008 年,陈嘉庚基金会联合新加坡图书馆举办"一代先贤:陈嘉庚与李光前事迹展",以联合官方机构,并邀请政府总理致辞的方式,正式将陈嘉庚纪念由民间推向官方,也将陈嘉庚纪念推向了高潮。此外,怡和轩、中华总商会、福建会馆等华社团体,积极促进陈嘉庚纪念的海内外交流,特别是与中国的交流活动,都是民间团体打头阵、做牵引。1984 年,福建会馆就响应陈嘉庚诞辰 110 周年,以塑像方式纪念先贤。怡和轩在整理出版陈嘉庚研究文集方面功不可没。华社联合呼吁开设先贤馆,终于在各方力量支持下,在怡和轩开幕,是新加坡介绍华社先贤为主题的唯一纪念空间。怡和轩还开办华文期刊《怡和世纪》,聚集了新加坡华社历史文化研究内容,比官方媒介有更多细节的史料和更大的阐释空间。

陈嘉庚在新马资助创办华校甚多,这些学校多数留存下来,感念陈嘉庚的创办之恩。华校则以校庆为契机,举办纪念活动,邀请媒体报道建校史,把陈嘉庚倾资兴学的教育理念传承下来。这些学校的校友如今活跃在新马社会,为陈嘉庚纪念也尽自己的力量,譬如《联合早报》的记者和撰稿人有许多是毕业于华侨中学、南洋女校等华校。其中,以华侨中学最为著名,华中的校庆活动和各类纪念陈嘉庚、李光前等创校先贤的活动,都被媒体一一记录。华中为陈嘉庚、李光前塑像,以他们命名学校空间和礼堂;排演大型史诗剧《陈嘉庚》,将史诗剧本阅读纳入新生开学教育;为地铁站争取"陈嘉庚"命名并最终成功;校庆筹措资金捐给陈嘉庚基金会。种种举措都说明华中师生饮水思源的品格。华中在新加坡社会颇具影响力,受到社会高度关注,李光耀等政治领袖亲自参加该校活动。华中对嘉庚精神的传播会在新加坡的青少年中梳理榜样力量。新加坡还曾经举办华校历史展,陈嘉庚参与创办资助的几所学校恰恰奠定了新加坡华文教育的基础,展览直观给出史料证实了陈嘉庚作为新加坡华文教育奠基人的历史地位。

马来西亚华校也积极参与了陈嘉庚纪念活动,尤其是马来西亚华文独立中学。尊孔独立中学等与马来西亚陈嘉庚基金会联合举办陈嘉庚常识竞赛和嘉庚语录书写比赛,从青少年起实践嘉庚精神的传播,以细节落实记忆实践。他们还常常组织师生参观陈嘉庚纪念馆,学讲陈嘉庚故事。相较于新加坡的英文教育体系,华文教育在马来西亚传承完好,陈嘉庚精神的传播在马来西亚华校传播面更广,更易被学生所理解和接受。

陈嘉庚记忆传播也是新马华社对抗政府历史过滤和政治立场的博弈工

具。华社的民间纪念活动是在抵抗政府对此议题的沉默和不作为。同时,当政府对陈嘉庚纪念表示肯定之后,华社又借助政府和政治领袖的言论,进一步拓展陈嘉庚纪念的辐射面,升华陈嘉庚精神的重要性和启示意义。华社的民间纪念具有聚集效应,许多活动往往是几家团体联合举办,并借媒体宣传,以聚集力量,获得官方支持,在社会上产生更大的号召力和影响力。这也是华社在社会功能式微之后的文化转型,借先贤精神传播,唤起大众对华社筚路蓝缕的历史记忆,为华社的生存和文化传承找到了一盏指路灯。政府在当下需要从社会记忆中寻找"英雄模范"事迹和精神,在历史记忆中寻求道德力量,应对社会发展过程中出现的失范,因此,虽然陈嘉庚的名字一度因为"国家意识"建构被隐匿在历史教育中,但仍然允许陈嘉庚奖学金的颁布。并且在进入21世纪后,官方机构与民间社团合作宣扬陈嘉庚和李光前等先贤的事迹,将他们的精神解读为"回馈社会"。媒体也一再发布"富人做慈善"的舆论引导,试图借传统华人社会中的儒家文化和秩序规范,纠正长期因西式教育形成的"自由主义"社会风气。官方的社会风气引导意图和华社的生存和转型需求恰好契合,于是双方在先贤纪念上进行积极合作,以媒体之力大声疾呼先贤精神的回归。新加坡在2019年迎来新加坡开埠200年纪念(又称莱佛士登陆200年纪念),这个建国50余年的国家亟须国家历史建构来增加国民凝聚力,陈嘉庚等华人先贤的历史恰好能为这个国家延长了历史记忆。先贤纪念也就成为社会开放的话题,同时也是与中国往来交流的重要议题。

(二)陈嘉庚记忆的现代性重构

1. 榜样的力量:陈嘉精神的"普适性"

1983年,《联合早报》开始刊登华人历史学者杨进发对陈嘉庚生平的研究,他站在新马社会的观察角度,系统论述了陈嘉庚在南洋所做的贡献,试图给受众呈现一个完整的陈嘉庚形象。自此,报刊等大众媒介,在发表与陈嘉庚或嘉庚精神相关的内容时,会再次叙述陈嘉庚的个人简介和生平贡献,加深受众的印象。作为新马地区的著名企业家和南洋华社的社会改革家,陈嘉庚所做的贡献巨大,涉及面很广,因此,教育、慈善、创新、商业、社会风俗等方方面面,都能与嘉庚精神联系起来。媒体记忆用历史片段和故事来告诫社会大众,对于精英群体,呼吁其反馈社会;对于普通大众,要求禁赌、讲究公共卫生等。官方更是通过媒体和展览的方式,告诫社会成员要"饮水思源",感恩先贤,反哺社会。

教育方面提倡母语教育和女子教育等。华社在历史上争取华校权益,捐巨资的行为,奠定了今日华族母语教育的基础。而母语教育又是族群文传承的主要途径。保存族群文化,是政府维护种族和谐平等,团结共融的基本条件。因而在宣扬母语教育(除英文外的第二语言教育)方面,陈嘉庚等华校创办者的兴学精神是媒体在宣传时所用到的历史素材。南洋女校的校友还在报纸上撰文回忆陈嘉庚创办南洋女校,鼓励女子上学,且不收学费并给予补贴,改善女性就学的条件。

商业上宣扬陈嘉庚的诚信精神。陈嘉庚"替父还债"的故事更被传为美谈,无论是报刊还是纪录片,或者展览馆生平事迹介绍,都会详细叙述这个故事。这不仅突出了陈嘉庚诚毅的品质,也被当下的新马社会作为诚信教育的典范。在媒介叙事中,华商、华人著名企业家、华社领袖等的创业精神和儒商风范,与陈嘉庚的商业精神联结在一起。如怡和轩前主席孙炳炎、饼干大王周子敬都在自己的口述史中提到曾经受陈嘉庚的教诲,深受陈嘉庚商业精神的熏陶。

华社会馆改革方面提倡文化传播路径转变。华社因其旧有的社会功能被政府所替代后,逐渐式微和边缘化。华社急需转型才能保存。文化传承逐渐成为华社的核心功能。各类型的社团,其宗旨除了强调联络感情,促进团结,更负有保存及发扬中华文化的功能。从 20 世纪 80 年代起,就开始引导华社传播文化价值,强调"我国华人社团是集成中华文化与价值观的温床"①,福建会馆的刘木荣在回忆文章里说,陈嘉庚一直向他和其他青年强调成家立业至于要为国家社会服务。他和陈嘉庚走访同乡子弟家庭,改善华校的校舍。如今福建会馆的下属五校办学成就可圈可点,也是华社用心经营的结果。

用历史故事呼吁重视国防事业。新加坡的国家防空日是 2 月 15 日。为了纪念新加坡沦陷日,新加坡每年防空纪念日报道,媒体借鉴陈嘉庚曾经在战时希望空军力量加强,讲述给祖国政府捐献飞机的故事。陈嘉庚的抗战事迹也被用作提醒年轻人要"如果不再受外国欺凌,就得全力保卫我们国家"②。防空日纪念活动会在美芝路的日据时期死难者纪念碑前举行,将华人曾经的抗战记忆和新加坡国防意识结合在一起,给后人以警示。

---

①　《社团培养出的社会领袖》,《联合早报》,1986 年 8 月 7 日。
②　《〈和平的代价〉引起的回忆与感想》,《联合早报》,1997 年 9 月 25 日。

借鉴华族传统美德，重整社会风气与弘扬传统美德。随着新加坡的现代化、工业化和国际化的进程，新加坡社会，尤其华社，开始担心传统道德受到冲击，社会风气受到"西风"的影响，年轻一代的价值观会西化。华社的精英分子希望通过追溯往昔的华社风貌，特别是先贤的事迹，来感染历史感淡漠的年轻人。政府也在借鉴历史人物所体现的道德价值观，来作为今后重整秩序的借镜。① 华族的勤奋、孝悌的传统美德，也借鉴陈嘉庚"母亲教导""替父还债"，李光前以父之名建立学校、基金等故事加以传达。陈嘉庚、李光前被视为新加坡的"德者"，无论是官方还是民间都希望他们"厚德载物"能够普及，新加坡才不会给人"经济动物"的印象，成为一个值得尊敬的国家。②

在公共政策的宣传方面，媒体也借鉴名人言论和事迹来呼吁国人的支持和配合，例如禁赌、禁烟等。例如陈嘉庚在战前呼吁禁鸦片，战后提倡禁烟，都被用为媒介记忆提倡政府和民众共同支持相关政策的实施。

科技进步与创新精神。陈嘉庚青少年发明奖受到了新加坡政府的重视。新加坡总统和文化部部长、教育部部长等都积极参加颁奖活动，并呼吁科技创新从青少年做起。从 20 世纪 80 年代起，陈嘉庚基金会的颁奖活动上，政府官员就会呼吁技术革新。1983 年，新加坡教育部部长在颁奖会上说新加坡会爬上技术的阶梯。

2. 先贤群像的国家化

在新加坡历史先贤的叙事上，都是以群像描绘的形式出现。这些先驱人物在历史上大多有相似的历史地位、共同的经历和相同的人物精神。媒介记忆在塑造这些人物形象的时候，有意将之联系在一起，讴歌不同导向的精神，比如新加坡开埠精神、教育兴学和抗战保家卫国的精神。

（1）新加坡开埠者：陈嘉庚与莱佛士

新加坡的国家独立史很短暂，1965 年从马来亚分离出来独立建国，只有60 多年的时间。新加坡的历史撰写基本上以 1819 年英国殖民者托马斯·斯坦福·莱佛士到新加坡开埠为正式的开端。在新加坡有纪念莱佛士的各种命名建筑和雕像。莱福士作为新加坡海港城市的创建者和英国远东殖民帝国的奠基人之一，他的主要贡献是把新加坡建立为欧洲与亚洲之间的国际港口。

---

① 《华人社会与传统美德》，《南洋商报》，1981 年 2 月 27 日。
② 《新加坡可敬的七类人》，《联合早报》，2008 年 8 月 16 日。

时任新加坡总理李显龙在 2018 新年献词中说道:"若没有这段(莱佛士的)历史,我们就不会有从第三世界到第一世界这个 SG50(新加坡建国 50 周年)的发展历程"。① 新加坡官方对莱佛士开埠和新加坡建国的历史性串联起来,为莱佛士的"登陆"新加坡进行殖民活动的历史塑造为"开埠"这一合法性术语。

1984 年,新加坡筹备建国 25 周年庆典。新加坡圣淘沙先驱人物展览馆开幕。《联合早报》和《海峡时报》等都报道了这一新闻。报道中说,莱福士、陈笃生、陈金声、陈嘉庚、林文庆等都是新加坡开埠的先驱人物。"新加坡今日的繁荣和进步,有他们的一份心意,一份辛劳。今天,当我们欢庆建国 25 周年取得的丰硕成果时,回头看这些先驱人物留下的生活足迹,兴许能填一层意义,吸取些许经验。"②1985 年,《海峡时报》刊载《新加坡故事是关于人的故事》,讲述莱佛士在新加坡建立自由港的历史,把他描述成"现代新加坡的创立者",同时描述了陈嘉庚的商业成就:"陈嘉庚,1890 年赤手空拳来到新加坡,之后在米业、黄梨业和橡胶业以及船运业获得了 8 百万叻币利润。"文章描绘了新加坡是如何依靠具有智慧和实干的先贤而迅速发展的,把莱佛士和陈嘉庚一并视为新加坡的开拓者和创造者,以及现代新加坡的奠基者。

新加坡独立后,单元的历史叙述传播基本上脱离不了殖民者的历史观。莱佛士是新加坡开埠功臣,即便是作为入侵的殖民者,也被新加坡政府认为是新加坡独立存在的首要功臣。莱佛士登陆被认定为是新加坡近代史开端。新加坡政府认为莱佛士登陆标志着新加坡迈向成为现代化、对外开放及多元文化社会的起点。③ 莱佛士被视为新加坡的头号英雄,把陈嘉庚与莱佛士并列在一起称颂,在官方立场属于对陈嘉庚的赞誉和肯定。

(2)教育事业先贤:陈嘉庚、李光前与陈六使

在南洋地区,很多人的记忆中,陈嘉庚、李光前和陈六使是"三位一体"的先贤。④ 陈嘉庚、李光前、陈六使同为福建人,都曾是福建会馆和华人社团的领袖,为新加坡的教育、社会等事业并肩奋斗。陈嘉庚和陈六使先后领导福建会馆和怡和轩,乃至整个华社。李光前不仅跟随陈嘉庚的脚步,在陈嘉庚回中国后,与陈六使并肩创办南大,扶助福建会馆下属学校,且同为中华总商会的

---

① 《新年献辞》,《海峡时报》,2018 年 1 月 1 日。

② 《认识新加坡先驱人物》,《联合早报》,1984 年 12 月 1 日。

③ 《李显龙:继往开来两百年》,《联合早报》,2019 年 1 月 30 日。

④ 《应该有陈六使的展览》,《联合早报》,2008 年 7 月 25 日。

领袖。1990 年,《联合晚报》以"福建三先贤"为题,回忆 1985 年福建会馆为三位先贤铜像举办揭幕仪式,并阐释了塑造铜像的缘由,详细描述了三位先贤对教育事业的功绩。李光前作为长达 50 年的华侨中学校董,以及新加坡建国后第一所大学——新加坡大学的首任校长,他和李氏基金在新加坡现代教育的历程上,是一座丰碑,获得了官方和民间的双重认可和赞赏。他对陈六使创办本地第一所华文大学——南洋大学,也是倾入百万巨资作为学校启动资金。陈六使创办南洋大学,也被认为是继承了陈嘉庚办学的精神。1987 年,新加坡口述史部门在整理陈嘉庚历史资料时,说陈嘉庚"是一个闪耀的榜样,激励陈六使在 1950 年代中期创办了南洋大学"。[①]

在新加坡教育事业的贡献上,陈嘉庚、李光前和陈六使,是无法完全分开叙述的三位先贤。媒介记忆中的新加坡教育事业,也是这三位先贤共同的办校兴学史。他们被认为是华中的三功臣,也是新加坡华文教育乃至整体教育事业发展的三功臣。[②]

在纪念陈六使逝世 40 周年之时,《海峡时报》刊登副总理尚达曼的讲话,他认为陈六使和陈嘉庚等先贤的精神,是把他们的所有的精力和领导力放到他们所坚持和信任的事业中去。继 2009 年,新加坡地铁站以陈嘉庚命名引发媒体上的大讨论之后,2018 年,新开辟的南洋理工大学所在区域三个地铁站命名,又引起了关注。《联合早报》刊登南洋大学校友来信,希望政府拟定的站名可以改为"南大站""云南园站"和"陈六使站",以彰显陈六使创办南洋大学的历史功绩和兴学精神。这是看到了华侨中学为陈嘉庚地铁站站名争取最后获得成功的经验,也希望在空间命名上体现南洋大学曾经的存在。基于政府对南大和陈六使的"心结"未完全打开,这份提议并未获得像陈嘉庚站站名大讨论那样的舆论引领,也尚未获得采纳。在陈六使的纪念叙事中,强调的是他继承陈嘉庚的兴学兴教精神,淡化争取公民权、南大学生参与政治运动的历史。在新加坡社会倡导兴学精神的时候,都会把这三位先贤的故事写在一起。

(3)抗战英雄:陈嘉庚与林谋盛

林谋盛是新加坡政府公祭的抗日英雄。他是 136 部队马来亚华人区区长,在霹雳州被捕,关押在华都牙监狱。由于在狱中患痢疾且因缺医少药无法得到医治而牺牲。战后,林谋盛的遗体被运回新加坡,在政府大楼前公祭。政

---

① 　Tan Kah Kee: A Chinese Patriot, *The Straits Times*, 1987.12.22.

② 　《都是为了教育——华中三功臣陈嘉庚、李光前、陈共存》,《联合早报》,1983 年 3 月 21 日。

府还在伊丽莎白道设立纪念碑，极尽哀荣。有关抗日烈士纪念的，除了阿南少尉，就只有林谋盛烈士。他的事迹一直存在于新加坡的历史课本之中。

林谋盛作为新加坡政府最早承认的抗日英雄，获得了官方极大的尊崇，是公民教育中不可或缺的英雄人物。新加坡在宣传陈嘉庚的抗日事迹时，把他和林谋盛串联到一起，塑造成抗日英雄的集合形象。

1997 年，新加坡为庆祝国庆推出华语电视剧《和平的代价》，剧情根据朗日英雄事迹改编。为了培养年轻一代的爱国意识，电视剧演绎了陈嘉庚和林谋盛的爱国故事。四个单元的故事以时间顺序为轴线，以《山雨欲来》描绘1937—1941 年，新加坡沦陷之前，陈嘉庚带领热血市民筹赈抗日以及南侨机工回国服务的情形；第二部分《暴风前夕》是叙述 1941 年林谋盛组织劳工队伍和星华义勇军做民防工作；第三部分《沦陷岁月》主要情节是 1942 年 2 月16—23 日的日军"大检证"逮捕抗日分子，林谋盛带领 136 部队，深入森林展开抗日活动，最后被捕牺牲；第四部分《和平的代价》是描绘战后情景，叙述新加坡独立。在这种巧妙的嫁接中，仿佛陈嘉庚与林谋盛是并肩抗日的。实际上，二者并无交集。但这部电视剧让新加坡年轻一代从中认识了陈嘉庚，在《联合早报》做的一项电话和邮件的小范围调查中，发现 80％的年轻人知道陈嘉庚，而获得信息的渠道就来源于这部电视剧。① 这部电视剧的历史教育的功能，是对历史课本的补充。

林谋盛是唯一获得新加坡官方纪念的抗战华人烈士。而陈嘉庚号召华人支援祖国抗战，以及组织星华义勇军保卫马来亚的事迹，则曾经因政治认同的问题，被隐匿在历史记忆中。二者事迹被框进同一个历史叙事框架中，通过两条叙事线索的交织，勾画出一幅本地华人领袖和义勇军人共同保卫新加坡的英雄史诗，唤起本国人民的国防意识。

（三）爱国与认同话语的嵌入

1. 爱国话语

新加坡国家意识的建构，是把价值教育、国民教育、历史教育和品格教育融合在一起。因此，曾经为国家和社会作出巨大贡献，有着公而忘私的伟大品格，亲历和塑造过新加坡历史的陈嘉庚，无疑是这几类教育最适用的典型人

---

① 《站长的话》，《联合早报》，2008 年 8 月 9 日。

物。在陈嘉庚的媒介记忆中，"爱国"是一个高频词，陈嘉庚精神，从始至终，都是爱国精神的典范。在媒介话语中，陈嘉庚的"爱国"精神随着时代变化而有了不同的传播对象。

爱国为华侨之天性，这是华社对于先贤历史贡献的内在动因的阐释。忠孝仁爱礼智是老华侨、老一辈移民的天性。自陈嘉庚开始投身教育慈善事业，特别是创办了厦门大学之后，名声大振。在对他的描述中，媒体开始使用"爱国者"的语汇，称呼他是"坚强的爱国者"。①《海峡时报》在1929年7月的一篇报道中称赞陈嘉庚会因为"为了人类进步而慷慨无私"在本地历史上名留青史，人们极其仰慕他的爱国心。1930年，《海峡时报》在对陈嘉庚做专访之后，认为他是能给中国的未来带来光明的人。在20世纪前半叶，《海峡时报》以旁观者的姿态观察和报道了陈嘉庚的爱国行为，并一以贯之以"爱国者"来称呼他。在殖民地时代，陈嘉庚对祖国的全心付出，是得到了新加坡官方和社会的认可的。在不影响当地社会秩序前提下，殖民政府允许华人对祖国的效忠和支持。

"先天下之忧而忧"是陈嘉庚和华社先贤爱国精神的一个核心描述。1987年，在陈嘉庚基金会成立后，华人科学家杨振宁在接受新加坡华社采访时说，陈嘉庚对教育事业重视是他的爱国主义思想所使然。他的民族主义和爱国思想是源于中国传统中所谓"先天下之忧而忧"的观念，因为中国的知识分子觉得每一个人对社会都有责任。在呼吁纪念南侨机工和星华义勇军的媒介记忆中，强调国家和社会需要英雄纪念的话语，也说明了英雄纪念的作用就是使受众接受爱国主义的熏陶。

2. 认同话语

关于陈嘉庚的媒介议题的沉浮，与国家认同的建构和引导直接相关。认同话语始终镶嵌在陈嘉庚记忆之中。虽然陈嘉庚的国家认同始终是中国，新马社会也确认这一点，认为他创办厦大和集美学校，以及领导南侨总会等活动都是出于对祖国的热爱和忠诚。但新马的媒体也认为陈嘉庚是"新加坡先驱""马来亚先驱"。《海峡时报》和《联合早报》都曾强调陈嘉庚的英籍身份，作为他对新马本地贡献的一个缘由。在刻画其他华社领袖，如李光前、陈六使、黄奕欢等的形象时，都在其生平事迹的介绍之后，附上关于他们认同指向的评

① 《The Valued Record of TKK Ltd.，*The Straits Times*，1934.2.22.

论。例如,《联合早报》在《黄奕欢先生与陈嘉庚先生》一篇纪念文章中写道:"黄氏所坚定的新加坡人立场,是鞠躬尽瘁为新国的认同转移的具体表现。"①《李光前归属感的转移》描述了李光前的认同变迁,强调李光前在战后认为新马为华侨永久居住之地,应当争取当地参政权。② 在对陈嘉庚以及其他华社先贤的纪念文章中,认同变迁是一个内嵌的框架。国家认同和文化认同是两个不同的层面,也是不同时期的侧重点。饮水思源、反馈社会的精神是建构在国家认同的层面,关于历史人物的媒介记忆勾连认同,尤其是新加坡的媒介记忆始终强调认同的本土转向。

新加坡作为一个建国时间较短的国家,对于认同问题,特别是国家认同和国家意识的建构方面,极为敏感。新加坡通过斗争摆脱了殖民统治获得了独立建国的机会,但种族矛盾和冷战后意识形态的局势,都造成了政府对华人的国家忠诚度的长期怀疑。在新加坡的大众媒介中,对这个话题小心翼翼,既要为政府呼吁加强国民意识,又要时刻注意族群认同的表达。特别是华文报刊,如《南洋商报》《联合早报》,不时要刊出社论来强调认同问题,肯定华社的国家认同是效忠新加坡,防止政府产生疑虑。即便到了 2018 年,这个问题仍然存在。《联合早报》和《海峡时报》两份不同语言的主流媒体,通过两位不同语言教育背景的记者互相致信,来阐述年轻一代华人对国家认同和身份定位上的一些思考。《六封信·两个世界·一个华人社会》,表达的是面对当下中国的崛起,身为新加坡华人,对中国有着微妙的情节。中国的文化魅力,让部分新加坡人认为中新之间是较为亲密的双边关系;而另一些人,面对国家认同感的日益增加,认为两国只是普通的国家关系。记者认为,这两种观念,在本地的华社和非华社之间构成紧张关系。由于文化的角力出现变化,中国软实力成为了一种催化剂,对于华人来说,拥抱华人身份可以有更强的身份意识和文化自信心。华文媒体和华社认为华人文化认同会是新加坡人重要的社会和文化资产。

在国家意识的塑造过程中,种族平等与族群和睦是新马媒介话语中的一个特殊之处。新马独立之后,华人除了落地生根之外,为生存与发展,还要与其他族群亲人和睦。陈嘉庚基金虽然是华社所办,主要目的也是在于推广华族文化和支持华文教育。但是也必须强调基金所惠,不分种族,且鼓励他族学

---

① 《黄奕欢先生——黄奕欢先生与陈嘉庚先生》,《联合早报》,1985 年 11 月 4 日。
② 《李光前归属感的转移》,《联合早报》,1987 年 4 月 19 日。

习华文和华族文化。当非华族第一次获得陈嘉庚奖学金的时候,媒体会特意强调。叙述新加坡华人先贤历史的纪录片《星洲头家》开篇解说词:"20世纪,新加坡是英国殖民地,是东南亚最重要的港口。各地华人来这里讨生活创事业,为新加坡的发展打下根基。有的决定回到中国,而有的则留在新加坡。"这段词肯定了华人对新加坡的贡献,也说明了华人"落地归根"随着时代变化也慢慢演变。海外华人的认同变迁,从中国籍民变为本地公民,"根"扎在了侨居国,国家认同也就有了变化。《海峡时报》在1986年评价陈嘉庚在中国和东南亚留下了三个主要的遗产之一是华侨身份——双重效忠两个国家——但是,很短暂。[①] 1987年新加坡口述史部门回顾陈嘉庚生平时,再次强调"他的去世代表着一个时代的终结,海外华人认同不再倾向于祖国,而是居住国"[②]。从20世纪80年代起,在海外媒介话语中,陈嘉庚曾经被新马当局所警惕的中国认同,转化为了"双重认同"的"历史遗产"。认同基于情感,推动凝聚力。陈嘉庚在海外号召抗日等爱国举动,唤醒了海外华侨华人的爱国心,也增强了他们对祖国效忠的意识。海外媒体在当下转变思路,将陈嘉庚的爱国精神和国家、民族认同"为我所用",借用陈嘉庚的爱国故事,来激发"新加坡"国族的爱国之情,将爱国精神在国族这个层面展开,提升民族凝聚力。从这个角度来看,陈嘉庚的爱国精神在当下已经"世界化",而不是拘泥于具体认同某个国家或热爱某个民族。

新加坡官员多次表示在新加坡社会提倡陈嘉庚精神等先贤精神,如果只有社群参与,没有政府的大力支持,就不能持续,也不能让民族保持真正意义上的团结。这道出了新加坡政府试图让先贤精神的传播在国族认同、国家认同这个层面上发挥功能,特别是民族凝聚力。媒体则配合着官方意识和民间需求,书写和传播陈嘉庚精神,以陈嘉庚精神号召民族凝聚力的历史感召当下的国民,将之作为国民教育的好教材。同时也以陈嘉庚记忆的唤回来安抚华社曾经受到的不公平待遇。

在"多元种族文化"的国家纲领之下,华人文化认同也被重视起来。去掉了"华人沙文主义"的疑虑,新加坡社会开始重视陈嘉庚精神对华族的族群认同和文化认同的正向作用。作为曾经的新马华人领袖,陈嘉庚的办学事迹鼓舞了华人兴学兴教,从而保存了华文教育和华人文化传承。这对于处在"族群

---

① A rich legacy, *The Straits Times*, 1986.11.2.
② Tan Kah Kee: A Chinese patriot, *The Straits Times*, 1987.12.22.

认同疲态"的新加坡年轻一代尤为重要。新加坡建国初期,族群认同让路给国家认同意识的建构,以至于华校衰落,出现文化断层。同时政府掌控和利用大众传媒,强调种族团结,将国家意识置于种族认同之上。① 这些政策导致族群和文化认同危机,这种认同危机到现在依然无法解除。华人需要文化寻根,来明确自己的族群和文化定位,疏解种族和文化身份的压抑。华文报章反映了受华文教育者的强烈的文化焦虑感。华社和华文媒介合力呼唤陈嘉庚精神及其代表的先贤精神。在文化西化的笼罩下,政府转向中华文化寻求道德力量,同时释放对华人种族身份的约束。政府和华社合意回顾华人传统,寻找现代情境中欠缺的精神和文化资源。陈嘉庚精神中的儒家精神和东方文化,正符合新加坡正在呼吁的"饮水思源"和"先天下之忧而忧",以及"诚毅""创新",不追求享乐的这些精神。

新加坡历史短浅,需要努力保存记忆,以便积累为长期的记忆,是新加坡官方和民间历史叙事的目的。因此,在新加坡独立前的殖民地时代,即便是海外华人为效忠祖国而做的历史贡献,也被写入了新加坡历史之中,完成历史记忆的连贯性。华社光辉人物的精神也就顺理成章地成为新加坡国家和社会精神中的重要组成部分。那些领袖先贤,逐渐被刻画为群像,成为新加坡,也包括东南亚华社在内的饮水思源,回馈和感恩的精神符号。

第五节　从侨到桥:陈嘉庚记忆的海内外联结

海内外的陈嘉庚纪念保持一定程度的联结。媒体为此提供了信息的传递和互通有无。自改革开放后,海外侨胞往来祖国的壁垒被打破。为吸引外资侨资,作为经济特区的厦门,积极联络海外华社和华商,嘉庚精神成为了海内外华侨华人与祖乡的情感和记忆纽带。与此同时,新马华社华团和媒体也积极打捞陈嘉庚记忆,为本族文化和历史争取记忆和传承的空间。海内外的嘉庚精神传播活动紧密互动结合,一方面源于纪念文物和资料需要共享和补充;另一方面,也是东南亚地区和中国的友好关系促使双方各层面的往来频繁,政府结合民间社团及个人,依托文化交流的方式,共享嘉庚记忆。嘉庚精神已成

---

① 《新加坡华人身份认同意识的转变》,《联合早报》,2002 年 3 月 2 日。

为国际化的精神遗产，即使在不同的政治历史语境之下，其精神核心本质是相同的，即便重点偏向不同。

（一）中新的陈嘉庚展览合作

陈嘉庚对中新两国都作出过重要贡献，赢得两国人民的尊敬，被视为是中新两国友谊的纽带；陈嘉庚记忆可以拉近两国人民的心理距离。2009年，新加坡政府部长访问厦门，讨论双方进一步互动的机会，《海峡时报》在报道中写道："在过去，（厦门）这个沿海城市将中国与世界其他地区联系起来，因为许多早期移民到包括新加坡在内的东南亚，厦门可以说是连接中国和其他国家的城市。"[①]可见陈嘉庚及其故乡厦门，是东南亚华人移民后代的重要乡缘记忆。中新之间的陈嘉庚纪念合作，主要是厦门与新加坡之间的交流互通。当厦门集美陈嘉庚纪念馆筹建时，新加坡陈嘉庚基金会在媒体上刊登征集文物的广告，征集到了《南侨回忆录》手稿等珍贵文物。陈嘉庚纪念馆和海外纪念馆、博物馆等有文物互借的交流模式。2014年，厦门市举办纪念陈嘉庚先生诞辰140周年系列活动，其中包括新加坡晚晴园孙中山南洋纪念馆的"南侨寄思：星洲华人与辛亥革命"专题展。在展览中展出油画作品《晚晴园的故事》，表现陈嘉庚与孙中山的革命友谊，[②]体现当时海外华人对祖国革命事业的全力支持。

此外，中新两国的档案馆还积极合作抗战纪念展。在纪念南侨机工回国服务70周年之际，新加坡国家档案馆、中国国家档案管理局和云南省档案局共同策划，在云南和北京展出"华之魂　侨之光——南侨机工回国抗战档案史料图片展"。新加坡的展览于2009年10月20日在中华总商会开幕，共有数百份口述史和三百多幅照片展出。

（二）新马之间的纪念合作

新加坡和马来西亚两国华社基于共同的血缘、历史和文化背景，在记忆交流上愈加频繁积极。马来西亚陈嘉庚基金的成立是一座桥梁，把马来西亚华人，以及全球相关的华人基金会、海外华人团体联系在一起，进而得以增进彼

---

① Xiamen, gateway of China, *The Straits Times*, 2009.7.21.

② 《陈嘉庚纪念馆联手新加坡晚晴园举办"辛亥革命"专题展》，新华网，2014年4月23日，http://sg.xinhuanet.com/2014-04/23/c_126421373.htm.

此的友谊,促进经贸与文化交流。新马两地的陈嘉庚基金会,在马来西亚合作举办了"先贤交辉"系列之"嘉庚毅行·光前裕后:陈嘉庚与李光前生平事迹"巡回展。巡回展与马来西亚各华文小学和独立中学等合作,以期让更多华校和华族年轻后辈了解陈嘉庚与李光前这两位南洋华社先贤的事迹和精神。2011年起,陈嘉庚国际学会、南大教育与研究基金会、新纪元学院联合主办"马来西亚陈嘉庚青少年发明奖"。

2014年,马来西亚陈嘉庚基金颁发首届"陈嘉庚精神奖"予李氏基金,褒扬其发扬"取诸社会,用诸社会"的公益精神,持之以恒捐助教育、文化、慈善。兴学办教,提升素质,正是陈嘉庚精神的核心内容,颁奖给李氏基金,可谓实至名归。

新马华社多次组织"四驱诚毅万里行"活动,2017年马来西亚、新加坡的9部车,历时31天,途经中国华南和西南及老挝、柬埔寨、泰国,最后返回马来西亚和新加坡,一路宣传嘉庚精神,全程9000多公里。

(三)"一带一路"背景下陈嘉庚奖学金的设立

陈嘉庚国际学会与厦门市政府、集美大学联合创办集美大学工商管理学院。陈嘉庚奖学金的资助对象为"海上丝绸之路"沿岸国家的华侨华人或港澳台地区集美校友后裔,首批获奖的311名学生就读于厦门大学、华侨大学、集美大学、厦门理工学院、集美工业学校、集美中学六所学校。秉持"一带一路"倡议的精神内涵,陈嘉庚奖学金为海外华侨华人后裔成长成才拓展了平台,也进一步为凝聚海内外爱国爱乡力量,助力祖国发展繁荣架起了一座桥梁。得到奖学金的海外学子实地参观陈嘉庚纪念馆、听悟陈嘉庚的故事、感受祖乡发展成就,以增强新生代华侨华人对祖(籍)国的认同感和归属感。

(四)厦门大学马来西亚校区:大学精神的海外传播

新加坡《海峡时报》以"中国大学计划在马来西亚建校区"为题报道了厦大筹备马来西亚分校的情况。报道说这所在1921年由华社领袖和慈善家陈嘉庚在中国东南沿海创办的著名大学,计划在吉隆坡郊区开发新校区并逐步建成一所分校,这是中国大学首次在海外设立分校①;学校会吸引一些马来西亚

---

① China varsity plans campus in Malaysia,*The Straits Times*,2011. 12. 9.

当地的学生,以补充马来西亚高等教育系统。^① 马来西亚每年有超过 6 万的华人中学毕业生,然而华文大学的不足一直是华文教育者的担忧,许多华人选择去中国内地和港澳台接受高等教育。该校的建成是马来西亚华社领袖尽力推动以及中马两国领导人和教育部的大力支持下得以促成,是中国高校第一个海外分校。选址于马来西亚,正是因为马来西亚也是陈嘉庚曾经生活和工作过的地方,他在马来西亚拥有工厂和橡胶园。陈嘉庚也是马来西亚历史上华社领袖,在华族文化和教育传承完好的马来西亚华社,以陈嘉庚名义终于在马来亚半岛有了一所大学。

厦大马来西亚分校的建成是华人接受高等教育的便捷途径。如今,学校已经形成规模,截至 2024 年 6 月超过 7500 余名在校生,分别来自 45 个国家和地区的海外学生。学校提供奖学金给海外学子。马来西亚分校校园中的陈嘉庚塑像,代表了校主纪念在海外的延伸。该校的东南亚华人学子和来自台湾地区的学子,在校史教育和校庆仪式中聆听了校主创校的故事,学习了嘉庚精神的内涵,尤其是兴学办教的精神。通过他们的传播,嘉庚精神在东南亚和台湾地区得以进一步扩大传播面和影响力,也成为两岸和海内外的记忆之桥。

---

①　马来西亚教育制度,华人能够进入公立学校的名额较少。而私立华文教育机构的文凭不被官方所承认,这种情况近年有改善迹象。厦大马来西亚分校的文凭受到马来西亚政府承认。

第八章

媒介记忆与认同的连结

第一节　民族文化本位的爱国精神

（一）民族精英的爱国思想

爱国主义的内核是文化民族主义。爱国之念，是为一国的文化和国民性的永久保存，求国家的天长地久。[①] 爱国精神为民族提供了情感归属，是民族精神的核心要义。尤其对于一个民族国家来说，需要一个统一的民族精神。民族情感和民族自信是爱国主义的基石。爱国精神需要民族历史和时代精神相融合，因此其内涵也具有历史变迁性的。

作为华侨史中的典型人物，陈嘉庚的形象极为丰富和立体，其思想也是跨时代和跨领域的。他富有远见，澄碧江湖，调和鼎鼐，教人以爱国、爱乡、爱民，自强不息，忠、公、诚、毅。他的爱国精神贵在持久付出、奋斗，深刻参与时代变革，在任何威胁面前毫无畏惧，以经略和成事爱国。陈嘉庚的历史贡献，尤其是抗战时期的筹款赈灾、组织南侨机工支援祖国抗战等，在历史的民族主义情境中展现，他表现的民族气节，凝聚升华成了民族精神的典型代表和象征。陈嘉庚的爱国精神有很强的民族主义思想。他所处的时代，是中国半殖民地时代，而新加坡则是殖民地时代。陈嘉庚民族意识觉醒是源于辛亥革命的启发。

---

① 许纪霖：《家国天下——现代中国的个人、国家和世界认同》，上海：上海人民出版社，2016年，第73页。

他资助孙中山革命事业也正体现了辛亥革命是革命精英和传统士绅的合作的上层革命。① 二战时期,中国与新加坡都遭到了日本入侵。外敌入侵加强了陈嘉庚拯救祖国和人民的信念,也引发了殖民地人民的独立意识。1937年九一八事变之后,作为民族共同体成员的海内外华人,民族主义思潮高涨,民族国家共同体的意识,特别是民族情感和民族自信大幅提升。陈嘉庚在民族大历史中作出的贡献使他成为中国的著名侨领,同时也是新马地区的华族先贤。他的救国精神因此成为民族精神和爱国精神的典型示范。海外侨领也以他为榜样,自身也必须具备这样的精神才具备在华社的号召力。

陈嘉庚的爱国精神是指向中国的,但这种精神已成为人类的共同精神,具有普适性。随着海外华人国家认同的变迁,华人的爱国精神指向了居住国。对于建国史短暂的新马地区,尤其是新加坡来说,华人的这种爱国精神帮助了新生国家的巩固和发展。传承爱国精神的先贤领袖,成为爱国主义宣传的最佳典型和榜样。

(二)国家认同、族群认同与文化认同的变迁与勾连

爱国情感是国家认同的一个重要组成部分,也在一定程度强化了国家认同。在民族国家中,国家认同是一种特殊的族群和文化心理归属感。文化民族主义所诠释的国家认同是以道德伦理为核心的认同,国家的文化通过政治共同体原则重新建构,即政治认同与文化认同之间相得益彰。② 这种认同本质上是一种情感认同,是对民族的文化价值、伦理道德和历史传统的深刻归属感。国家认同、民族认同和文化认同在这个层面上,是一种同构。这三种认同都试图说服共同体成员克服自私自利,在道德上提升民族情感。

从国家认同的内涵来说,政治正当性是认同的基础。这是政治共同体赖以生存的核心价值和政治秩序的基本规范。认同即这种价值和规范被全体共同体成员所认可。正当性可以通过政府的政治绩效来获得,比如新加坡政府通过国家富强、民生改善和秩序稳定,获得了国民的认同。但是这种正当性的稳定性不如核心价值和规范更具备稳定性。国家的核心原则是政治共同体公

---

① 许纪霖:《家国天下——现代中国的个人、国家和世界认同》,上海:上海人民出版社,2016年,第154页。

② 许纪霖:《国和爱国主义与文化民族主义——现代中国的两种民族国家认同观》,《华东师范大学学报》,2006年第7期,第1-13,20页。

认的核心价值和公共文化。政治共同体需要与传统文化接轨,与文化认同达成一致,才可以获得民众完全的精神和行动支持。因此,在建国历史短暂,种族历史复杂的新加坡,政府试图从儒家文化内涵中提取和借鉴适用于国家认同建构的精神价值。

国家认同从民族意识中寻求认同资源。在国家和民族的历史进程中,民族的精神危机必须从民族文化的根源反省,民族主义的核心也是文化认同问题。在东西方文明交汇的新加坡,由于华文教育和华语、华族方言受打击而没落,英语的通行也使得西方价值观凌驾于各种族本身的文化价值观,以华族人口为主的新加坡社会遭遇到了价值观冲突造成的精神危机,从华社到政府,开始呼唤华族传统的儒家价值观的回归,以巩固公民核心价值观,建构"饮水思源"、回馈社会的公共文化。以陈嘉庚、李光前等的华社先贤精神就是社会最需要的观念典型,召唤社会力量对政治、族群和文化共同体的支持。马来西亚华族也试图通过重唤华族先贤记忆联结往昔和未来,为华族寻找精神传承的价值符号。在多民族国家中,文化认同比政治认同更为重要,文化认同危机会引发民族认同危机,进而引发政治认同危机,导致社会分裂和冲突。国家、民族和文化三种不同层次的认同,在寻求政治正当性,解决民族精神危机的过程中达成了一致性,互为辅证,相得益彰。

第二节　爱国精神的传播框架

几乎所有国家都强调爱国主义教育。历史教育有一种情感催化作用,能激发人们的爱国之心,巩固民众的向心力。爱国精神的传播,从历史的长度来说,是一种观念记忆。国家运用一系列的故事、图像、景观、国家象征物和仪式,表征那些给予这个国家意义的共有的经历、辉煌和灾难。①

从陈嘉庚精神的海外传播案例中可以探查:为什么以及如何把一个人的经历和故事变成一项无形的文化传承,以及如何让记忆传播。媒介记忆如何客观、全面地反映历史,以真人真事让受众懂得国家和民族一路走来的经历,这也是最基本和有效的价值观教育。传播陈嘉庚等先贤人物的故事,从英雄

---

① 李彦辉:《地方传奇、集体记忆与国家认同——以黄埔军校旧址及其参观者为中心的研究》,《人文地理》,2013年第6期,第17-21页。

人物的传奇叙事,从个人的声望记忆,通过一系列的爱国和认同话语串联,导向了爱国精神和民族精神的观念记忆。

(一)英雄群像的塑造

群像人物的塑造,使得陈嘉庚精神的内涵和外延扩大化,越来越成为一种价值。社会共同价值的融入英雄叙事中,具象化阐释价值内在,更具生动性和回忆性。

对任何先驱历史人物的肯定与歌颂,是传播爱国主义精神的常用途径。国家民族的历史是由英雄的名字串联起来的,英雄的精神是国家民族的灵魂,缺少英雄精神的国家,不可能成为一个独立的国家。丧失英雄灵魂的民族,也不能成为一个伟大的民族。英雄史诗能够在国家与民族中流传,是因为先贤记忆具备培育爱国主义精神的功能。我们在看待英雄时,就是在接受爱国精神的熏陶。爱国精神必须要有可为大家广泛接受的具体内容,而国家、民族英雄恰好就是进行爱国主义教育的生动内容。

新加坡历史虽短,但有很多值得记忆和追念的英雄,华社先贤们就是新加坡建国史中的光辉形象。这些先贤有很强的政治洞察力和号召力,极大程度影响了国家与社会的发展方向和进程。他们也是民族文化和民族精神的示范代表,深刻影响民族认同和文化认同。关于先贤的媒介记忆,都是以群体的形象共同出现。在记忆叙述中,这些先贤具有相似的时代和人物背景,有共同的事业领域,有一致的爱国爱乡精神。无论是在媒介报道话语中,还是在纪念空间里,与陈嘉庚相关的人物会被反复提及,尤其是李光前、陈六使,与之组成了历史记忆中的华社三杰。陈嘉庚记忆与孙中山等革命领袖的记忆交织,也更体现了清末民初,民族精英反帝反封建的革命精神。

记忆联结会使得叙事更加有背景关联度。人物形象互为衬托,更加突出主题。媒介记忆交织在一起,除了体现典型人物的主体性,也能彰显群体的共性。新加坡开埠两百年的历史,也是海外华人两百年的奋斗史。把华社先贤聚合在一起纪念,更能反映出华人筚路蓝缕,为本族、为祖国、为本地发展所作的历史贡献,尤其是海外华人为祖国抗战以及为本地教育、慈善、商业等所做的奉献和牺牲。强化了群体形象之后,这些人物所代表的组织、团体和族群也更加突出。比如陈嘉庚领导的"南侨筹赈祖国难民大会",作为海外华侨华人的救国组织,高频度出现在媒介报道中,唤起海外华族筹赈救国的深刻回忆;

怡和轩作为华人富商俱乐部,在陈嘉庚领导的救国运动中成功转型成为华社救国大本营;南侨机工和筹赈学生成为代表爱国精神的海外华人群体。

(二)焦点记忆的叙事

先贤经历极为丰富,各类事迹和贡献层出不穷。特别像陈嘉庚这样跨区域跨时代的更具备了无数传奇经历。先贤事迹和生活的点点滴滴,都可提炼为某种精神品质。陈嘉庚作为民族英雄、华人先贤,身上具备了多重的领袖魅力和品格建树,得到了"一代完人"的极高评价。但要把先贤故事讲好,把人物精神凸显出来,需要理出故事的主线脉络,反复叙述和呈现经典记忆片段,才可以让受众有清晰的记忆点,不至于淹没在纷繁复杂的故事中。而这些故事的提炼,不仅仅要富有一定的戏剧性,吸引受众的关注,同时需要凝聚和沉淀重要的精神品质,以引导受众思考和学习。

在陈嘉庚记忆的焦点叙事中,凸显的是他爱国、正义、诚毅的精神品质。载有精神符号的故事传播具有高度的象征性,传播给指定的受众,特别是新马华族,在传唱歌颂的过程中将之升格为民族、国家的精神。譬如陈嘉庚与李光前的故事,体现陈嘉庚的辨识能力和华社领袖之间的团结;"讨汪电报"和"致电杜鲁门"体现的是陈嘉庚对祖国政局的关注和施加的舆论影响力;陈嘉庚倾资兴学,倡办南洋华侨中学,则是将其教育救国的思想转换为通过教育改善本地教育水平,改革华文教育结构,为海外华族和新马本地培养人才,打下新马华文教育系统的基础,本地精英为教育捐资也就成为一种回馈社会的传统。

这些焦点叙事无论是呈现在媒介报道和影视纪录片中,还是以展览的方式呈现在纪念空间中,均形成了一种媒介记忆景观。这些焦点故事对应相应的纪念主题,按照一定的时空顺序和人物关系叙事。这些故事基于史实,且富有一定的传奇性质,在大历史背景下突出刻画细节,尤其是人物对话。口述史在焦点故事的传播中尤其重要,为叙事增添细节,使记忆更生动鲜明。焦点叙事充满了爱国、救国的饱满情绪,把受众置入往昔场景,带入情感记忆中,带动自身对历史的想象。受众因此受到情绪渲染,激起爱国之心。经过一定演绎的媒介记忆叙事更使人物"重生",通过纪录片"扮演"和影视剧情"传奇"刻画,正面形象和负面形象之间的冲突性加剧,衬托先贤人物的光辉形象。

焦点叙事传播频次很高,主题鲜明,在重复叙事的过程中,也会有一些细节的变化,但总体上,故事情节相对固定,以坚固核心精神的表达和传播。在先贤记忆的建构和传播中,焦点叙事是最具传播效果的传播方式。

(三)纪念话语稳定与流变

从纪念话语的变化,可以看出先贤记忆中的精神符码的提炼是有明显的时代变迁的,这和爱国精神在不同时代的传播需求是紧密关联的。这也是观念记忆中的核心表述话语,是希望受众接受并仿效的思想和价值观。

纪念话语是核心记忆符码的直接表述形式。在媒介记忆的叙事过程中,纪念话语是承担起主旨表达的任务,明确记忆传播主体的传播目的。在先贤记忆的传播内容中,主要的纪念话语是集中于先贤贡献和价值观,如"倾资兴学""教育救国""实业救国""艰苦创业""创新实干""先天下之忧而忧""轻金钱重义务""勤勉节约";还有对先贤品质、地位的概括,如赞扬陈嘉庚"一代完人""诚毅""爱国爱乡""华人爱国者""爱国老人""爱国侨领""励志图远的实业家""兴教办学的倡导者""率先垂范的社群领袖""流芳百世的智者善人""待人以诚,不屈不挠";以及对纪念目标的直接表述,如"承前启后,继往开来""饮水思源,回馈社会""弦歌不辍,薪火相传"。总体来看,爱国精神是陈嘉庚记忆中的核心话语。在 20 世纪初英文报《海峡时报》就开始在关于陈嘉庚的报道中使用"爱国"一词。除了在 20 世纪六七十年代陈嘉庚议题遮蔽期,媒介报道中均以爱国精神来归纳陈嘉庚各项事业和社会贡献的内在动机。爱国精神的具体表现,如兴学办教、实业救国等是被传扬最多的,相应的表述也就高频次出现。

纪念话语也会随着纪念主体和时代变迁而变化。这和记忆传播者的认同目标建构和社会风气引导需求紧密相关。华社的纪念话语偏重先贤的拼搏精神和爱国爱乡精神,以及华人传统儒家文化精神和华族凝聚意识。官方话语则更偏重强调反哺社会的奉献精神和国家认同感。新马地区以"先驱"和"先贤"称呼陈嘉庚为代表的为本地作出贡献的杰出历史人物。先贤精神是政府所推广的精神遗产和文化遗产。在多种族国家,这还是族群精神和种族和睦的体现。在当下,"饮水思源"和"回馈社会"被媒体提到的频率越来越高,这是因为政府提倡,华社积极响应的结果。媒介叙事把陈嘉庚的"爱国精神"转化为对本地事业的贡献,也就可以把陈嘉庚爱祖国的行为转译为华人为新加坡发展做的贡献,从而把陈嘉庚的爱国精神转为华人热爱居住国,再转译为华人热爱新加坡,进而呼吁新加坡人以先贤精神为表率,热爱新加坡国,为新加坡国家和社会发展做贡献。纪念话语就通过这样的转移达到了记忆建构的传播目的。

(四)时间线设置

记忆要保持生命力,就必须把握传播的时间性。先贤媒介记忆有鲜明的传播时间点和传播周期。这是结合了典型声望记忆和观念记忆的媒介传播特性。爱国精神的传播附着在先贤纪念之上,先贤纪念也会配合爱国主义宣传的时间线。以陈嘉庚的海外纪念为例,纪念活动是有三类时间节点:第一是陈嘉庚的生辰和逝世纪念日;第二是他所创事业的纪念日,比如他所创办和参与筹办的学校,诸如厦门大学、华侨中学等校庆纪念日,怡和轩、福建会馆等华人社团的纪念庆典;第三是重要的节庆日,如中国、新加坡的国庆日,中华民族重要的传统节日、反法西斯战争胜利纪念日、新加坡的国防纪念日、辛亥革命纪念日;第四是与之相关的重要人物的纪念日,如李光前、陈六使、孙中山等纪念日;第五是纪念团体的庆典日,如新加坡、马来西亚陈嘉庚基金会,晚晴园(孙中山南洋纪念馆)的庆典日。

海外先贤记忆之丰富,与之相关的纪念日、庆典日也很多。纪念日相连共庆的情况也常有。多重纪念主体的合作,让纪念活动更加具备话题性和舆论热度,引发社会高度关注。尤其是华社团体亟需政府和社会、民众关注其发展历史和社会功能,肯定其存在意义。因此,华社会整合纪念主体、纪念人物和纪念主题。例如怡和轩三大庆典,把怡和轩的成立纪念、先贤馆成立庆典和怡和陈嘉庚基金会成立纪念放在一起庆贺,引起政府和社会的重视,在纪念文本上也可丰富叙事,提升价值。纪念空间也会配合纪念时间,在重要的年份设置,例如辛亥革命100周年纪念时晚晴园重新开放,以全新的布展向公众展示革命精神对南洋华人和新加坡历史进程的重要作用。

有关纪念活动的媒介报道具有媒介议程设置的特性。在纪念活动发起之前,媒介报道就会率先推出,以历史记忆回顾做铺垫,给大众心理预示和思考时间,也给纪念活动建构合理性。例如2008年"承前启后 继往开来——陈嘉庚与李光前事迹展",媒体为这项展览铺垫了数月。除了展览主题和日期公告多次之外,把读者调查、历史回顾、社论和其他言论内容联一起,尤其以社论来点明先贤精神之于当下社会的重要性,因势利导"劝说"公众前往参观。在展览开幕后,又不断推出文章,以李显龙总理的致辞言论为佐证,呼唤先贤精神的回归。媒体在将近半年的时间为这场活动预热话题、烘托气氛,引导舆论,使得该纪念活动成为陈嘉庚和李光前先贤记忆之官方记忆的重要转折点和高潮。这之后民间纪念活动迅速跟上,陈嘉庚记忆在本地成为"显题"。类似的议程设置也出现在南侨机工纪念上,媒介记忆不断重复历史回顾,叙说当下纪念的合理性,引发公众讨论,不断拓展记忆空间,将历史记忆引向未来,更利于爱国精神和认同的塑造和巩固。

第三节　媒介记忆与认同的深度连结

(一)以媒介记忆为基石的认同

记忆是认同的前提、基础与条件,认同是记忆的目标与归宿。共同记忆是国家政治团结的重要基础。国家要实现政治团结,要求公民对国家建立所依赖的政治价值高度认同。[①] 国家和社会有意识提倡和宣扬某种媒介记忆,也会抑制和遮蔽某些记忆。被选择的记忆文本必须具有象征性,特别是与身份认同相联系的精神品质,作为自我阐释和反思的一个道德依据。缺乏历史故事的社会,没有共享记忆作为相互认同的情感基础,出于共同语言匮乏的无法沟通等也会导致社会撕裂。一个缺少共同语言文字、共同历史记忆和共同精神价值追求的民族,会在发展中逐渐失去民族特性。

英雄和先贤的故事赋予历史以生命和意义。纪念活动能激发公民对历史记忆的兴趣,更多地去了解国家、社会和族群的过去。民族精英和先贤生前的贡献是为民族团结打下基础,当他们的故事成为媒介记忆之后,也就开始为认同的建构和加固进一步符号化。"先贤精神"是用历史回溯来路,回应当下社会文化认知的困惑,为未来设定道德风气路线。

(二)作为媒介记忆建构目标的认同

爱国精神的目的是建立一个以民族精神为认同核心的民族共同体。爱国主义教育的主要途径是教育民众克服自私自利,在道德上提升民族情感和民族意志。文化民族主义试图在历史记忆和文化传统中寻找民族的核心文化,寻找过去与将来的桥梁。而文化的繁荣离不开文化的自觉,确立身份认同,才

---

① 吴佼:《政治伦理视域中的爱国主义与公民认同》,《马克思主义与现实》,2013 年第 1 期,第74-79页。

可以巩固民族文化的核心价值。

媒介记忆的核心功能和目标是形塑认同,并且这种形塑方式是流动的、变迁的,但爱国主义教育的目的是恒定的。反思历史就是国民教育的一部分。在反思国家如何形成的过程中激起爱国精神或国家意识,最终目的是要凝聚国人的国家认同感现代沟通工具,从印刷媒体到手机屏幕,都是展开想象的空间,任何国家叙述都可以通过共同文字和现代传媒直达普罗大众的内心,构筑身份认同。

媒介记忆与公众对社会凝聚力的主观感知和国家认同的不同维度会在一定层面上发生互动,尤其在建构认同上具有重要的作用。人们通过记忆的唤醒来调动起情绪,特别是怀旧之情。这个情绪对当下和未来的日常生活、政治形态和价值判断有极为关键的作用,基本可作为建构一个集体的历史观、价值观、人生观的核心。这些情绪甚至会推动人们的集体行为,这些行为也很可能进一步强化人们的情绪。所有这些不同的故事交织在一起,编成了一幅丰富多彩的历史场景,促成了一个命运共同体,并最终成就了国民意识和身份认同。

对历史表现出空前的关注,并不只是出于怀旧,而是一种国家认同感的提升,对过去的漫长道路更加清晰的认知,才能让一个民族的未来之路有前进的动力。

(三)媒介记忆到认同的演进路径

记忆到认同的演进遵循唤醒与激发、定位与规范、内化与实践的路径。[①]唤醒符号是形成媒介记忆、激发认同的第一步。媒介记忆系统由符号、情节和价值构成。符号记忆携带意义的象征符在媒介渠道中流动。情节叙事使符号"聚像",延展了符号的意义,使其更具备故事性。情节的选择和价值的研判则强化符号和记忆的情节,推动价值记忆的定位。三者互相联系,依次递进,形成一条传播结构链,在符号—诠释—重构的演进路线中,由表象记忆转向本质记忆,使记忆的功能定位和价值取向鲜明,完成建构功能。[②]

---

① 詹小美:《选择与建构:历史记忆固基政治认同的逻辑共生》,《思想理论教育》,2016 年第 12 期,第 20-26 页。

② 杨小平:《记忆的展示和表现空间的构建——以广岛原爆记忆的保存和展示为中心》,《马克思主义美学研究》,2010 年第 12 期,第 239-251 页。

国家认同的建构中,英雄记忆与国家社会的历史记忆和苦难记忆融合叙事,官方历史、文献记载、民间口述史、媒介报道和空间展览、仪式纪念等都扮演着重要角色。事件亲历者的口述史是记忆的重要来源,而文字记载、媒介演示、纪念仪式等是记忆传播的基本路径。

从陈嘉庚精神海外传播的案例中可见,新加坡利用先贤记忆建构国家认同的路径。新加坡脱离殖民统治,拥有国家主权的历史短暂,且多种族多宗教多文化,亟需国民拥有坚定稳固的国家认同和凝聚力。因此国家在建构国家记忆的过程中,把在本地有过历史贡献的先贤历史纳入国家历史建构框架中。梳理历史人物,建构国家英雄图谱,形成国家历史的连续性和同一性,创建国民认知的同一性,构建"新加坡国族"以及国族精神,将华族先贤精神纳入了国家精神层面,以"包容性"建构新加坡精神。国家需要创造连贯的国家大历史,设立历史情境,编织记忆网络;华族需要恢复历史记忆,延续自己的文化和精神,找回自己的族群认同和文化认同,二者达成了共识。

展现先贤不屈不挠的奋斗精神及其为人类发展进步所作出的贡献,是国家认同建构的通用方式。"一切历史都是当代史",弘扬先贤的爱国精神和他们的辉煌业绩,让这笔精神财富发扬光大,是为了当下振奋民族精神。新马地区掀起的重视历史的热潮,晚晴园重新开放、南侨机工纪念、辛亥革命100周年纪念,提高了对先驱人物的认同感,普及年轻一代对历史人物的认知。以先贤事迹教育后人,追溯陈嘉庚、陈六使、李光前等先驱人物的丰功伟绩,是为了发扬他们为国家社会奋斗牺牲的精神,鼓舞和激励后人,尤其是对建构和巩固年轻一代的国家、社会和文化认同具有重要的现实意义。

参考文献

(一)期刊

[1]陈莉莉.优良传统和革命精神的集体记忆研究[J].毛泽东与邓小平理论研究,2015(11):44-51.

[2]陈蕴茜.地方展览与辛亥革命记忆塑造:1927—1949[J].江海学刊,2011(9):155-165.

[3]陈蕴茜.国家典礼、民间仪式与社会记忆:全国奉安纪念与孙中山符号的建构[J].南京社会科学,2009(8):88-95.

[4]陈振华.集体记忆研究的传播学取向[J].国际新闻界,2016(4):109-126.

[5]丁文霞,谢众.社会记忆理论视角下纪录片的档案属性探析[J].档案学通讯,2017(2):35-37.

[6]高萍.社会记忆理论研究综述[J].西北民族大学学报,2017(3),112-120.

[7]高永久,柳建文.民族政治精英论[J].南开学报,2008(5):124-135.

[8]耿佳.档案馆在国家记忆建构中的贡献[J].浙江档案,2010(6):26-29.

[9]郭恩强.多元阐释的"话语社群":《大公报》与当代中国新闻界集体记忆——以2002年《大公报》百年纪念活动为讨论中心[J].新闻大学,2014(3):18-25.

[10]郭景萍.社会记忆:一种社会再生产的情感力量[J].学习与实践,2006(10):109-112.

[11]郭学松.作为象征载体的身体运动:乡土社会仪式中的历史记忆与认同[J].上海体育学院学报,2016(6):45-51.

[12]胡百精.互联网与集体记忆建构[J].中国高校社会科学,2014(3):98-106.

[13]李达梁.符号、集体记忆与民族认同[J].读书,2011(5):7-8.

[14]李恭忠.开放的纪念性:中山陵建筑精神的表达与实践[J].民国研究,2004(3):1-9.

[15]李红涛.昨天的历史,今天的新闻——媒介记忆、集体认同与文化权威[J].新闻与传播研究,2013(5):18-25.

[16]李兴华.集体记忆研究综述[J].上海教育科研,2009(4):3-6.

[17]李彦辉,朱竑.地方传奇、集体记忆与国家认同——以黄埔军校旧址及其参观者为中心的研究[J].人文地理,2013(6):17-21.

[18]刘朝晖.社会记忆与认同建构:松坪归侨社会地域认同的实证剖析[J].华侨华人历史研究,2003(2):11-18.

[19]陆晔.媒介使用、社会凝聚力和国家认同——理论关系的经验检视[J].新闻大学,2010(2):14-23.

[20]纳日碧力戈.国民国家建设与符号意识形态:权力的象征话语[J].西北民族研究,2013(1):35-60.

[21]彭舸珺.国难教育:高校爱国主义教育的有益补充[J].河北师范大学学报(教育科学版),2016(6):117-119.

[22]宋峰,熊忻恺.国家遗产·集体记忆·文化认同[J].中国园林,2012(6):23-26.

[23]汪新建.心理学视域的集体记忆研究[J].南京师范大学学报(社会科学版),2009(3):112-116.

[24]王静.国外档案记忆研究综述[J].档案时空,2016(10):15-18.

[25]王明珂.反思性研究与当代中国民族认同[J].南京大学学报(哲学人文社科),2008(1):55-67.

[26]薛亚利.庆典、集体记忆和社会认同[J].中国农业大学学报(社会科学版),2010(2):63-71.

[27]燕海鸣.博物馆与集体记忆:知识、认同、话语[J].中国博物馆,2013(2):14-18.

[28]叶欣.国家公祭、社会记忆与国家认同[J].河海大学学报(哲学社会科学版),2015(2):53-58.

[29]殷冬水.记忆与权力:民族自省的政治逻辑——沦陷史陈列馆抗战国家叙事的个案研究社[J].社会科学战线,2015(7):174-184.

[30]袁光锋.作为政治神话的"榜样"与社会主义新人的塑造:"雷锋"符号的生产、运作机制与公众记忆[J].言与思(台湾 THC core 期刊),2018(4):23-84.

[31]岳广鹏.海外华文媒体对华人集体记忆的重构[J].现代传播,2013(6):155-156.

[32]詹小美,康立芳.集体记忆到政治认同的演进机制[J].哲学研究,2015(1):114-118.

[33]詹小美.选择与建构:历史记忆固基政治认同的逻辑共生[J].思想理论教育,2016(12):20-26.

[34]赵寅斐.政党媒介形塑:一种景观政治的展示及运作[J].浙江社会科学,2015(7):28-35.

[35]周海燕.媒介与集体记忆研究的检讨与反思[J].新闻与传播研究,2014(9):39-50.

[36]周晓虹.认同理论:社会学与心理学的分析路径[J].社会科学,2008(4):46-53.

[37]庄玮.美国集体记忆研究综述[J].外国语文(双月刊),2017(4):41-47.

[38]Barnes H. Remembering You Like Something I'd Forgotten: Memory, Identity and Form in Current South African Theatre - making [J]. Contemporary Theatre Review, 2011, 21(1): 35-49.

[39]Barr R, Brito N, Simcock G. Revisiting the effect of reminders on infants' media memories: Does the encoding format matter? [J]. Developmental psychology, 2013, 49(11): 2112.

[40]Best G. Media memories on the move: exploring an autoethnographic heritage of automobility and travel[J]. Journal of Heritage Tourism, 2017, 12(1): 52-66.

[41]Bonfil R. Memories, Identities, Histories[J] The Jewish Quarterly Review, 2011, 100(4): 744-757.

[42]Booth W J. The work of memory: Time, identity, and justice[J]. Social Research: An International Quarterly, 2008, 75(1): 237-262.

[43]Brescó I, Rosa A. Forma narrativa e identidad en la convensionalización del recuerdo de histórias nacionales[J]. Estudios de Psicologia, 2017, 38(1): 212-229.

[44] Cordell K. Memory, identity and Poland's German minority[J]. German Politics and Society, 2009, 27(4): 1-23.

[45] Dauncey H, Tinker C. Media, memory and nostalgia in contemporary France: Between commemoration, memorialisation, reflection and restoration[J]. Modern & Contemporary France, 2015, 23(2): 135-145.

[46] Fathi R. Connecting Spirits: The commemorative patterns of an Australian school group in Northern France[J]. Journal of Australian Studies, 2014, 38(3): 345-359.

[47] Finney P. On memory, identity and war[J]. Rethinking History, 2002, 6(1): 1-13.

[48] Hoskins A. Media, memory and emergence[J]. Media Development, 2010, 57(2).

[49] Kligler - Vilenchik N, Tsfati Y, Meyers O. Setting the collective memory agenda: Examining mainstream media influence on individuals' perceptions of the past[J]. Memory Studies, 2014, 7(4): 484-499.

[50] LaCapra D. Trauma, history, memory, identity: What remains? [J]. History and Theory, 2016, 55(3): 375-400.

[51] Leonard M. Commemoration as conflict: space, memory and identity in peace processes[J]. International Journal of Heritage Studies, 2017, 23(7): 1-2.

[52] Marschall S. 'Homesick tourism': memory, identity and (be) longing[J]. Current issues in Tourism, 2015, 18(9): 876-892.

[53] Matei, Antonia. Revista Romana de Jurnalism si Comunicare[J] Romanian Journal of Journalism & Communication, 2013, 8(1): 14-22.

[54] Olick J K, Robbins J. Social memory studies: From "collective memory" to the historical sociology of mnemonic practices[J]. Annual Review of sociology, 1998, 24(1): 105-140.

[55] Ruthchild R G. Memory, Identity, Secrets, and Lies[J]. The Women s Review of Books, 2010, 27(6): 22-23.

[56] Schwartz B. Collective memory and history: How Abraham Lincoln became a symbol of racial equality[J]. The Sociological Quarterly,

1997，38(3)：469-496.

[57] Sywenky I. Representations of German‐polish border regions in contemporary polish fiction：Space，memory，identity [J]. German Politics and Society，2013，31(4)：59-84.

[58] Winter C. Social memory and battle names：Exploring links between travel，memory and the media[J]. Tourism and Hospitality Research，2016，16(3)：242-253.

[59] Yeo，Xiu Wen. The construction of national identity in the case study of Singapore national day parade 2011 [D]. National University of Singapore，2012.

(二)专著

[1] (法) 罗兰·巴尔特著,李幼燕译. 符号学原理[M]. 北京:中国人民大学出版社,2008.

[2] (荷)托伊恩·A. 梵·迪克著 曾庆香译. 作为话语的新闻[M]. 北京:华夏出版社,2003.

[3] (美) 明恩溥. 中国人的气质[M]. 北京:中华书局,2006.

[4] (美) 伊莱休·卡茨,保罗·F.拉扎斯菲尔德著,张宁译. 人际影响:个人在大众传播中的作用[M]. 北京:中国人民大学出版社,2016.

[5] (美)戴维·斯沃茨著,陶东风译. 文化与权力:布尔迪厄的社会学[M]. 上海:上海译文出版社,2006.

[6] (美)拉斯韦尔(Lasswell, Harold D.)著,杨昌裕译. 政治学:谁得到什么?何时和如何得到? [M]. 北京:商务印书馆,1992.

[7] (美)迈克尔·A.豪格,多米尼克·阿布拉姆斯著,高明华译. 社会认同过程[M]. 北京:中国人民大学出版社,2011.

[8] (意)毛里齐奥·维罗里著,潘亚玲译. 关于爱国:论爱国主义与民族主义[M]. 上海:上海人民出版社,2016.

[9] (英) 帕特里克·加登纳著,江怡译. 历史解释的性质[M]. 北京:文津出版社,2005.

[10] (英) 乔纳森·波特,玛格丽特·韦斯雷尔著,肖文明,吴新利,张擘译. 话语和社会心理学:超越态度与行为 [M]. 北京:中国人民大学出版社,2006.

[11](英) 斯图尔特·霍尔编,徐亮,陆兴华译. 表征:文化表征与意指实践[M].北京:商务印书馆,2013.

[12](英)诺曼·费尔克拉夫著,殷晓蓉译. 话语与社会变迁[M].北京:华夏出版社,2003.

[13][美]本尼迪克特·安德森 著,吴叡人译. 想象的共同体[M].上海:上海人民出版社,2016.

[14]阿莱达·阿斯曼著,潘璐译. 回忆空间:文化记忆的形式和变迁[M].北京:北京大学出版社,2016.

[15]阿莱德·阿斯曼著,袁斯乔译. 记忆中的历史[M].南京:南京大学出版社,2017.

[16]保罗·康纳顿. 社会如何记忆[M].上海:上海人民出版社,2000.

[17]蔡仁龙,郭梁. 华侨抗日救国史料选辑[M].中共福建省委党史工作委员会;中国华侨历史学会,1987.

[18]曾讲来. 陈嘉庚研究文选[M].厦门:厦门大学出版社,2007.

[19]陈共存口授,洪永宏编撰. 陈嘉庚新传[C].新加坡:八方文化企业公司,2003.

[20]陈国良,陈少斌,陈水扬著. 陈嘉庚生平事迹陈列馆巡礼[C].厦门:集美学校委员会,1994.

[21]陈国庆. 回忆我的父亲陈嘉庚[M].北京:中央文献出版社,2001.

[22]陈嘉庚. 陈嘉庚言论集[M].新加坡:星洲南侨印刷社,1949.

[23]陈嘉庚. 南侨回忆录[M].新加坡:星洲南侨印刷社,1946.

[24]陈嘉庚. 新中国观感集[M].新加坡:南洋华侨赈灾总会,1950.

[25]陈嘉庚纪念馆编. 华侨旗帜 民族光辉:陈嘉庚生平事迹[M].北京:文物出版社,2014.

[26]陈嘉庚纪念馆编. 侨之魂 华之光:陈嘉庚与南侨机工[M].北京:文物出版社,2014.

[27]陈嘉庚先生纪念册编辑委员会编. 陈嘉庚先生纪念册[C].北京:中华全国归国华侨联合会,1962.

[28]《陈嘉庚》编委会编辑. 陈嘉庚国际学会会讯[M].1993 年 10 月(总第 2 期).香港:陈嘉庚国际学会,1993.

[29]陈少斌,蔡仁龙著. 中共厦门市委党史研究室,陈嘉庚与陈敬贤、李光前、

陈六使[C].厦门：集美学校委员会，集美校友总会编，1994.

[30]陈毅明，汤璐聪.南侨机工抗战纪实[M].厦门：鹭江出版社，2005.

[31]陈永胜.华侨华人与中国现代化简论[M].北京：光明日报出版社，2012.

[32]崔贵强.新马华人国家认可的转向：1945—1959[M].厦门：厦门大学出版社，1989.

[33]大卫·科泽著，王海洲译.仪式、政治与权力[M].南京：江苏人民出版社，2015.

[34]杜赞奇著，王宪明等译.从民族国家拯救历史：民族主义话语与中国现代史研究[M].北京：社会科学文献出版社，2003.

[35]费孝通.皇权与绅权[M].天津：天津人民出版社，1988.

[36]费孝通.乡土中国[M].上海：上海人民出版社，2007.

[37]哈拉尔德·韦尔策编，李斌等译.社会记忆：历史、回忆、传承[M].北京：北京大学出版社，2007.

[38]胡百精.说服与认同[M].北京：中国传媒大学出版社，2014.

[39]胡愈之.我的回忆[M].南京：江苏人民出版社，1990.

[40]黄金陵，王建立.陈嘉庚精神文献选编[M].福州：福建人民出版社 1996.

[41]黄美萍，章星虹编译.李光前文稿、讲辞与信函选编[M].Singapore：National Library Board，2006.

[42]黄顺通，刘正英.厦门市委党史研究室，集美校友总会编.陈嘉庚与抗日战争[M].福州：福建人民出版社，1995.

[43]黄顺通，刘正英著.厦门市委党史研究室，集美校友总会编.毛泽东周恩来与陈嘉庚[M].福州：福建人民出版社，1994.

[44]黄小坚，赵红英，丛月芬著，中国抗日战争史学会，中国人民抗日战争纪念馆编.海外侨胞与抗日战争[M].北京：北京出版社，1995.

[45]黄修荣.抗日战争时期国共关系纪事：1931.9～1945.9[M].北京：中共党史出版社，1995.

[46]金城.延安交际回忆录[M].北京：中国青年出版社，1986.

[47]荆学民.中国政治传播研究：基础与拓展.第1辑[M].北京：中国传媒大学出版社，2016.

[48]景军著，吴飞译.神堂记忆：一个中国乡村的历史、权力与道德[M].福州：福建教育出版社，2013.

[49]孔飞力著,李明欢译.他者中的华人:中国近现代移民史[M].南京:江苏
　　　人民出版社,2016.

[50]黎亚久,卢朝基.马来亚华侨抗日史料选辑[M].香港:生活文化基金会
　　　有限公司,2015.

[51]李元瑾.林文庆的思想:中西文化的汇流与矛盾[M].新加坡:新加坡亚洲
　　　研究学会,1991.

[52]李兆生.侨界楷模李光前[M].香港:光大出版社有限公司,2006.

[53]林德时.嘉庚精神及厦门发展[M].厦门:厦门大学出版社,2010.

[54]林玉涵主编,钟兆云,易向农执笔.父子侨领:庄希泉　庄炎林世界传奇
　　　[M].北京:人民出版社,2007.

[55]刘惠生.在陈嘉庚故乡五十年[M].香港:天马图书有限公司,2002.

[56]刘正英,黄顺通.厦门市委党史研究室等编.陈嘉庚与厦门大学[M].福
　　　州:福建人民出版社,1994.

[57]马洪武等.抗日战争事件人物录[M].上海:上海人民出版社,1986.

[58]莫里斯·哈布瓦赫著,毕然,郭金华译.论集体记忆[M].上海:世纪出版
　　　集团,2002.

[59]彭伟步.《星洲日报》研究[M].上海:复旦大学出版社,2008.

[60]彭伟步.东南亚华文报纸研究[M].北京:社会科学文献出版社,2005.

[61]皮埃尔·诺拉主编,黄艳红等译.记忆之场:法国国民意识的文化社会史
　　　[M].南京:南京大学出版社,2015.

[62]钱穆.从中国历史来看中国民族性及中国文化[M].台北:素书楼文教基
　　　金会,2001.

[63]任贵祥.海外华侨华人与中国改革开放[M].北京:中共党史出版
　　　社,2009.

[64]Robert F. Berkhofer, Jr. 著,邢立军译.超越伟大故事:作为文本和话语
　　　的历史[M].北京:北京师范大学出版社,2008.

[65]厦门市委党史研究室,编.陈嘉庚与集美学村[M].厦门:集美学校委员
　　　会,集美校友总会,1994.

[66]邵鹏.媒介记忆理论:人类一切记忆研究的核心纽带[M].杭州:浙江大学
　　　出版社,2016.

[67]孙江.新史学·第八卷·历史与记忆[M].北京:中华书局,2014.

[68]王大伟.100位为新中国做出突出贡献的英雄模范人物:陈嘉庚[M].长春:吉林出版集团,吉林文史出版社,2011.

[69]王海洲.合法性的争夺:政治记忆的多重刻写[M].南京:江苏人民出版社,2008.

[70]王明珂.华夏边缘:历史记忆与族群认同[M].北京:社会科学文献出版社,2006.

[71]王毅林,集美学校委员会,集美校友总会,厦门市委党史研究室编.留得光辉照人间:纪念陈嘉庚先生诞辰120周年[C].厦门:编者,1994.

[72]王毅林.中华英杰陈嘉庚:纪念抗日战争胜利50周年[M].厦门:集美印刷厂,1996.

[73]吴庆棠.新加坡华文报业与中国[M].上海:上海社会科学出版社,1997.

[74]夏春祥.在传播的迷雾中:二二八事件的媒介印象与社会记忆[M].台北:韦伯文化国际,2007.

[75]夏蒙.第一公民:陈嘉庚传[M].北京:中国友谊出版公司,2013.

[76]许纪霖.家国天下:现代中国的个人、国家与世界认同[M].上海:上海人民出版社,2017.

[77]许云樵原主编,蔡史君修编.新马华人抗日史料:1937—1945[M].新加坡:文史出版私人有限公司,1984.

[78]严如平,贺渊著.陈仪全传:蒋介石重臣陈仪的传奇人生[M].北京:人民出版社,2011.

[79]扬·阿斯曼著,金寿福,黄晓晨译.文化记忆[M].北京:北京大学出版社,2015.

[80]杨进发著,李发沉译.华侨传奇人物:陈嘉庚[M].厦门:陈嘉庚纪念馆,1990.

[81](意)克罗齐.作为思想和行动的历史[M].北京:中国社会科学出版社,2005.

[82]游德馨.陈嘉庚先生120周年纪念册:1874—1994[C].厦门:集美学校委员会,1994.

[83]张楚琨.陈嘉庚与南侨日报,回忆陈嘉庚[M].北京:文史资料出版社,1984.

[84]张鸣.乡村社会权力和文化结构的变迁:1903—1953[M].西安:陕西人

民出版社,2013

[85]张其华.陈嘉庚在归来的岁月里[M].北京:中央文献出版社,2003.

[86]张欣荣,温赣文,陈仲德.华侨与抗日战争:图片集[M].香港:生活文化基金会有限公司,2015.

[87]张亚群,章开沅,余子侠.自强不息　止于至善——厦门大学校长林文庆[M].济南:山东教育出版社,2012.

[88]赵静蓉.文化记忆与身份认同[M].北京:生活·读书·新知三联书店,2015.

[89]郑炳山.李光前传[M].北京:中国华侨出版社,1997.

[90]郑航.国家认同与爱国主义教育[M].广州:中山大学出版社,2016.

[91]中共厦门市委党史研究室编.民主堡垒　革命摇篮:集美学校与厦门大学[M].北京:中央文献出版社,2001.

[92]中国人民抗日战争纪念馆,中华全国归国华侨联合会文化交流部.华侨与抗日战争[M].北京:中国华侨出版社,2006.

[93]中国人民政治协商会议全国委员会文史资料研究委员会编.回忆陈嘉庚:纪念陈嘉庚先生诞辰一百一十周年[M].北京:文史资料出版社,1984.

[94]中国社会科学院近代史研究所政治史研究室,杭州师大浙江省民国浙江史研究中心编.政治精英与近代中国[M].北京:中国社会科学出版社,2013.

[95]周海燕.记忆的政治[M].北京:中国发展出版社,2013.

[96]周兆呈:语言、政治与国家:南洋大学与新加坡政府关系,1953—1968[M].新加坡:世界科技出版社,2012.

[97]朱鸿召.延安日常生活中的历史[M].桂林:广西师范大学出版社,2007.

[98]朱立文.陈嘉庚爱国主义思想研究[M].北京:今日中国出版社,1993.

[99]Barclay F. France's Colonial Legacies：Memory, identity and narrative[M]. Cardiff：University of Wales Press,2013.

[100]Climo J, Cattel M. Social memory and history：Anthropological perspectives[M]. Califonia：AltaMira Press,2002.

[101]Kuah K, Davidson A. At Home in the Chinese Diaspora：Memories, Identities and Belongings[M]. London：Palgrave Macmillan,2008.

[102]Meyers O, Neiger M, Zandberg E. Communicating awe：Media

memory and Holocaust commemoration[M]. Berlin:Springer,2014.

[103]Meyers O, Neiger M, Zandberg E. On media memory:Collective memory in a new media age[M]. London:Palgrave Macmillan,2011.

[104]Ofer D, Ouzan F, Baumel - Schwartz J. Holocaust Survivors: Resettlement, Memories, Identities[M]. New York:Berghahn Books, 2022.

[105]Worcman K, Garde-Hansen J. Social memory technology:Theory, practice, action[M]. New York:Routledge,2016.